河内と船場

山本昭宏 編著

メディア文化にみる大阪イメージ

ミネルヴァ書房

河内と船場——メディア文化にみる大阪イメージ【目次】

目　次

第Ⅲ部　創造された大阪――文化の諸相を捉える

序章　高度経済成長期の大阪像を再検討する

山本昭宏

1　大阪イメージへの違和

おもろい。がめつい。ど根性。粗野なところはあるかもしれないが純情で、権力ともしたたかに向き合う反骨精神。東京に次ぐ第二の都市としての自尊と卑下——。これらは、現代社会でもある程度共有されている大阪のイメージ、大阪らしさであろう。

大阪に生まれ育った詩人の小野十三郎（一九〇三～一九九六）は、一九六七年に発表された評論集『大阪』のなかで、次のように書いた。

「どこんじょ」「どしょうぼね」「がめつい」そんなことばで象徴されるような大阪に未練を持っている者は、現在はたして大阪に何人いるか。一部の懐古趣味の人たちは別として、いま大

阪に居住し生活している一般庶民の間では、もはやそんなことばは通用しない。（小野 1967：30）

大阪と結びついた「どこんじょ」などの言葉はもはや通用しない——小野は一九六七年という高度経済成長期にそう指摘しているのである。しかし、小野による指摘のあとも、「大阪らしさ」は大阪の内外で多様に語られ、冒頭のような特定イメージとして再生産され、現代に至る。特に、一九六〇年代以降、関西で認められた芸能人たちが全国ネットのテレビ番組に進出し始めると、特定のイメージはさらに広く共有された。その広がりは、テレビ以前のラジオの時代とは質の異なるものだった。

二〇二五年の万博が迫る現在においても、「おもろい大阪」というイメージ自体は、飽きもせず再生産され続けているようにみえる。他方で、万博を報じるメディアでは、「がめつい」というイメージがほとんど表面化しない。二〇二五年の万博は、メディアを巻き込んだ巨大イベントの際に、どのように特定のイメージの取捨選択がなされるかという問題を考えるための格好のケーススタディとなるだろう。

広く共有された大阪のイメージについて、それがステレオタイプ的で実態に即していないという批判は重要だが、そもそも都市のイメージとはそういうものである。実態に即していないのが問題だというよりは、むしろマスメディアにおいて、場合に応じて都合よく特定のイメージが強調され、合成され、変形されていく過程そのものが問題であろう。なぜなら、強調・合成・変形の過程にはマスメディアに関わる製作者が想定する「大衆性」が作用しており、想定された「大衆性」のなかに、製作者の思想が、またはそれを受け止めた大阪の民衆性の基盤が、あるいは東京との対置によって押し出される都市文化が、刻み込まれてきたと考えられるからである。小野十三郎の言葉は、懐古趣味的な大阪イメージを全否定したというよりも、イメージと「一般庶民」の緊張関係を指摘した議論として受け止めるべきだ。

もっとも、大阪イメージに対する違和感を表明したのは小野だけではない。兵庫県尼崎市生まれの作家・中島らも（一九五二～二〇〇四）は、一九八八年に大阪府が採用した「好きやねん大阪」というコピーを目にしたときの違和感を次のように述べた。

> 街を好きになるというのは、街並みがどうとか風土がどうとかいうことではなくて、その街に自分の好きな人たちがいるかどうか、これにつきる。好きな人がたくさんいて、なおかつうどんがうまければ関西も捨てたものではないが、それは別に北海道であっても高松であってもいっこうにかまわないのである。関西についてとくに語る、という行為自体が、すでに僕にとってはうさん臭いことなのだ。（中島 1994：12）

中島は「関西について」と書いているが、特定の都市の独自性を語るときにつきまとう「うさん臭さ」に対する鋭い指摘として読むことができる。そして、本書の問題意識からすれば、中島がいう「関西」を「大阪」と読み替えても構わないだろう。

本書は、「ほんとうの大阪」を創り出してそこに「回帰」するわけでもなければ、あるべき「大阪」を提示するわけでもない。大阪を語る際の一種の自縄自縛から離れて、あらためて大阪の文化と風土に向き合うために、「大阪らしさ」を解きほぐすことを目的としている。

2　問題意識と方法

「おもろい大阪」「がめつい大阪」といったイメージは、近世大坂の町人文化にまで遡ることができるものだろう。しかし、近世の町人文化がそのまま現代に続いているわけではない。むしろ、大阪のイメージは、明治期以降に、新聞・書籍・映画・レコードを通して徐々に広まり、やがて戦後のマスメディア（主にテレビ）が明治期以降のイメージを編み直して定着させたと言える。

時代ごとに編み直され、忘れられたり強化されたりしてきた大阪イメージに注目するとき、もっとも重要な時期は戦後の高度経済成長期である。大阪で製作されたテレビ番組が全国で放映されるようになった時代。他県から大阪府への人口流入が増えて大阪経済は活況を呈したが、しかし、同じように成長していた東京には差を広げられていた時代。この高度経済成長期に、「大阪的なもの」がそれ以前とは異なる速度と分量で関西圏以外にも拡散し、七〇年代には定着したと考えられる。

本書がそのように考える理由の一つを説明するために、小野十三郎の議論にもう一度戻ってみよう。「どじょうぼね」や「どこんじょ」や「がめつさ」が大阪人の気質と言われることへの不信感を表明していた小野だったが、大阪的と呼ばれる特徴の原型があるとすれば、「貧から身を起こして大事業に成功したり、巨大な財をなした立志伝的人物」の人生だと述べている。しかし、それはあくまで一部の人間だけに当てはまるものだと小野は付け加える。

大阪人の「どじょうぼね」とか「どこんじょ」というときこえはよいけれど、そんなものが一

律に、あらゆる階層を通じて、わが大阪人の気風のなかにあるもののごとくいう人には私は警戒する。（略）
　大阪の作家は、大資本家や大実業家がみごとにそれに物をいわしている「どしょうぼね」を、彼の経験と想像力が及ぶ範囲の市井の風俗、風習のなかに移し、舞台を変えてひろめる役割をしているようなものである。（小野 1967：42）

大阪を描いた高度経済成長期の人気作家、およびマスメディアの役割を機能的に分析した簡潔な文章である。この文章には一九〇三年に生まれ、いわゆる「大大阪」時代の大阪で育った小野の経験にもとづく説得力があるのだが、本書が小野の指摘を重視する理由はそれだけではない。この文章が、一九六七年という高度経済成長期に書かれたという点に関心を払いたいがためである。一九六〇年代における「大阪らしさ」の編み直しが、小野に違和感を抱かせるほどの勢いで進んでいたことをうかがわせてくれるからだ。小野十三郎から示唆を受けつつ、高度経済成長期の大阪のイメージを解きほぐそうとするのが本書の目的だが、ここで、そのための方法について簡潔に整理しておきたい。

都市イメージ研究の古典として、ケヴィン・リンチ『都市のイメージ』がある（Lynch 1960=1968）。リンチは、人々が抱く都市のイメージを、次の三点に分節化している。①アイデンティティ（そのものであること・役割）、②ストラクチャー（構造・空間的関係）、③ミーニング（意味・象徴）である。リンチ自身は、アメリカの都市を取り上げて①と②を分析しているが、大阪イメージを扱う本書が注目するのは③ミーニングである。ミーニングは、歴史的・社会的に構築されたものを基盤としている。加えて、諸個人は多様な意味を都市から引き出し、また都市に与えている。そのため、都市のミーニングは動態的であるほかない。本書で使用する「イメージ」という言葉は、リンチが言うミーニングを指している。

歴史的・社会的要素に着目した大阪イメージに関する研究は、枚挙に暇がないほど多い。例えば、大正から昭和初期にかけての「大大阪」研究や、それとほぼ同時期の京阪神の文化についてのモダニズム研究は豊かな蓄積を持っている。近世以降の大阪を対象にした研究は膨大であるため、具体的な先行研究への言及は各章に譲ることにして、ここでは近代以降の大阪イメージに関わる議論のなかから、比較的近年に発表され、本書が参考にしたものを挙げておきたい。

まず、橋爪紳也が整理した大阪の戦後史についての記述がある（橋爪 2020）。また、加藤政洋『大阪のスラムと盛り場――近代都市と場所の系譜学』（加藤 2002）や『大阪――都市の記憶を掘り起こす』（加藤 2019）、原口剛『叫びの都市――寄せ場、釜ヶ崎、流動的下層労働者』（原口 2016）といった地理学からのアプローチがあり、政治学では砂原庸介『大阪――大都市は国家を超えるか』（砂原 2012）がある。社会思想史研究としては、『通天閣――新・日本資本主義発達史』（酒井 2011）をはじめとした酒井隆史の一連の研究が挙げられるし、吉村智博による『大阪マージナルガイド』（吉村 2021）もある。これら一連の議論は、高度経済成長期の日本における「大阪的なもの」に焦点を絞っているわけではないが、本書にとって重要な先行論であって、随所で参考にしている。

他方で、いわゆる研究とは別に、数多くの大阪論も存在する。例えば、田辺聖子、藤本義一、大谷晃一らの大阪論は現代の古典と言えるし、近年では井上章一や江弘毅による大阪論が話題を集めた。なかでも木津川計の一連の著作は重要だが、とりわけ『含羞都市へ』（木津川 1986）は、大阪文化を「宝塚文化」「船場文化」「河内文化」の三類型で捉えるという着想において、本書に多大な影響を与えている。
ただし、多くの大阪論が大阪の文化現象を多様に論じてきたことについて、次のような疑問も浮かぶ。大阪や関西にゆかりの深い書き手が、全国に向けて大阪を解説する記述そのものが、「大阪らしさ」を再生産しているのではないかという疑問である。中島らもによる「関西についてとくに語る、という行為自体が、すでに僕にとってはうさん臭いことなのだ」という言葉を、思い出さざるをえないのだ。

したがって、これまでに書かれてきた大阪論は、本書にとって先行研究であると同時に、資料としても位置づけられる。つまり、それぞれの時代のそれぞれの大阪論が、いかに大阪イメージを編み直したり、再生産したりしたかを検証するための資料なのである。資料ということで言えば、小説・映画・テレビ・レコード・マンガなどのメディア文化もまた、本書にとっては決して見落とすことのできない資料となる。それらのメディア文化が大阪イメージを編み直す過程を、各章で具体的に見ていくわけだが、高度経済成長期の大阪に限った論述とはいえ、それでもまだ扱う対象は膨大である。そこで、大阪をめぐる多様な言説と表象の結節点として、二つの概念を抽出する。その概念が〈船場〉と〈河内〉である。

3 〈船場〉と〈河内〉

本書にとって〈船場〉と〈河内〉は、大阪の地理的空間、歴史的実態、そしてそれらの表象を総合的に把握するための概念である。船場とは、地理的には東は横堀川、西は西横堀川（現在は埋め立てられている）、南は長堀川（やはり現在は埋め立てられている）、北は土佐堀川に囲まれた区画を指しているが、船場という言葉には、京都に淵源を持つ近世以来の商人文化の伝統というイメージと、そこに全国から集った若い商人・起業家たちの立身出世譚とが込められている。

船場商人の歴史は、豊臣秀吉の大坂城築城後に堺や京都伏見から商人たちが集まったことに始まるとされ、江戸時代においては他の土地の商人より相対的に優遇された大阪商人たちのあいだに「自主独立の町人精神」が形成されたといわれる。そこから、丁稚制度に代表される文化も形成されたことはよく知られる通りだ。明治末から大正にかけて船場はモスリン（毛織物）の取引の隆盛によって最盛期を迎え、第一次世界大戦後の好景気にも後押しされ、「大大阪」「モダン大阪」という商都の代名詞になった。それと同時に、明治末から大正にかけては、船場商人たちの精神にも変化がみられた。商家の会社化が進み、職住分離も進展したのである。商家の住まいが郊外に移転し始め、従業員の住み込み丁稚制度から、住み込み給料制や通勤給料制へ変化していった。こうした変化のなかでも、船場を大きく変えたものは戦災と復興である。一九四五年三月一三日以降のいわゆる「大阪大空襲」によって、船場を含む大阪市の中心部は焼き尽くされた。船場の戦災については、かつては山崎豊子の小説に書かれ、近年では村上春樹がエッセイのなかで、船場の商家の娘だった母親の戦争体験として短く書き込んでいる（村上 2020）。

戦後復興の過程では、船場の区画整理が進んだ。道路拡張と川の埋め立ては、船場の風景を一変させ、ビジネスセンター化が進むと同時に、生活者が減っていった。戦後の大阪イメージを扱う本書が対象とする船場は、以上のような経緯を経て、隆盛が過去のものになりつつあった船場に他ならない。本書では、船場という言葉が内包するイメージと実態の集積、そしてその歴史的展開を総称して〈船場〉と括弧つきで表記する。つまり、〈船場〉とは、歴史的実態としての船場のみを指すのではなく、それを含んだイメージを、あえて言うならば「船場的なもの」を指している。

〈船場〉に関わる問いの一例を挙げておこう。多様に描かれ・語られてきた船場が〈船場〉として固定化する過程で、どのような要素が強調され、どのような要素が抜け落ちたのか。例えば、作家・山崎豊子が描いた〈船場〉と、脚本家・花登筺が描いた〈船場〉とでは、明らかな違いがある。花登筺は、戦後のテレビにおいて船場界隈で成り上がる商人を好んで描いたが、それは山崎豊子が小説で描いた船場の伝統的商人像とは大きく異なっていた。同じ船場を扱っていても「どの時期の船場を、誰に向けて、どのようなメディアで描くか」によって、当然ながら表象の力点は異なる。そしてその表象が全国的に広まることで、実態とは異なる「船場像」「大阪像」が構築され、それを次世代の人々が内面化するということが起こる。

〈船場〉に対して河内という言葉には、大阪のなかの周縁というイメージが付与されてきた。その戦後的展開は、作家・今東光の活動に集約的に表れている。今東光は、「近代」を相対化する民衆文化の源泉として河内を「再発見」し、戦後の河内のメディア表象を切り開いた人物だった。彼による河内音頭の「再発見」もまたしかりである。河内のメディア表象は、大阪文化を多様化し、批評性を獲得しさえしたが、河内と呼ばれる地域に生まれ育った人からはいつも、「実態とは異なる」というような疑義が呈された。その通りである。メディア表象なのだから。求められているのは、それがどのように大阪イメージを多様化し、活性化したのかの考察ではないか。そこで本書では、「河内的なもの」を指して〈河内〉と呼ぶことにする。

以上が〈船場〉と〈河内〉という概念の説明である。本書では、住吉や釜ヶ崎など、船場と河内以外の空間も取り上げるが、それらの土地もまた〈船場〉概念が内包する創られた伝統という要素や、〈河内〉概念が持つ周縁性・低階層性などの要素で分析されることになるだろう。

4　本書の概要

最後に本書のスタイルについて、簡潔に紹介しておきたい。本書は三部構成の本論と、序章、おわりにからなる。

第I部「粗野な大阪――〈河内〉の虚実」では、大阪のステレオタイプの一翼を担った〈河内〉の戦後における再編用に注目する。もっとも、泉州のように、〈河内〉と同様の機能を果たした地域は存在するが、まずは〈河内〉を掘り下げたい。

第1章で坂堅太が扱うのは、作家の今東光である。今東光は、河内の反都市性・反近代性を「河内の特異な人情風俗」として描きながら、同時にそれらを「日本の庶民性」という一般性として語っていた（それゆえ、「郷土文学」として受容可能になる）。坂はそれを明らかにしつつ、高度経済成長期において、河内という地名が現実の土地からは切り離された記号――本書が言うところの〈河内〉――へと変化していったと論じる。本書の問題意識をもっとも的確に表す論考であるため、冒頭に配した。

第2章では、福田祐司が河内音頭の近現代史を整理しつつ、河内音頭の受容とその変化を辿った。高度経済成長期に人気を博した音頭取り・鉄砲光三郎と、今東光の原作を映画化した『悪名』シリーズを中心的に論じている。また、一九七〇年代以降、音楽評論家たちによって河内音頭が「再発見」される経緯にも注目しており、河内音頭を受け止めた社会の動態を跡付ける論考でもある。

第3章は小谷七生による釜ヶ崎論である。当然ながら、現実の河内と釜ヶ崎は、まったく異なる場所である。ただし、大阪のステレオタイプが形成される際には、その内部で「劣位」におかれた「何らかの問題を抱えた場所」のステレオタイプもまた生み出されるのであって、第1章の〈河内〉と部分的に同種の機能を持つと考えられる釜ヶ崎に注目した論考を第Ⅰ部の最後に配した。小谷は、一九六〇年代から八〇年代に公開された釜ヶ崎を舞台とする映画を取り上げる。「どん底」や「暗黒」という釜ヶ崎のステレオタイプを確認したうえで、八〇年代の『じゃりン子チエ』がそれらを希釈し、一方では人情を前面に押し出し、他方では大阪芸人を多用することで全国レベルでの成功を遂げる過程を論じている。「人情の町」という大阪の表象は、現在もなお再生産され続けているが、小谷はその転機を八〇年代に見出している。

第Ⅱ部「がめつい大阪――〈船場〉の変容」では、船場商人の「ど根性」や「がめつさ」というステレオタイプに焦点を絞る。商家内部の階層秩序と不即不離だった「ど根性」や「がめつさ」は、高度経済成長期以降の日本社会において幅広い人々に受け入れられた。高度経済成長期は、大正末期からの長期的にわたる船場の変化の締めくくりにあたる時期であり、当時ほとんど失われつつあった船場は、追憶の対象としてポピュラー文化のなかで純化・変容せざるを得なかった。創られた〈船場〉は、広義の文化産業が表象と言説を都合よく汲み取る便利な泉になったのである。

第4章では、開信介が映画と文学に描かれた船場を整理・分析する。開が注目するのは、谷崎潤一郎の『細雪』とその映画化作品における「女性表象と結びついた日本の伝統美」であり、織田作之助の『船場の娘』や山崎豊子の『ぼんち』などの諸作品で否定的に描かれた「船場の因習」である。それらの作品を論じながら、開は〈船場〉の封建制に焦点を絞る戦後日本の言説磁場の存在を指摘し、そのなかで〈船場〉は否定的なイメージをついに払拭できないまま、〈河内〉に席巻されていくという見取り図を描いた。第1章で坂が示唆したように、〈河内〉は庶民や民衆を肯定的に論じる戦後の言説磁場とも相性が良く、それゆえ大衆社会における別種のステレオタイプとして生き残ることができたと考えられる。

第5章のサボー・ジュジャンナの議論は、本書を欧米の研究に位置付けるものである。サボーは、英語圏の研究論文を整理しつつ、共通して見出すことの出来る特徴を抽出している。それは、〈船場〉が「大阪的なもの」に置き換えられるというマクロな理解の形式である。さらにサボーは、意外なほどに隆盛している英語圏の「船場文学研究」の背景に、「マイノリティ言説研究」という研究動向を指摘している。そこには、日本の論者や読者が想定するものとは異なった関心があったのであり、日本の船場論が見落としているものを示唆してくれるだろう。

第6章の山本昭宏は、劇作家の花登筐を中心的に論じる。一九五〇年代末から八〇年代にわたって、テレビ喜劇とドラマを席巻した花登の作品から、船場を舞台にしたものを中心に取り上げて、その作劇術の特徴を論じるものである。山本は、山崎豊子や黒岩重吾などの同時代の他の作家との比較を通して、花登が繰り返した「ど根性」の物語の画一性を指摘する。花登の作劇は、もはやその舞台が船場や大阪である必要はほとんどないと言えるほどに画一的だったが、にもかかわらず、在阪テレビ局の製作陣は花登を多用し、全国のテレビの視聴者たちも花登の作品を毎週待ち望んでいた。その理由を考察しながら、山本は〈船場〉とは何かを問い直している。

第Ⅲ部「創造された大阪——文化の諸相を捉える」は、〈河内〉と〈船場〉だけでは捉えきれない要素として、笑芸や関西弁を扱う。

第7章では、佐藤貴之が「大阪」と「笑い」とが結びつくようになった歴史的・社会的背景を論じている。佐藤は、作家・長沖一がラジオ用に書いたコメディを取り上げて、方言、設定、物語構造などの作劇の要素を整理しつつ、戦後の「大阪ブーム」のなかで事後的に「大阪」と「笑い」とのあいだに等号が書き加えられたという経緯を解明している。佐藤の議論は、飽きもせずに「ほんとうの大阪」を再生産し続ける現代の大阪の政・財・学界や、それに何らかのかたちで連なる私たちの認識を、鮮やかに転倒させてくれるだろう。

第8章の森下達は小松左京が描いた「関西」「大阪」を論じている。よく知られるように、作家・小松左京は一九七〇年の大阪万博以来、大阪の行政プロジェクトに関わった人物である。作中で大阪を廃墟として造形し、「失われた大阪」への郷愁を吐露しているかにみえる小松は、他方では大衆のエネルギーをデザインし、方向づけるという管理者的発想を持っていた。森下は『日本アパッチ族』などの作品を論じながら、小松のなかに大阪が生んだ戦後精神史の一類型を見出している。

文献

小野十三郎、一九六七、『大阪』角川書店。
加藤政洋、二〇〇二、『大阪のスラムと盛り場——近代都市と場所の系譜学』創元社。
加藤政洋、二〇一九、『大阪——都市の記憶を掘り起こす』筑摩書房。
木津川計、一九八六、『含羞都市へ』神戸新聞出版センター。
酒井隆史、二〇一一、『通天閣——新・日本資本主義発達史』青土社。
砂原庸介、二〇一二、『大阪——大都市は国家を超えるか』中央公論新社。

中島らも、一九九四、『西方冗土――カンサイ帝国の栄光と衰退』集英社。

橋爪紳也、二〇二〇、『大阪万博の戦後史』創元社。

原口剛、二〇一六、『叫びの都市――寄せ場、釜ヶ崎、流動的下層労働者』洛北出版。

村上春樹、二〇二〇、『猫を棄てる――父親について語るとき』文藝春秋。

吉村智博、二〇二一、『大阪マージナルガイド』解放出版社。

Lynch, Kevin, 1960, *The Image of the City*, MIT Press.（丹下健三・富田玲子訳、一九六八、『都市のイメージ』岩波書店）。

第Ⅰ部　粗野な大阪――〈河内〉の虚実

第1章　戦後大阪と〈河内〉

坂　堅太

1　「大阪」イメージのステレオタイプ化

「大阪」らしさとは何か

二〇二二年四月、大阪市のＪＲ新今宮駅前に都市型観光ホテル「ＯＭＯ７大阪」がオープンした。運営する星野リゾートが発表した開業時のプレスリリースは、ホテルが宿泊客に約束する価値を「なにわラグジュアリー」という言葉で表現し、その内実を次のように語っている。

当ホテルが位置する大阪は、近畿地方において、経済・文化・交通の中心都市ですが、旅先としての魅力もたくさんあります。「食い倒れの街」と称される食文化をはじめ、「水の都」として栄えてきた歴史、商人の気質が生み出す自由闊達で人情味あふれる人たち。そんな街を満喫する旅を提案したく、「なにわラグジュアリー」を体感できるホテルを目指してまいります。「なにわラグジュアリー」とは、「笑い」と「おせっかい」を採り入れた大阪らしいおもてなしと、洗練された空間と上質なサービスが織りなす体験を意味しています。(1)

これを見る限り、「大阪らしいおもてなし」が「なにわ」に、「洗練された空間と上質なサービス」が「ラグジュアリー」にそれぞれ対応していると考えられる。そして「大阪らしいおもてなし」の特徴とされるのが、「笑い」と「おせっかい」である。また引用前半部では大阪の「旅先としての魅力」が語られているが、そこには「食い倒れの街」「商人の気質」「人情味あふれる人たち」といった言葉が並んでいる。ここに挙げられているものが、メディアに流布する典型的な大阪像に由来していることは言うまでもないだろう。意地の悪い見方をすればこのプレスリリースは、ステレオタイプ化された大阪イメージのパッチワークに過ぎないともいえる。

おそらく現在の日本社会において、「大阪」ほど、特定のイメージを喚起させる地名はないのではなかろうか。例えば二〇〇七年から日本テレビ系列で放送が開始され、現在も続く人気バラエティ番組「秘密のケンミンSHOW」（二〇二〇年から「秘密のケンミンSHOW極」に改称）には、放送初期より定期的に組まれている「ヒミツのOSAKA」というコーナーがある。番組開始から一五年以上が過ぎてなお、このコーナーがいまだ一～二ヶ月に一度の頻度で組まれていることからは、全国四七都道府県のローカルな話題・慣習を取り上げるという趣旨のこの番組において、大阪という街が特権的な位置を与えられていることをうかがわせる。

大阪の特別さについて、方言の問題を例にとってみたい。日本語学の研究者である金水敏によれば、大阪弁はもはや数ある方言の一つというより、「他の方言とはまた異なる、強烈な役割語」（金水 2003）として機能しているという。[2] そしてそこに結びつけられているステレオタイプを、次のように整理している。

1　冗談好き、笑わせ好き、おしゃべり好き
2　けち、守銭奴、拝金主義者
3　食通、食いしん坊
4　派手好き
5　好色、下品
6　ど根性（逆境に強く、エネルギッシュにそれを乗り越えていく）
7　やくざ、暴力団、恐い

物語の中で〈大阪弁・関西弁〉を話す人物がいたら、右の特徴のどれか一つ、あるいは二つ以上の特徴を持っているとと考えてほぼ間違いない。（金水 2003：82-83）

金水の指摘から二〇年が経過した現在でも、ここに挙げられている特徴に異論を唱えることは難しい。それは「OMO7大阪」のプレスリリースを見れば明らかだ。では、こうして人々によって欲望・消費され続けてきた大阪イメージはどのように形成されてきたのだろうか。

「文化のテロル」？

メディア上に氾濫する大阪像については、特にその画一性・定型性に対する批判も提出されてきた。近世文化の研究者であり、雑誌『上方芸能』の編集長を長く務めた木津川計もその一人である。「単一のパターンではとらえきれない複雑な様相」を大阪の文化に見出す木津川は、それを「都市的華麗な宝塚型文化」「土着的庶民性の河内型文化」「伝統的大阪らしさをたたえもつ船場型文化」の混在として説明する（木津川 1981：98）。例えば、モダンで華美な宝塚歌劇、漫才・落語・浪曲などの大衆芸能、そして文楽や上方歌舞伎といった伝統芸能まで、大阪には実に多様なジャンルの芸能が併存している。こうした多面性・多様性こそが大阪文化の特色であるともいえるはずだが、現在流布している大阪イメージは、そうした「複雑な様相」を捨象することで成立している。

では、なぜ画一化・定型化が生じたのか。これについて木津川は、一九六〇年代、七〇年代、そして八〇年代の三度、大阪を「文化のテロル」が襲い、その結果「三類型の一つでしかない河内型文化で大阪文化を代表させられた」ことが画一化の要因だと語っている（木津川 1986：55）。そして六〇年代にこの「文化のテロル」の発端をひらいた主犯として名指しで批判されているのが、直木賞作家の今東光である。「一人のボヘミアンがふらりとやってきた大阪で、文学による文化のテロルを加えた」と糾弾する木津川は、次のように書いている。

実際、一九六〇年代、河内の柄の悪さは今東光によるペンの量産で「天下に知れ渡った」のである。大阪文化三類型の一つでしかないのに、すべてを代表する形で〝河内ものシリーズ〟が喧伝された。一面的なものの全面化であった。

船場型文化は顧みられず、宝塚型文化への注視はなく、猥雑ばかりが氾濫したから河内はいうに及ばず、巻き込まれて大阪も猥雑な都市のイメージで一色に塗りつぶされた格好になった。（木津川 1986：58）

このように、大阪の都市イメージが「河内型文化」のみに代表させられた契機を今東光の活躍に求める木津川は、「今東光の〝河内シリーズ〟のはずが、他府県の人たちの目にはすべて〝大阪シリーズ〟と映った」がために、「河内型の文化ばかりが大阪を覆っている、そんなイメージが形成されていった」のだと主張している。

こうした見方は、ひとり木津川だけにとどまるものではなく、関西圏全般の文化に造詣が深い井上章一も同様の見解を示している。東京と大阪のマスメディアによる共犯関係を通じて「紋切型の大阪像がつくられて」きたとする井上は、「下劣で助平という今東光の河内像」が「大阪像と混同」されたとし、「大阪像の変容を、今東光作品があとおしした可能性は高い」と述べている[3]（井上 2018：228-230）。

木津川、井上の両者に共通しているのは次のようなストーリーである。まず、今東光の一連の作品群によって、八尾を中心とする河内地域の「猥雑」や「柄の悪さ」が全国に知れ渡った。そしてその過程において、「河内」と「大阪」とが「混同」されてしまった結果、「猥雑な都市」という「紋切型の大阪像」が流布する事態となった。〈河内〉による大阪イメージの占有、それが戦後の大阪を襲った「文化のテロル」だったということになろう。

一九五〇年代後半の「大阪ブーム」

今東光の活躍を考えれば、こうした指摘が出てくるのも無理はない。例えば一九六一年から『週刊朝日』に連載された代表作『悪名』はベストセラーとなっただけでなく、勝新太郎が主演を務めた映画版は全一六作という大映の看板シリーズとして大衆的な支持を集めた。他にも『みみずく説法』や『河内カルメン』『河内風土記』など、戦後の今は多くのヒット作を生み出しており、そこに描かれた「河内」の姿が大阪イメージに多大な影響を与えたことは疑い得ない。

ただしその具体的な様態については、検討の余地がある。先にみた「混同」というナラティブには、「河内」とは明確に切り離されうる、確固とした輪郭を持った「大阪」像の存在が暗黙のうちに前提とされている。なぜなら「混同」が生じるためには、「河内」と「大阪」との間に明白な差異がなければならないからだ。しかし、そのような安定した大阪イメージが当時成立していたかについては、疑問が残る。

注目したいのは、今東光が活躍を始めた一九五〇年代後半には、彼以外にもさまざまな作家たちが大阪という土地を舞台とする作品を発表していたという事実である。特に山崎豊子の『暖簾』『花のれん』といった大阪商人ものや、菊田一夫の戯曲『がめつい奴』や『がしんたれ』、さらに「やりくりアパート」や「番頭はんと丁稚どん」といった花登筺脚本による在阪テレビ局制作のドラマなどが全国的な人気を獲得しており、当時は「大阪ブーム」とも呼ばれる状況が浮上していたのだ（山崎・岡部・水野 1957）。

さらに文化的な面以外でも、この時期は「大阪」に対する視線が集まっていた。背景にあったのは、高度経済成長下で進行していた資本の東京一極集中による、大阪経済の地盤沈下という問題である。

例えば『実業の世界』一九五七年四月号の特集「大阪の台所解剖」には「大阪経済を没落させた五ツの実話」「ナゼ大阪経済は衰退したか」といった記事が並んでおり、「『大阪は我が国経済の心臓都市である』といわれたのは昔のことで、今は戦時、戦後を通じ大阪経済の全国的な比重の後退が目立っている」という厳しい現状認識が綴られている。では、近世以来続いてきた「商都」という都市像が現実味を失っていくなかで出現した「大阪ブーム」は、どのような「大阪」を描き出していたのか。

今東光の諸作品が戦後の大阪イメージに与えた影響を追跡するうえで本章が重視したいのは、こうした同時代的なコンテクストの問題である。すなわち、高度経済成長期に進行していた大阪像の再編という大きな動き、そのダイナミクスのなかに今のテクストを位置付けること、またその作業を通じ、戦後大阪と〈河内〉との関係を考察すること、それを本章の課題としたい。

以下ではまず今東光の短篇「闘鶏」を分析し、それがどのように河内地域を描いていたかについて、受容の問題を踏まえつつ確認していく。次に、「船場」を描く作家として今とほぼ同時期に活躍した山崎豊子を比較対象として取り上げ、「河内」を描くことと「大阪」を描くこととの同時代的な距離を測定する。そのうえで、高度経済成長期に大阪像がどのように変容していったかを確認し、その動的なメカニズムのなかで今の作品が占めていた位置を明らかにしていきたい。

2　今東光の描いた「河内」

今東光のカムバック

一八九八年に横浜で生まれた今東光は、一九二四年には川端康成・横光利一らとともに『文藝時代』を創刊するなど新感覚派を代表する作家として頭角をあらわし、「軍艦」（『文藝時代』一九二四年一二月）や「痩せた花嫁」（『婦人公論』一九二五年一月）などで筆名をあげた。その後プロレタリア文学への関心を深め、一九二九年にはプロレタリア作家同盟にも参加したが、一九三〇年に突然の出家を果たし、作家活動は中断されることとなった。

以後約二〇年はほとんど作品を発表していなかったが、一九五一年一二月末に天台院の住職として大阪府八尾市に移住したことを契機に、河内地域の風土や歴史を題材とした小説を発表し始める。そして一九五六年一月から一二月まで茶道雑誌『淡交』に連載された歴史小説「お吟さま」が一九五七年一月に第三六回直木賞を受賞すると、同年には「山椒魚」（『東京新聞』夕刊一九五七年三月二二日～五八年五月二二日）、「みみずく説法」（『週刊朝日』一九五七年四月一四日～九月一日）、「春泥尼抄」（『週刊サンケイ』一九五七年七月二八日～五八年八月一〇日）と相次いで作品を連載していった。こうした今のカムバックは広く世間の耳目を引くこととなり、一九五七年末に発表された文壇の回顧記事でも好意的に取り上げられている（臼井・河上・中村 1957）。

ただし、直木賞受賞作となった「お吟さま」に対する評価は、実はそれほど芳しいものではなかった。当時の評価をみると、「今東光氏の作品としては、それほどすぐれたものとは思えない」（村上 1957）、「『お吟さま』自体は、どうみてもすぐれた作品とは言いがたい」（臼井 1957）といったように、厳しい言葉が並んでいる。では今のカムバックはどのように果たされたのか。それを実質的に支えていたのは、直木賞受賞前後から発表されていた、河内に暮す市井の人々の風俗を描く短篇群だった。例えば直木賞の選評で小島政二郎は、「闘鶏」（『中央公論』一九五七年二月号）を引き合いにだしながら、次のように書いている。

「お吟さま」には、感心しなかつた。どの人間も性格がちつとも書けてゐないからだ。こんなもので今東光がほめられては可哀想な気がした。私は委員会に出席する前に、「中央公論」の二月号にのつてゐる「闘鶏」に感服してゐた。段違ひにいゝ。この作品で、今東光もいよいよ吹つ切れたなと思ひ、はるかに敬意を表した。「闘鶏」は、今東光の傑作であるばかりでなく、最近での文壇第一の傑作だと思ふ。（小島 1957：157）

他にも、「僕は直木賞になつた『お吟さま』は買わない。利休なんかまつたく描けてないし、全体が東光節だよ。しかし『闘鶏』の河内あたりの自然と人間を書いている短篇は、おもしろいものだ」（臼井・河上・中村 1957）など、小島同様、「闘鶏」をはじめとする一連の短篇を高く評価する声は多い。では「最近での文壇第一の傑作」とまで評された「闘鶏」（図1-1）が描き出した「河内あたりの自然と人間」とは、どのようなものであったのか。

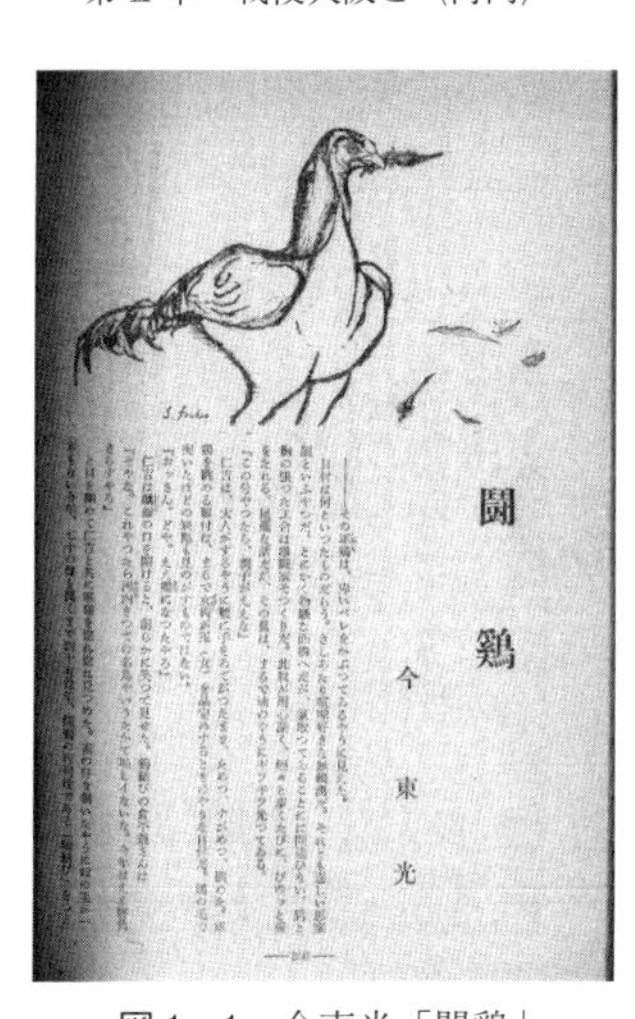
闘鶏
今東光

図1-1　今東光「闘鶏」
出典：『中央公論』1957年2月号

小説「闘鶏」が描き出した〈河内〉

八尾市の河内山本地区周辺に伝わる闘鶏賭博を切り口とし、当地に暮す人々の生活を活写したこの小説の末尾には、次のような「作者附記」が置かれている。

しかしながら純粋の闘鶏、若しもこれを賭博といふならば、軍鶏賭博の正統を伝へるべく作者は努力したつもりである。次第に忘れ去られんとする闘技をも併せて、伝統的な鶏合せと共に、その郷土色をも本篇によつて多少でも伝へることが出来れば、作者は望外の欣びとしなければならない。（今 1957a：382）

ここで「軍鶏賭博の正統を伝へるべく作者は努力した」と書かれているように、小説には「河内奴」や「猩々赤」など軍鶏の品種名やその特徴、さらに「やり越し」や「下り藤」といった技芸の種類に至るまで過剰なほどに詳細な説明がなされており、河内地域の闘鶏に関するドキュメント的な性格も併せ持っている。[4]それでは、その「伝統的な鶏合せと共に」伝えることが目指された「郷土色」とは、どのようなものであったのか。

小説の主人公は中学生の仁吉という少年で、物語前半では、「人間の子供と遊ぶよりシャモと暮す時間の方が多かつた」というほど闘鶏にのめり込む彼の姿が描かれている。「シャモ吉」というあだ名を持つ仁吉にとって、軍鶏を育てることは単なる遊びや趣味にとどまるものではない。この小説では、「父祖の代からの伝承」により河内の人々に受け継がれてきた闘鶏は「学校」にさえ代わるもの、すなわち世界を理解する一つの「知」の枠組みというべき位置を与えられているのである。ある日、学校にも行かず軍鶏の飼育に明け暮れている仁吉に対し、近所の老人が以下のように注意を与える。

倉平爺さんは古い材木に腰かけたまま、ゆつくりと烟草をくゆらせながら、軍鶏と仁吉の伸び加減の頭を見やつて、

『そら。さうと。われ。中学校へいけへんのか。よオ』

と質ねた。

『新制中学か。あんなもん』

仁吉は鼻であしらつた。

『あんなもんて。われ。何ちふことぬかすんぢや。新制いうたら、われ、義務教育やないけ。あんまり、おとな嬲りせんことぢや。夜、小便たれんどオ。学校へも行きさらさんと軍鶏ばつかりなぶつてたら』

『そない云うたかて、おッさん。学校あかんね。先生のくせさらして、軍鶏のこと、よう知りよれへん。まだ、こちの親父の方、よう知つとんが』

『阿保助めが。どこの学校で、鳥博奕のこと教へるか。こいつばつかりは、月謝、高うつく……………』（今 1957a：352）

ここで注目したいのは、「中学校へいけへんのか」という問いかけに対し、仁吉がわざわざ「新制中学か」と言い直したうえで、「あんなもん」と一笑に付していることである。占領期の教育民主化の一環として導入された六三三制は当時、「将来文化国家として立つのだという唯一の希望を与えてくれるもの[5]」、「文化国家日本の建設にとつて大きな命題」と受け止められていた[6]。そしてこの新制度の根幹を担う学校として、「教育基本法の理念のもと、すべての国民に共通で単一な「中等普通教育」を施す機関として登場」したのが新制中学校であった（木村 2015）。しかし、「軍鶏のこと、よう知りよれへん」ような人間は「先生」たりえないと考える仁吉にとって、それは「あんなもん」として切り捨てられてしまう。もちろん、こうした認識を「阿保助」と非難する「倉平爺さん」の言葉は妥当な評といえる。だが「国家及び社会の形成者として必要な資質」（学校教育法旧第三六条）を身につけるための教育には「興味も理解も示さ」ず、「父祖の代からの伝承」である闘鶏を通じて世界を理解しようとする仁吉の姿勢は、「文化国家」を目指すのが当然であるという戦後日本の〈常識〉を相対化するものでもある。

ある日、父の久兵衛は、仁吉が丹精込めて育てていた「兵助」を息子に無断で闘鶏の場に連れ出す。家に戻って来て「兵助」がいないことに気づいた仁吉が不安に思っていると、賭場から帰って来た久兵衛に、闘鶏に負けた「兵助」は軍鶏鍋の材料として調理されてしまうことが告げられる。「瀟洒な姿をした「兵助」が、黄色い歯糞のたまつた口の中で、ピチャピチャ、ニチャニチャ噛まれたり、砕かれたりして、貪婪な胃の腑へ押しこまれる」ことに堪えられなかった仁吉は深く傷つき、「もう軍鶏飼うても喧嘩はさせへんぞ。負けたいうても喰はんかて好えやないか」と父親への怒りを覚えるが、残酷ともいえるこのエピソードを通じて強調されているのは、河内の人々の独特な世界観である。

「好戦的な傲岸不遜の騎士である闘鶏の世界では、勝つことだけが唯一の生存の権利」であって、一度でも負けてしまった軍鶏は「生涯、下ッ鳥になつてしまつて逃げ廻つてゐなくてはならな」くなる。「軍鶏の世界では、人間の倫理も条理も通用しない」のであって、その徹底した弱肉強食の原理は「いまいましい」ものではあるが「それ以外には何もない」。しかし、「倫理」や「条理」といったー切の虚飾を排した酷薄な実力主義は現実世界の一面を確かに捉えたものであり、同時にだからこそ、飼主が軍鶏を食べてしまう行為は「冷酷な悪党の情愛」に近しい、一種の「温情」にもなりうる。

軍鶏は一度、完敗すると、生れ変つて来ない限り永遠の敗北者として、一種の虜囚になつて仕舞ふのである。血を好む戦士として闘ふことも出来なければ、従つて卵を生みつける能力さへ、不能者同様に拒否される。それゆゑに愛情の深い飼主が、この屈辱を喰つて仕舞ふことは、敗北した軍鶏にとつては救済にほかならない。それが軍鶏の宿命だ。軍鶏博徒の久兵衛も今までに何羽かの軍鶏を喰つてきた。今また「兵助」を料理したところで、彼の経験を豊富にしただけであつて、とりわけ無慈悲でもなく、格別に不調法ではないのである。（今 1957a：356-357）

敗れた軍鶏を食べることとは、どれほど残酷に見えようとも、決して〈野蛮〉ゆえの行為ではない。それはあくまで、「永遠の敗北者」という「屈辱」にまみれた軍鶏を「救済」するための、「愛情の深い飼主」による一つの儀式として存在している。それが「無慈悲」や「不調法」に思えてしまうのは、ただわれわれが〈河内〉の文化を共有できていないために、「喰つて仕舞ふこと」に潜む「慈悲」と「調法」とを読み取れないからに過ぎない。そして父の行為が意味するものをやがて理解していった仁吉は、「親父に対する奇妙な惻隠の情」を抱くようになる。こうして「人間の愚劣さと軍鶏の世界の哀れさを身をもつて知つた」ことで、彼は子どもから大人へと成長していく。

このように「闘鶏」という小説は、「人間の倫理も条理も通用しない」という「軍鶏の世界」の描写を通じ、一般的な常識や価値観とは異なる論理で営まれるものとして河内地域の暮らしを提示している。「河内の特異な人情風俗がその芯となっている」（浅見 1957）、「河内という土地の人情風俗の中に小説の鉱脈を発見した」など[7]、評価言説においても河内地域の風俗やそこでの人々の暮らしの「特異な」様相に注目が集まっていたことは、小説のたくらみが好意的に受け止められていたことを示している。「〃をかしな人たち〃が、かもしだす笑いの世界」（十返 1962）として、つまり、戦後日本の常識を相対化する〈異質な他者の世界〉として河内地域を描き出した点にこそ、今の「河内もの」の特徴があるといえよう。

「郷土文学」としての「河内もの」

こうした「特異な人情風俗」への注目の背景にあったのが、「郷土文学」という枠組みである。今の作品については、「師匠の潤一郎の郷土文学提唱を実行した結果」（浅見 1957）といわれるように、谷崎潤一郎の唱えた「郷土文学」論との関係が指摘されており、作者自身も「僕は自分の作品を郷土文学として論ぜられるのを不平とは思っていない」（今 1958：60）と、その影響下にあることを認めている。

この郷土文学論とは、『中央公論』一九三四年一月号から四月号にかけて発表された「東京をおもふ」で提起されたものである。このエッセイで谷崎は、「まだ東京を見たことのない青年男女」に対し「小説家やジヤーナリストの筆先に迷つて徒に帝都の華美に憧れてはならない」という警告を発し、「われ〳〵の国の固有の伝統と文明とは、東京よりも却つて諸君の郷土に於いて発見される」と、それぞれの地方での創作活動の重要性を強調している。その背後にあるのは、文学の東京中心主義に対する強い不満である。「大体われ〳〵の文学が軽佻で薄ッぺらなのは、一に東京を中心とし、東京以外に文壇なしと云ふ先入主から、あらゆる文学青年が東京に於ける一流の作家や文学雑誌の模倣を事とする」ためだと考えた谷崎は、そうした状況を打破する新たな文学のあり方として、「郷土文学」の重要性を次のように説いている。

ついては、いつも思ふのであるが、今日は同人雑誌の洪水時代で、毎月私の手元へも夥しい小冊子が寄贈される。（略）扨それらの雑誌を見ると、殆んど大部分が東京の出版であり、孰れも此れも皆同じやうに東京人の感覚を以て物を見たり書いたりしてゐる。彼等のうちにも多少の党派別があり、それ〳〵の主張があるのではあらうが、私なんぞから見ると、彼等は悉く東京のインテリゲンチヤ臭味に統一されてゐる。彼等の関心は、東京の文化と、東京を通じて輸入される外来思想とのみ存して、自分たちの故郷の天地山川や人情風俗は、眼中にないかの如くである。で、もしもこれらの文学青年があゝ云ふ勿体ないことをする暇があつたら、東京へ出て互ひに似たり寄つたりの党派を作ることを止め、故郷に於いて同志を集め小さいながらも機関雑誌を発行して、異色ある郷土文学を起したらばどうであらうか。今日の都会中心主義を矯め、地方の人心をその土に安んぜしめるには、文学芸術が先駆を勤めることが何よりも有効なのではないか。（谷崎 1934：329）

谷崎の求める「異色ある郷土文学」とは、ただ「故郷の天地山川や人情風俗」という題材だけの問題ではない。「都会中心主義」の根本に彼が見ようとしているのは、「東京人の感覚を以て物を見たり書いたりしてゐる」こと、すなわち表象の問題である。「東京のインテリゲンチヤ臭味」、「東京を通じて輸入される外来思想」から離れ、「地方」の「感覚」で「物を見たり書いたり」することこそが、「郷土文学」の「異色」を生みだす基盤となる。そこに「今日の都会中心主義を矯め」る可能性を見たのが、谷崎の議論だった。

そして今東光もまた、先に引用したエッセイのなかで「僕は最近の文学を見て、あまりに東京的なのに興味を失っている。それはあまりに都会的なために頽廃的だからだ」（今 1958）と述べ、自らの創作の根底に反東京主義があることを認めている。この点で彼の作品を郷土文学とする議論は妥当なものといえるが、注意したいのは「郷土」という言葉の内実である。「まだ東京を見たことのない青年男女」に対する呼びかけという形をとっていることからもわかるように、谷崎の議論において「郷土」とは基本的に「青年男女」たちの生まれ育った「故郷」を指している。一方、今にとって河内地域とは五〇歳を過ぎて移住してきた土地であり、少なくとも一般的な意味での「故郷」と同一に考えることはできない。そうであるならば、彼の作品が「異色ある郷土文学」として読まれるとき、その「郷土」とは何を意味していたのか。こうした作品受容をめぐる問題から見えてくるのは、当時存在していた「河内」と「大阪」との微妙な距離感である。

3　「河内」を描く／「大阪」を描く

山崎豊子と今東光

今東光が本格的に創作活動を再開し始めた一九五七年、当時はまだ毎日新聞大阪本社に勤める記者であった山崎豊子が東京創元社より『暖簾』を刊行し、小説家デビューを果たしている。大阪・船場の昆布問屋を舞台に、彼女にとっての「理想の大阪商人」（山崎 1957：221）の生きざまを描いたこの小説で一躍人気作家の仲間入りを果たした山崎は、執筆の動機をこのように語っている。

私は大阪を端的に代表するものは大阪商人だと思つております。ところが今まで西鶴、近松、近くは武田麟太郎、織田作之助、藤沢恒夫、長沖一というような諸先生方が大阪のことについてずいぶんお書きになつておられ、いい作品も大へん多いのですが、不思議と大阪商人の精神を書いたような作品が少ないのです。（略）ともかくどうしたことか大阪を代表する大阪商人については何一つ書かれていなかつたわけなのです。（略）それが「暖簾」という小説を書いた最も大きな動機でございます。

それからもう一つの動機は、大阪商人というととかく「上方贅六」という言葉が代名詞のように使われておりますが、これは何も商人だけに限りません。大阪人全般を軽蔑したような意味を含めて使われがちです。私は是非こうした大阪人への偏見を正したいと思いまして、書く決心をしたのが七年前でした。（山崎 1958：27）

この記述からは、武田麟太郎や織田作之助など、先行する大阪文学の作家たちの存在を山崎が強く意識していたことがうかがえる。『暖簾』の舞台が彼女の実家をモデルとしていることは当時から広く知られていたが、山崎が大阪商人を題材としたのは、何よりそれこそが「大阪を端的に代表するもの」だとする強い信念があったからに他ならない。そしてこの作品以後も、直木賞受賞作となった『花のれん』や『ぼんち』『女の勲章』『女系家族』など、山崎は次々と人気作を発表していくが、「大阪商人のど根性といったものを描くことに、作者は力をこめている[8]」「典型的な船場小説の力作」（青山 1959）、「ただ忠実に大阪を描いていて、大阪の特種性（ママ）を素直に描き出しいる点に好感がもたれる」（保高 1960）といった同時代評からは、山崎の小説が「大阪」という地名と強く結びつけられる形で受容されていたことがわかる。また、彼女の作品に描かれる主人公の粘り強さや不屈の姿勢を形容する「ど根性」という言葉は、個人の属性というよりは「大阪商人」のものとして受け止められていた。

ここで興味深いのは、ほぼ同じ時期に発表されていた今東光の作品との関係、特にその受容の文脈における距離である。いずれも大阪に住み、大阪の特定地域に根差した作品をそれぞれ発表していた二人は、現在から見れば近しい位置にある書き手として扱われるべき存在のように思われる。実際、山崎の直木賞受賞時には「作者の少ない関西では今東光氏についで戦後二度目の〝希少価値〟ということになる」という報道がなされただけでなく[9]、両者が大阪の魅力について語り合う対談が雑誌に掲載されるなど（今・山崎 1958）、二年連続で大阪在住の作家が直木賞を受賞したことにはそれなりの注目が集まっていた。しかし作品受容の文脈において、両者が並べて評されることはなかったのである。

例えば、自らの生まれ育った船場を舞台とする作品を発表していた山崎は、「故郷の天地山川や人情風俗」を描いたという点で、郷土文学の書き手と見なされてもおかしくないはずだが、当時彼女の作品をそうした枠組みで評した論者は、管見の限り見当たらない。他方で、「大阪を描いた作家」と山崎を評した青山光二がその先行者として挙げる名前は「宇野浩二、藤沢恒夫、武田麟太郎、織田作之助、石浜恒夫」（青山 1959）であり、そこに今東光の名前はない。これは先に引用した山崎の述懐でも同様である。すなわち、自らの故郷である「船場」を描いた山崎豊子の作品が「郷土文学」として論じられることはなく、また大阪の一地域である「河内」を描いた今東光は「大阪を描いた作家」とは見做されなかった。ここから見えてくるのは、「大阪」を描くこと／「河内」を描くこととの間に存在する、微妙な距離感である。

「郷土」とは何か

注目したいのは、今東光の作品が郷土文学として論じられる際、その先行例とされているのはきだみのるの『気違い部落』シリーズだった、ということである。周知の通り、きだの作品の舞台となったのは東京・八王子の恩方地域であり、今が描いた河内とは地理的に大きく離れている。では両者の作品が同系列のものと論じられる際、八王子と河内とはどのような関係にあると見做されていたのか。

今の作品をいち早く郷土文学として位置づけた浅見淵は、谷崎とは異なり、「その土地に生まれた時からずっと住みついた儘の者からは、なかなか出現しないもの」（浅見 1957）として郷土文学を定義する。つまり、書き手が「ズブの地方人」ではないことが郷土文学の条件だ、というのである。そしてその成功例としてきだの『気違い部落』シリーズを挙げる浅見は、次のように論じている。

> しかも、地方といったものは、住民が昔から固定しているし、移動が少ない。隣人に聞けばどの家の家風歴史といったものも、たなごころを指すようにすぐわかる。なお且つ、個性も都会人のように複雑でなく類型的で、観察も容易である。そこへ持って来て、他国人の場合、恩怨やら縁戚関係やらがないから、一応何を書いても平気で通る。きだ・みのるの成功はつまり、異質的な他国人であるゆえにもたらされたものなのである。（浅見 1957）

このように浅見は「都会」＝「複雑」、「地方」＝「類型的」という対比を設定したうえで、「恩怨やら縁戚関係がない」「異質な他国人」こそが、「地方」を正確に「観察」し記述することができる、と説明している。重要なのは、「地方」という観察対象との距離である。そして、「きだ・みのるにおける八王子の恩方のように、今東光の場合も、河内は異質の他国である」と、『気違い部落』シリーズと同様の構図を今の作品にも見出し、「根からの河内人ではない」ことが今の作品を支えている、と論じる。ここで八王子と河内とは、「都会」に対置される「地方」として等価のものと見做されており、その空間的な差異は実質的に無視されている。すなわち浅見の議論においては、「地方」（＝「郷土」）と「都会」という二項対立的な関係こそが重要なのであって、具体的な地名は特に意味をなさないのである。

こうした見方は浅見だけに限られるものではなく、文化人類学者の米山俊直も同様の見解を提示している（米山 1961）。今ときだとに共通する特徴として米山が指摘するのは、「本質的に農村と切れたところにある」点、つまり「うたがいなく都会の眼をもっている」という点である。両者はともに期せずして「参与観察者」的な立場を確保しているとし、その作品は得難い成果であると評価しつつも、「彼らの都会の眼の基盤にある原理的なものは何かという問題」から、二人の限界についても指摘している。米山によれば、両者はともに「純粋契約的社会」としての「都市社会のイメージ」を持っており、それと対立するものとして「部落原理」を措定しているという。そのため、「二人の作者が『きちがい部落』を考えるとき、それはどこまでも純粋契約的社会に対立したものを画こうと」することとなり、結果として描き出されるのは、過剰なまでに反都市的・反近代的な性格が強調された姿である。[10]

空虚な記号としての「河内」

浅見・米山の指摘から見えてくるのは、今東光の描く「河内」が、「八王子の恩方」とも代替可能な、現実の地理とは乖離した記号として受容されていた可能性である。例えば今の作品に「河内の特異な人情風俗」を見ていた評者たちは、同時に次のようにも書いている。

従来の農民文学に共通する平板な写実でなく、作者の資質のおもむくまま、ふてぶてしく、しかもおおらかに、塗りこんだような独特のリアリズムが、この土俗的な人間どもを通じて、作者自身の一面を伝えるばかりか、日本人の庶民性ともいうべきものを見事に描き出しているのである。これらの作品は、これまでの日本文学に見られなかったものである。（臼井 1957）

ブラシ屋さんの朝吉親分や伊之助若親分にしても、トン毛仲買商の片岡の由っしゃんにしても、八百屋の村〇さんにしても、みんな普通の田舎の庶民だ。「河内風土記」などに描かれているものでも、おそらくはどこの田舎ででも、イロリばたなどで話されている世間話と大差ないものであろうが、そこから文学的なものを再発見したのは今東光氏の才能だというべきだ。(11)

評者たちが今の作品に「河内の特異な人情風俗」を見出したのならば、それらは当然、河内地域に固有のもの、他の地名では代替不可能なものでなければならない。しかし、「特異」であったはずのそれらはすぐさま「日本人の庶民性」という形で一般化され、「河内という土地の人情風俗」と不可分であったはずの物語は「どこの田舎」でも話されている「世間話と大差ないもの」へと読み替えられてしまう。ここでの「河内」とは現実の土地・空間とは切り離された空虚な記号のようなものであり、その内実は「都市」との対立という関係によってのみ充填されるに過ぎない。逆に言えば、「都会の眼」を持つ評者たちの間にそうした期待があったからこそ、河内地域を〈異質な他者の世界〉として描き出した今の作品は歓迎されたともいえる[12]。

このように考えるならば、山崎豊子の小説が「郷土文学」とカテゴライズされなかった理由も見えてくる。というのも、彼女が描いた「船場」は、まさに「純粋契約的社会」としての「都市社会」であるからだ。一方、「大阪を描く作家」として今東光の名前が挙がらなかったのは、彼の描く「河内」が現実の土地から切断された、「地方」の一つとして受容されていたからだと説明できよう。

本節では今と山崎の作品受容の文脈について比較分析を行い、「河内」／「大阪」を描くことの微妙なズレについて考察してきた。近傍にあるかに見える二人だが、少なくともその作品評価においては、交わることは少なかったといえる。では、一九五〇年代後半のほぼ同じ時期に二人の在阪作家が全国的な人気を博していたことは、単なる偶然の一致に過ぎなかったのであろうか。ここで考慮しなければならないのは、高度経済成長前期に生じていた大阪の変容と、その都市イメージの再編成である。この大きな動きの中に二人の作品を位置付けることで、評価言説の比較だけでは見えてこない両者の交点が浮かび上がってくる。それを明らかにすることは、戦後大阪と〈河内〉との関係という本章の課題を遂行するうえで不可欠な作業でもある。次節ではこの問題について考察していきたい。

4　高度経済成長と大阪イメージ

商都・大阪という都市像の限界

本章の冒頭で確認したように、一九五〇年代後半は「大阪ブーム」と称されるほどに、さまざまなジャンルにおいて大阪を描くこと、あるいは大阪発の文化や芸能が全国的な人気を博していた。同時に、高度経済成長下で資本の東京一極集中が進んだために大阪の経済力の全国的な比重は低下することになり、「大阪経済の地盤沈下」にもまた全国からの視線が注がれていた[13]。戦時期から続く東京中心の経済政策の影響、軽工業から重工業へという産業構造転換の立ち遅れ、そして貿易におけるアジア市場の縮小などを背景に、大阪経済の相対的な地位低下は否定しようのない現実となっていたのである。

興味深いのは、例えば大阪喜劇の人気ぶりを報じる新聞記事に「経済力の地盤沈下は争えないが、芸能面では決してヒケをとらないという大阪人のプライドが上方喜劇を強く支えている」とあるように[14]、「大阪ブーム」と経済の不振とはしばしば結びつけられて論じられていたということである。山崎豊子が大阪商人を「大阪を端的に代表するもの」であると考えていたように、近世以来、大阪は商都としての自画像を有してきた。しかし、そのイメージは高度経済成長下において確実に薄れつつあった。政治の中心は東京だが経済の中心は大阪である、という従来の構図が瓦解していく中で、大阪という街をどのように語るのかという問題は新たな局面を迎えていたといえる。かつてのイメージを補強ないし再生産していくのか、あるいは現実の姿に即した新たな語りを模索するのか。一九五〇年代後半の「大阪ブーム」、そして先に見てきた今や山崎の作品群は、こうした大阪像の全体的な変容の一環として捉えなければならない。

すでに確認したように、郷土文学／大阪文学という受容の文脈を見る限りでは、両者の作品を結びつけるものはなかったかに思われる。だが、二人がそれぞれに描こうとした「河内」と「船場」は、ともに高度経済成長下の大阪において〈失われつつあるもの〉として見出されたという点で、実は近

特集
大阪経済の振興対策
大阪経済振興審議会
調査報告
Ⅰ 大阪経済の現況

図1－2　大阪経済振興審議会「大阪経済の振興対策」

出典：『Chamber』1954年2月号

接してもいたのである。ここではまず、山崎の作品をめぐる問題から確認していきたい。

遺物としての「大阪商人」気質

一九五六年五月、大阪府・大阪市・大阪商工会議所の連絡協調の機関として大阪経済振興連絡協議会が設置された。「府、市、経済界の話合いの場であるとともに、その場で決められた事項を実現するための、実践、推進の総合機関」（大阪経済振興連絡協議会 1966：2）と位置付けられるこの協議会は、主に産業基盤の整備促進に向けた活動を展開していった。具体的には、阪神高速道路公団の設立推進や東海道新幹線新大阪駅の設置実現、大阪港湾域の拡大、臨海工業地帯の整備開発などであるが、こうした大阪経済振興に向けた動きの起点にあるのが、一九五三年一月に設置された大阪経済振興審議会、そして年末に発表された同審議会の調査報告「大阪経済の振興対策」（図1－2）である。

この報告は全三部で構成されており、まず「Ⅰ　大阪経済の現況」では「近年大阪経済の全国的比重の後退が目立ち、東京と対比した大阪経済の相対的実力がとみに低下してきたことは否めない」という前提のもと、さまざまな指標を用いた大阪経済の実態把握が試みられている。次に「Ⅱ　大阪経済衰退の原因」で相対的地位低下の原因について分析したのち、「Ⅲ　大阪経済振興対策」では商工業振興や交通・通信網整備などに関する具体策が提案されている。本章との関係で注目すべきは、「Ⅱ　大阪経済衰退の原因」に示されている大阪財界の現状認識である。そこで挙げられている「経済的原因」「政策的、政治的、社会的原因」「主体的原因」という三つの項目のうち、「主体的原因」に関する説明では、乗り越えるべき課題として「経営の非近代性、科学性の欠如」や「安物生産とダンピング」とともに「大阪商人の気質」が数えられているのだ。

> 元来、大阪商人は明敏な人物で、勤勉を旨とし、実践実行力に富み、自立独歩独立不羈の精神を誇つて来た。実に大阪の発展はこの様ないわゆる町人魂によつて培われて来たものであつて、戦前に於ける大阪繁栄の原動力をなしたものは実にこの町人魂であつたと言えよう。（大阪経済振興審議会 1954：33）

報告は大阪商人の気質をまずこのように説明し、商都・大阪をつくり上げた原動力としてその価値を称揚する。ただしそこには「理屈や理論を軽べつし、カンが良く科学的研究心や科学的経営に不向きであるなどの欠点」もあるとし、「これまでの如き個人的な独立不羈の精神で、目先的、金儲け主義的な経営態度では、とうてい、現在の不振を打開し得ない」と、その克服が謳われるのである。そして「主体的原因」の項目は、以下のような言葉で締めくくられている。

そのためには又どうしてもこの際これまでの如き安易なものの考え方を根本的に改め、近代社会に適した科学的態度に徹し、在来の非近代的な生産や経営を払拭、安物生産とそのダンピングの汚名を速かに返上しなければならないのであつて、今日の大阪経済衰退の根本的原因は、実にこの様な大阪商人の気風ないし性格にあると言えよう。（大阪経済振興審議会 1954：33）

もはや「大阪商人の気質」は経済発展を阻害する前近代的で非科学的な宿痾とみなされ、「近代社会に適した科学的態度」に取って代わられようとしていた。こうした認識のもと一九五〇年代後半以降、近代的な商業区域へと生まれ変わるべく船場地域の再開発が進められていったのだが（大阪市東区史刊行委員会編 1981：220-221）、まさにそうしたなかで生まれたのが、山崎豊子の船場小説だった。すなわち、山崎が「大阪を端的に代表するもの」と考え描こうとした船場の「大阪商人」は、同時代的には「今日の大阪経済衰退の根本的原因」としてその克服が叫ばれるような、過去の遺物と認識されていたのである。

大阪経済の地盤沈下という状況は山崎の小説にも反映されており、例えば『暖簾』の結末では、東京への進出を決めた主人公の胸中が次のように綴られる。

戦争中の統制経済を境にして、日本の経済の中心は東京に移ってしまった。しかも中国、満洲を失って貿易を中心とする大阪の商活動、中小企業も火が消えたようになり、大阪の大きな経済力を握っていた船場の個人商店も復興力を失ってしまっている。経済力のすべての分野が東京に奪われて、かつての商業都市も無力になっている。そんな経済力の敗北が、何時の間にか微妙にテレビのスクリーンにまで反映しているように、孝平には思えた。（山崎 1957：220）

小説ではこの後、「一人、一人の大阪商人の力ででも元通りの大阪の財力を取り戻してみせる、もう十年の辛抱や、もう十年したら元の大阪にしてみせたる」という決意が語られる。しかし祈願にも似たこの言葉は、かえって東京進出というその振る舞いが「経済的繁栄の中心が大阪から東京へと移動したという事実に対する、屈従的な適応」ではないかという解釈も可能にする（大澤 2017：36）。大阪を再び「日本の経済の中心」にするためには、一度そこを捨てなければならない、というように。山崎の作品に描き出された「大阪商人」は、当時まさに失われつつある存在として浮上していたのであり、だからこそ彼女の小説群は「古き、よき大阪への愛惜をこめた挽歌」としても受容されることとなった（青山 1959）。

そして奇妙なことに、一九六〇年前後の「大阪ブーム」では、山崎の小説以外でも「大阪商人」的なイメージを前面に出す作品が多かったように思われる（例えば菊田一夫『がしんたれ』や花登筐『番頭はんと丁稚どん』など）。一九六〇年代後半に小野十三郎は「よくいわれる大阪の『どこんじょ』や『どしょうぼね』礼賛はもうたくさんである」と書いているが（小野 1967）、逆に言えば小野がそのような嘆息をもらすほど、六〇年代には「大阪の『どこんじょ』や『どしょうぼね』礼賛」に連なる作品が人気を博していたのである。しかし、商都・大阪という自画像の維持が難しくなりつつあるなかで、むしろそれを再補強するような大阪イメージが量産されていたことは何を意味しているのか。

大宅壮一が描いた二つの「大阪」

ここで取り上げたいのは、「大阪ブーム」のただ中である一九五八年に大宅壮一が発表した「〝阪僑〟罷り通る」という大阪論である。この評論で大宅は、東南アジアで活躍する華僑になぞらえる形で「大阪系人物」を「阪僑」と呼び、その特徴について論じているが、注目したいのはこの「阪僑」論と、一九三〇年前後に大宅が書いた「大大阪」論との落差である。まずは昭和初期の大阪論から確認していきたい。

一九二五年四月の第二次市域拡張によって面積・人口ともに東京市を抜き日本一の大都市となった大阪市は、「新しい文化の発信と醸成の拠点」としての地位をも誇っていた（橋爪 2021）。そうした事情を背景に大宅は、「大阪文化は東京文化の複製もしくは亜流であり、大阪は卑俗化された東京である」という従来の認識を改める必要があるとし、「政治の中心である東京が、いつまでも文化的優位を失はないといふ考へ方は古い。生産的に、経済的に、絶対的優位を獲得しつ、ある大阪は消費文化の点でも、漸次東京を始め全日本をその影響下におくであらう」と論じている（大宅 1930a）。引用した文章は『大阪朝日新聞』に掲載された「大阪の東京化と東京の大阪化」であるが、このタイトルが示す通り、ここでは「大阪」は「東京」と代替可能な位置に置かれ、東京と並ぶ、あるいはそれを凌駕する「中心」として捉えられている。

また別の論考でも大宅は、東京との比較を通じ大阪の文化的な特質について論じている。歴史的な伝統を持ち出すことで関西圏の「文化的ヘゲモニー」を誇る議論を、「か、る意味での文化的上位は、主として過去に倚存するものであり、現實的には甚だ無力な、退嬰的な、逃進歩的な非発展的なもの」であり「機械文明の発達と共に、近き将来において、そのヘゲモニーを完全に失つてしまふべき性質のものなのである」と切り捨てたうえで、「新しい文化的分野における大阪文化の飛躍的成長」を強調する（大宅 1930b）。そしてその「新しい文化的分野」とは、アメリカ文化に典型されるような能率・合理性重視の「経済本位の文化」である。

これまでの観念的な、装飾的な文化が棄てられ、それに代つてどこまでも実生活に即した、実利的な、実証的な、いひかへるならば、資本主義社会に生活するのにもつとも都合のよい生活観――アメリカニズム、オウサカイズム――およびそれから発する資本主義的な尖端文化が、近き将来において、東京をはじめ全日本を征服し支配するであらうことは想像するに難くない。（大宅 1930b）

ここで大宅が「オウサカイズム」を「資本主義社会に生活するのにもつとも都合のよい生活観」と断言する背景には、当然、「生産的に、経済的に、絶対的優位を獲得しつ、ある大阪」という認識が存在していたはずである。しかし大宅の目論見は外れ、むしろその後「大阪」と「東京」との経済格差は拡大する一方となっていく。

では、東京の一極集中という現実を前にして発表された「阪僑」論で大宅は、大阪という都市をどのようなものとして捉えているのか。この中で大宅が「大阪人気質」として挙げている金銭第一主義や享楽主義などは、「消費文化」との親和性を論じていた昭和初期の議論と変わりない。注目すべきは、こうした「大阪人気質」についての認識である。古くから中国大陸との交易を続けて来た結果、「大阪人は、中国的な取引の方法とともに、ものの考えかた、生きかたも学んだ」というように、「阪僑」論ではそれを歴史的な遺産として説明している。すなわちここでの大宅は、一九五〇年代後半の大阪の現実から出発するのではなく、かつて自身で否定していたはずの「過去に倚存」する形でしか、大阪という都市を語ることが出来ていないのである。「大阪経済の中心が、東京にうつり、大阪人の積極的分子が東京に吸収され、大阪の威力は失われつつある」状況を前にして、大宅の議論は変質を蒙らざるを得なかった。しかしこの「阪僑」論で語られる「大阪」は、もはや実態とは乖離した記号のようなものでしかないのではないか。事実大宅は、「大阪生れのものを大阪人とするこれまでの人国記的な分類は、この場合には大して意味をなさない」とし、大阪という地理的空間とは切り離す形で「大阪人」を論じようとしている。

したがって、私のいわゆる〝阪僑〟は大阪人の血を引いているとか、大阪生れであるとか、現在大阪に住んでいるとかいったようなことに関係なく、前にのべたような考えかた、生活信条をどの程度に身につけて、それで行動を律しているかということにかかっている。（大宅 1958：229-230）

ここで大宅は、金銭第一主義や享楽主義といった「生活信条」を身につけた人物が「阪僑」＝「大阪系人物」であるとし、「大阪人の血を引いているとか、大阪生れであるとか、現在大阪に住んでいるとかいったようなこと」とは関係がないとしている。しかし、大阪とは何の縁もなかろうと、特定の「生活信条」を身につけていればその人物は「大阪系」であるとは、どういうことなのか。金銭第一主義などの「生活信条」と「大阪」という語を無条件に結びつける認識はステレオタイプとしか言いようのないものであり、そこに現実の大阪の姿はない。「経済の中心が、ほとんど東京にうつってしまった」なかで「大阪人気質」を語る際に大宅が選んだのは、現在の観察ではなく、「過去に倚存」することだった。ではなぜ、このようなステレオタイプな大阪語りが浮上してきたのか。

「東京」への対抗が生み出すもの

大阪経済の地盤沈下という現実を前にして、当時の大阪財界人たちは経営および生産の全般的な近代化・科学化の必要性を認識し、その方向に舵を切っていた。もちろんそこには、大阪を東京に拮抗しうる商都へと再度押し上げたいという願いがあっただろう。そのためには、「大阪商人の気質」は前近代的で非科学的な因習として脱ぎ捨てなければならなかった。すなわち、「東京」に対抗するために、かつての「大阪」を否定しなければならなかったのだ。まさに『暖簾』の主人公・孝平が、「元の大阪」を取り戻すために一度その地を離れたように。だがそうした近代化の行きつく先にあるのは、東京の「複製もしくは亜流」としての大阪に過ぎないのではないか？　一九六〇年前後の「大阪ブーム」に見られるステレオタイプの強調は、そうした「複製」や「亜流」の恐怖を否認する身振りであったと見ることも出来る。

東京に対抗するためには、自らを〈東京〉化しなければならない。しかし、その〈東京〉化の目的はあくまで東京への対抗である以上、〈東京への同一化〉であってはならない。そうしたなかで、いわば〈東京＝中央〉への抵抗として、大阪は自ら脱ぎ捨てつつあった前近代性、地方性を過度に引き受けていたかにみえる。「東京への対抗的な大阪、という構図のなかにある物言い」には、「中心的な東京に対してむしろ大阪を地方性によって対抗させる」という「逆説的な傾向」がはらまれている、と酒井隆史は看破しているが（酒井 2011：271）、高度経済成長期の大阪イメージは、そうした捩れを極度に背負いながら形成されていたのではないか。そしてこのような文脈を踏まえると、今東光の「河内もの」と大阪像との関係も、これまでとは異なる姿として見えてくる。

5　「おもろい都会」としての大阪

大阪経済の〈発展〉／郊外となった河内地域

前節では山崎豊子の小説が描き出そうとした「船場」が、高度経済成長期に大阪が経験した近代化の中で失われつつあるものとして発見されたことを指摘したが、実は今東光が見出した〈河内〉も、高度経済成長の産物というべき側面を持っていた。ただしそれは、大阪経済の〈衰退〉ではなく〈発展〉という、山崎とは反対のベクトルにおいて、であるが。

そもそも、大阪経済の地盤沈下という言葉には注意が必要である。それはあくまで、「東京」という都市（あるいは「大大阪」の記憶）を比較対象に置いた場合にあてはまる表現であり、全国的な比重は低下していたとはいえ、実際には一九五五年からの一〇年間、大阪経済は「実質で平均年率一三・三％の超高度成長」を遂げていた（大阪府編 1968：692）。こうした経済発展は他府県からの人口流入につながり、一九五五年時点で約四六二万人だった大阪府の人口は一〇年後には約六六六万人にまで達している（大阪府総務部統計課編 2022）。この約一・四倍に増加した人口の受け皿となったのが都市部周辺の郊外地域であり、大阪市近郊には数多くのベッドタウンが形成されていった。

そして今東光が移り住んだ八尾市も、一九五〇年代に大阪市の衛星都市として急速な発展を遂げていたのである。すでに昭和戦前期から八尾の一部地域は近郊住宅地としての開発が進んでいたが、一九四八年の市制施行とともに八尾市は住宅誘致政策を積極的に進め、公営住宅や市営住宅が数多く建設された結果人口は増加していった（八尾市史編纂委員会編 1958：398）。さらに一九五〇年代半ば以降、産業の重工業化を目指す大阪府の方針に沿って工場の誘致が進められ、多くの企業が八尾市に工場を立地していく。その結果、市の産業は発展し都市化が進んでいったが、人口の流入による過密化や工場のもたらす公害など、街の景観は大きく変容していくことになった（八尾市史編集委員会編 1983：575-576）。[15]

このように大阪経済の発展により河内地域の風景が変わりつつある中で、今東光の「河内もの」は書き継がれていたのである。彼は短篇集『闘鶏』のあとがきで、創作の動機を次のように説明している。

その時分の中河内郡八尾中野という村が、現在の八尾市に編入された。僕が移つてからも澤山の家が建ち、府営住宅、市営住宅、近鉄住宅と建ち進んで、人口も次第に増加した。五十ヶ寺前後の寺院も新市となつて百ヶ寺に近くなつた。もう数年も経つたら、今まで僕の眼のとどく限りの河内平野は恐らく住宅で埋つてしまい、人口稠密の結果、何の奇趣もない大阪市の接続市街に化して仕舞うだろう。従つて、その時には純粋の河内人というものは少くなり、河内の風俗は改まり、河内の風物もまた頗る変つてしまうだろうと思う。

そんなことを考えだしたら、滅びゆく河内の風土記を書いておくことは必要なことだと気がついた。しかしながら筆を執ることは、念仏をとなえるのと一般、ものうい仕事だが、折に触れ、期に応じて、少しずつ覚え書をつくつた。（今 1957b：190）

当時の今が目にしていたのは、戦後復興、そしてその後始まりつつあった高度経済成長により八尾市域が「何の奇趣もない大阪市の接続市街」に、すなわち郊外のベッドタウンへと変化しつつある情景であった。彼が小説に描こうとした「河内の風俗」や「河内の風物」とは、都市化のなかで喪失される運命にあったものであり、代表作「闘鶏」が「軍鶏賭博の正統を伝えるべく」書かれたように、今の作品は「滅びゆく河内の風土記」でもあったのだ。

「大阪」を作ったのは誰か

そして注目すべきは、こうした今の哀惜を生みだした要因、すなわち、周辺地域を強制的に「何の奇趣もない」空間へと変容させていく〈中央〉としての大阪の姿である。「大阪から、わずかしか離れていない河内平野に展開される人間生活は、あくまでも健康で、大阪で失われつつあるものが、ここで健全に呼吸している」（今 1958：61）というように、今にとって河内／大阪が対照的な空間として捉えられていたことは重要だ。例えば河内の男たちにとっての歓楽街は飛田や松島であり、河内の女たちの乳母奉公先は大阪市内の裕福な商家であるといった具合に、「河内もの」には「経済力のある」大阪とそこに「従属せざるをえない河内」の姿が描かれている（中谷 2005）。今の作品が河内地域の土着性を過度に強調するものであったことはすでに指摘したが、その際、河内の〈地方〉性を照射する〈都市＝中央〉の役割を与えられたのが大阪だった。これは〈東京＝中央〉に対抗する〈大阪＝地方〉という構図のなかで不可視にされてきた側面でもある。高度経済成長期に再編されつつあった大阪イメージについて考えるうえで、この問題を無視することはできない。

例えば代表作の一つ『悪名』には、主人公・朝吉が次のように語る場面がある。

八尾の中野村に住んでいると、隣り近所は先祖代々からの知り合いで、まったく隣家の米櫃の中まで見通しで知っていた。それなのに町住いになると隣りで首を縊っていてもわからないほど疎遠だ。つくづく都会は魔物だと思った。これほど非人情に暮していけるものだろうか。
そのくせ純粋の大阪人というのは至極稀だった。北海道から来た人やら、讃岐の高松在、あるいは広島県の三原、作州津山から出て来て宇部窒素を首になった労働者夫婦等々と見てくると、まるで諸国の人々の寄り合い世帯だった。（今 1973：150）

ここでは「隣り近所は先祖代々からの知り合い」である河内と対置される「都会」として大阪が位置づけられているが、同時にこの対比によって、「純粋の大阪人というのは至極稀」なほど、大阪という街の実態は「諸国の人々の寄り合い世帯」であることが示されている。作中の現在時は大正から昭和前期であるものの、そこに記される大阪／河内の関係は戦後も変りない。大阪を〈都市＝中央〉として描いた今の作品が重要なのは、それが〈河内＝地方〉を強調するだけでなく、大阪という都市のモザイク性、つまりさまざまなルーツを持つ人々でこの街が成り立っていることを描いている点にある。そしてこの眼差しは、土着性に覆われた大阪イメージに亀裂を走らせ、その混淆性をあぶり出していく。同じく『悪名』から引用したい。道頓堀を訪れた朝吉は、子分の貞に対して次のように語る。

あれほど雑沓している賑やかな道頓堀界隈も夜更けともなれば電飾も消え、路行く人の影はカフェー帰りの女客等で、稀に酔いどれが蹣跚として踊るような恰好で通って行くだけだ。

この辺は親分の朝吉が甚だ得意のところで、よく貞やんをつかまえては「おい。大阪の奴等は恩知らずや。此所らは河内者のおかげででけた土地や。よう覚えとけ。安井道頓ちゅう人が八尾の久宝寺村から出て、この堀を掘ったさかい、道頓堀いう名ァが残ったんやで」（今 1973：315）

道頓堀周辺は現在でも大阪・ミナミを象徴する場所として知られているが、朝吉はそれを「河内者のおかげででけた土地」であると強調する。さらに「甚だ得意のところ」、「よく貞やんをつかまえては」という言葉は、この説教が幾度も繰り返されたものであることを示唆している。この描写は朝吉の郷土愛を強調するものであると同時に、彼が何度も説かねばならないほど、「河内者のおかげ」という歴史が忘却されているということも意味している。だからこそ朝吉は、大阪の人間を「恩知らず」であると批判するのだ。こうした彼の身振りは、大阪が「諸国の人々の寄り合い世帯」である以上、その文化や歴史は決して単一の起源に還元されるものでないことを指摘するものであるといえる。このとき想起されるのは、「大阪はその文化を大阪という地域とその中の人間という〝地方性〟の枠でしか捉えない事により、自らの中央性をあいまいにしてきた」のではないかと問う、次のような告発である。

我々の集団は、沖縄、奄美、九州、四国と西日本の各地から、農村を追われ、炭鉱を追われて、集団就職で、首切りによって、この大阪に来ざるを得なかった人間の集まりであり、大阪の一つの縮図でもある。大阪の文化は、このような民衆が大阪を最終的な拠所とし、そこに活路を求め、自らを賭けてやり合う中で育くんできたものであり、昔から大阪に住んでいる人間だけによって創られ、大阪という地方に昔から存在するものでは決してありえない。大阪弁で、その地方の言葉を馬鹿にされ、大阪弁を使わされてきた人間が、必死の思いでそのくやしさを怒りを大阪弁を使う事によって表現し勝負してきた。そういう民衆の思いの込められた言葉としての蓄積こそが、大阪弁を迫力ある言葉として響かせているのである。（栄 1981：104-105）

本章の冒頭で見たように、木津川計は大阪文化を「河内型文化」「船場型文化」「宝塚型文化」の三類型の混在と見ることで、画一化された大阪イメージの解体を目論んでいた。しかしここで指摘されている「大阪文化の中央性」を踏まえるならば、その類型はより細分化されるべきであり、またそうすることで大阪文化の豊饒な可能性も見えてくるはずだ。「東京を中央と見た時、大阪は一地方に過ぎない。しかし同時に、東京とは異質の都市でもある。一地方であり、かつ一都市であるのが大阪なのである」（中谷 2005）。「滅びゆく河内の風土記」として書き継がれた「河内もの」が描き出していたのは「河内の特異な人情風俗」だけではなく、それを「滅びゆく」ものへと追い込んでゆく〈都市＝中央〉としての大阪の姿であり、大阪文化の混淆性でもあった。

「おもろい都会」としての大阪

高度経済成長は、大阪イメージに両義的な影響を及ぼしていたと考えられる。大阪経済の「地盤沈下」を背景として生み出されたのが〈大阪＝地方〉と〈東京＝中央〉という構図に依拠する「大阪ブーム」であったとすれば、〈河内＝地方〉と〈大阪＝中央〉という関係を描き出した今東光の小説群は、大阪経済の「超高度成長」というもう一つの側面から生じていた。五〇年代の大阪イメージがこうした揺らぎのなかにあったと考えるならば、そこにはステレオタイプに収まらない新たな都市像の可能性も胚胎していたはずである。

だが3節で確認したように、今の「河内もの」は現実の地理から切り離された「郷土文学」として受容されたため、そこに描かれていた〈中央としての大阪〉に注目が集まることはなかった。むしろ同時期の「大阪ブーム」により東京への対抗意識が強まっていくなかで、〈大阪＝中央〉の項は抹消され、〈大阪・河内＝地方〉、〈東京＝中央〉という二項対立の枠組みに回収された結果、それは「紋切型の大阪像」を強化するものとして記憶されるようになったのである。「大阪」はカネやヒトだけでなく、イメージさえも「河内」から収奪していたといえよう。

画一化され固定した大阪イメージを解きほぐすことは、今後の大阪文化の可能性を拓くうえで不可欠な作業であることは間違いない。その点で、木津川や井上の議論には基本的に同意する。ただその文脈で今東光の「河内もの」を取り上げる際、見るべきは彼の作品が切り取っていた〈中央＝都市としての大阪〉であり、その先に広がっている大阪文化のモザイク的な様相であるだろう。

小野十三郎『大阪』のあとがきは、次の言葉で終わっている。「なんといっても、おもろい都会やで、大阪は」（小野 1967）。

注

（1）「ＯＭＯ７大阪 by 星野リゾート　開業プレスリリース」（二〇二二年四月二九日付、https://www.hoshinoresorts.com/information/release/2022/04/197911.html）

（2）「役割語」とは、「ある特定の言葉づかい（語彙・語法・言い回し・イントネーション等）を聞くと特定の人物像（年齢、性別、職業、階層、時代、容姿・風貌、性格等）を思い浮かべることができるとき、あるいはある特定の人物像を提示されると、その人物がいかにも使用しそうな言葉づかいを思い浮かべることができるとき、その言葉づかいを「役割語」と呼ぶ」（金水 2003：205）と説明される。

（3）なお、先にみた金水もやはり、好色・下品といったイメージの形成には今東光の諸作品が関与したと指摘している（金水 2003：96-98）。

（4）中谷元宣は、『八尾市史（近代）本文篇』の「娯楽闘鶏」はこの小説が典拠となっていると指摘し、「創作小説が郷土史研究に貢献した上、さらに公的文書までもが作成された珍しい例であろう」と評している（中谷 2005）。

（5）「社説　六・三制と追加予算の圧縮」（『毎日新聞』一九四七年一〇月三日）。

（6）「社説　六三制の実情と民主教育」（『朝日新聞』一九四七年一一月一一日）。

（7）玉「西の〝きちがい部落〟　今東光が描く河内の人たち」（『朝日新聞』一九五九年八月一六日）。

（8）「批評」同人「文芸時評」（『図書新聞』一九五八年五月三一日）。

（9）「時の人　第39回直木賞受賞者」（『毎日新聞』一九五八年七月二二日）。

（10）今の作品に対する地元・八尾からの評価は二分されており、「氏ほど、この河内の風土と人間をこよなく愛した人はいない」（八尾市史編集委員会編 1983：732-733）と肯定する声もある一方で、「あのかたは、おカネもうけのために、八尾をだいぶ悪く書かれた。あんまりええ人気やありませんな、八尾では」と否定的に捉える向きもある（鈴木 1973：185）。

（11）玉「西の〝きちがい部落〟　今東光が描く河内の人たち」（『朝日新聞』一九五九年八月一六日）。

（12）このとき、今の作品に「日本人の庶民性」を見出した臼井吉見が、文壇のなかでいち早く無着成恭『山びこ学校』を評価した批評家であったことは示唆的である。当時の知識人層のあいだでは、西洋近代を模範とする啓蒙主義への反省と、「民族」的なものへの再評価が進んでいた。この時期のナショナリズムの動向に関しては、小熊英二による的確な整理がある（小熊 2002）。

(13) 例えば一九五九年版の『大阪経済年鑑』の冒頭に置かれた「大阪経済の地位と構造」には、「名実ともにわが国産業貿易の中心地としての大阪の全国的比重、すなわち相対的実力は戦後、とくに近年低下の傾向が看取される」「遺憾ながら戦後の大阪経済の相対的地位低下の事実は否めない」（大阪商工会議所・大阪経済調査会編 1958：3）という現状認識が示されている。

(14) 「上方昨今　お笑い一色に」（『朝日新聞』夕刊一九六〇年七月一五日）。

(15) 今東光が住職を務めた天台院近くの河内山本駅周辺は、昭和前期から大阪電気軌道（現・近鉄）によって郊外住宅地が開発されており、「山本住宅地では戦前期においてかなりの人口が集積し、郊外生活の成熟がみられたと考えられる」という指摘もある（松田 2003）。

文献

青山光二、一九五九、「典型的な船場小説」『図書新聞』（五三二）。

浅見淵、一九五七、「今東光と郷土文学」『図書新聞』（四一六）。

井上章一、二〇一八、『大阪的――「おもろいおばはん」はこうしてつくられた』幻冬舎。

臼井吉見、一九五七、「文芸時評」『朝日新聞』九月二五日。

臼井吉見・河上徹太郎・中村光夫、一九五七、「今年の文壇」『新潮』五四（一二）：八四‐一〇二頁。

大阪経済振興審議会、一九五四、「調査報告　大阪経済の振興対策」『Chamber』（四九）：一二‐五五頁。

大阪経済振興連絡協議会、一九六六、『大阪経済振興連絡協議会10年誌』大阪経済振興連絡協議会。

大阪市東区史刊行委員会編、一九八一、『続東区史　第二巻（経済編）』大阪市東区史刊行委員会。

大阪商工会議所・大阪経済調査会編、一九五八、『昭和三四年版　大阪経済年鑑』大阪商工会議所。

大阪府総務部統計課編、二〇二一、『令和三年度　大阪府統計年鑑』大阪府総務部統計課。

大阪府編、一九六八、『大阪百年史』大阪府。

大澤真幸、二〇一七、『山崎豊子と〈男〉たち』新潮社。

大宅壮一、一九三〇a、「大阪の東京化と東京の大阪化」『大阪朝日新聞』三月二七日。

大宅壮一、一九三〇b、「大阪文化の日本征服」『大阪毎日新聞』六月一五日。

大宅壮一、一九五八、「〝阪僑〟罷り通る——ガイガー管片手に地方の人物鉱脈を探る（六）」『文藝春秋』三六（六）：二三六-二四三頁。

小熊英二、二〇〇二、『〈民主〉と〈愛国〉——戦後日本のナショナリズムと公共性』新曜社。

小野十三郎、一九六七、『大阪——昨日・今日・明日』角川書店。

木津川計、一九八一、『文化の街へ——大阪・二つのアプローチ』大月書店。

木津川計、一九八六、『含羞都市へ』神戸新聞出版センター。

木村元、二〇一五、『学校の戦後史』岩波書店。

金水敏、二〇〇三、『ヴァーチャル日本語——役割語の謎』岩波書店。

小島政二郎、一九五七、「寸感」『オール讀物』一二（四）：一五七頁。

今東光、一九五七a、「闘鶏」『中央公論』七二（一二）：三五〇-三八二頁。

今東光、一九五七b、『闘鶏』角川書店。

今東光、一九五八、『百日説法』角川書店。

今東光、一九七三、『今東光代表作選集　第三巻』読売新聞社。

今東光・山崎豊子、一九五八、「大阪の青春、大阪の魅力」『若い女性』四（六）：一四一-一四五頁。

酒井隆史、二〇一一、『通天閣——新・日本資本主義発達史』青土社。

栄哲平、一九八一、「我々の文化闘争——南大阪を民衆の文化闘争の砦に」総評全国金属労働組合山科鉄工支

部編『南大阪・流民の倫理――労働者自主管理の可能性』現代企画室、一〇〇―一〇六頁。

鈴木二郎、一九七三、『浪花巷談』創元社。

谷崎潤一郎、一九三四、「東京をおもふ」『中央公論』四九（四）：三一五―三二九頁。

十返肇、一九六二、「解説」今東光『河内風土記』角川書店、三七一―三七六頁。

中谷元宣、二〇〇五、「〈河内もの〉の型――今東光『おんば』を中心に」『日本近代文学』（七三）：二〇四―二一六頁。

橋爪節也、二〇二一、「大衆社会とモダン文化――商都・大阪のケース」筒井清忠編『大正史講義【文化篇】』筑摩書房、三六七―三八三頁。

松田敦志、二〇〇三、「戦前期における郊外住宅地開発と私鉄の戦略――大阪電気軌道を事例として」『人文地理』五五（五）：八六―一〇二頁。

村上元三、一九五七、「選評」『オール読物』一二（四）：一五四―一五五頁。

八尾市史編纂委員会編、一九五八、『八尾市史』八尾市役所。

八尾市史編集委員会編、一九八三、『八尾市史（近代）本文篇』八尾市役所。

保高徳蔵、一九六〇、「大阪五人女」『週刊読書人』（三一二）。

山崎豊子、一九五七、『暖簾』東京創元社。

山崎豊子、一九五八、「大阪人と大阪の文学――小説『暖簾』をめぐって」『Chamber』（九六）：二七―三三頁。

山崎豊子・岡部伊都子・水野多津子、一九五七、「大阪に生きる」『婦人画報』（六三七）：二〇六―二一〇頁。

米山俊直、一九六一、「『きちがい部落』論――『きだみのる』と『今東光』」『思想の科学』第四次（三二）：四〇―四六頁。

第2章　河内音頭、その「悪名」
――伝統と革新の現代民衆音曲史

福田祐司

1　ガラの悪い盆踊り

河内音頭と『ミュージック・マガジン』

河内音頭とは、大阪府八尾市を中心に河内地方で歌われる盆踊り唄である。二〇一九年に『河内音頭』を上梓した音楽評論家の鷲巣功いわく、「河内の人たちにとって音頭は、間違っても音楽ではない」（鷲巣 2019：163）。盆踊りに参加する地元住民にとって音頭は、鑑賞を前提とする「音楽」ではなく、あくまで踊りという目的のために奏される「音曲」である、という意味だ。

鷲巣がこうした前置きを必要としたのは、河内音頭を「音楽」として論じてきた批評家たちによる蓄積が存在するからである。一九七〇年代以降、『ミュージック・マガジン』周辺の音楽ライターたちは、人種差別と資本主義の進展という近代の潮流から生じ、その波にもまれて発展してきたアメリカのフォーク／ブルース、あるいは南米やアフリカの大衆音楽に向けた眼差しを通して、河内音頭を音楽として「再発見」していった。その嚆矢といえるのが、犯罪ルポライターとして全国各地の刑務所や少年院を取材して回っていた朝倉喬司とその友人で批評家の平岡正明である。一九七七年に河内少年院へ取材に出かけた朝倉は、たまたま乗ったタクシーの運転手から河内音頭について聞く。タクシーを止めて振付けを交えながらその魅力を熱心に説く運転手に突き動かされ、朝倉はその晩のうちに通天閣の「浪花レコード」へ出向き、音頭取りとしても人気を誇った浪曲師の京山幸枝若が吹き込んだ河内音頭のＬＰを購入する。東京へ戻った朝倉はそのレコードを平岡と共有し、スピーカーから流れる地鳴りのような和太鼓の響きと鋭いエレキギターに、ジャズやレゲエにも通じる大衆音楽のバイタリティを聴き取った。この経験は、それまで彼らが民謡に対して抱いていた退屈で古臭いイメージをくつがえすものであった。

その後、河内音頭盆踊りの現場をじかに体験したいと思い立った朝倉は、さっそく八尾市役所へ取材の相談を持ちかける。ところが、市役所員の応対は案外に冷淡なものであった。朝倉は当時を次のように回想する。

どうもまだその頃は、河内音頭自体にいろんな意味で偏見があった。大阪でもですね、一般の善良なる市民からすると、ガラの悪い音楽、音頭場ってのは子供を行かせてはいけない所なんです。東京にいる河内出身者に聞いても、ちっちゃな頃は行っちゃいけないって言われた、みんな同じみたいですね。これにはいろいろな要因があるんですけど、この辺りが河内音頭の一番面白いところだと思います。（鷲巣 2019：265）

本章が目を向けるのは、ここで朝倉が「面白」さの「いろいろな要因」と示唆しているもの、すなわち七〇年代後半には市役所員の冷たい視線に宿されていた「ガラの悪さ」——いわば河内音頭の「悪名」——がどのように構築されてきたのかという点である。

河内音頭の「悪名」／河内音頭と『悪名』

河内音頭——「鉄砲節」に代表される現代の河内音頭を含む——については、上で触れた朝倉や平岡、鷲巣といった音楽評論家の他にも、高校教師のかたわら河内音頭の歴史研究を続けた村井一郎や、こんにち河内音頭の音頭取りとして最も知られていると言っても過言ではない河内家菊水丸など、実践的な立場を有する識者の知見も蓄積されており、現代芸能史研究として高度に充実した体系を築きつつある。

だが、そのローカルな特質ゆえに見落とされてきた部分も大いにあるのではないか。朝倉の回想によれば、河内音頭盆踊り大会は、彼を含む評論家たちの議論が登場しはじめる以前の一九七〇年代においてすでに、子どもが行ってはいけないといわれるようなガラの悪さをまとわせていたということになる。ガラの悪い河内音頭のイメージが構築されるには、戦前から引き継がれた河内の因習にまつわる言説、ジャズや浪曲を巧みに取り入れながら現代化していった経緯、そして高度経済成長期のメディア作品が影響した可能性があるのではないだろうか。議論を先取りしていうならば、現代河内音頭の「ガラの悪さ」の構築を補強したのは、今東光の小説を原作とする映画『悪名』シリーズである。『悪名』には、民謡および盆踊り唄の正調化や新民謡化とは種類を異にする改変の力学が作用していた。

このことを明らかにするために、以下では明治期から戦後に至るまでの日本社会における盆踊りの歴史について概観してから、敗戦から高度経済成長期にかけて構築・拡散されたナショナルな河内音頭の表象とその背景について論じていく。次節では、日本各地の民謡や盆踊り唄の多くが正調や新民謡として保存ないしは改変されてきた過程を概観し、高度経済成長期までの河内音頭の継承をめぐる問題点と背景について検討する。そして、正調や新民謡とは異なる河内音頭のローカルな現代化の過程について、担い手である音頭取りたちの証言に注目しながら整理する。そのうえで、今東光による小説『悪名』およびその映画版がそれぞれ河内音頭のイメージをいかに切り取っていったかという点について分析する。以上を踏まえて、ナショナルな河内音頭のイメージの構築とそのローカルな作用について結論する。

2　ナショナリズムと盆踊り――ガラの悪さはいかにして創造されたか

禁止と健全化のサイクル

河内音頭における正調の確立は日本の近代化と不可分の関係にあった。河内音頭の近代化はナショナルな枠組みにおける盆踊りの規格化・標準化であり、その規格化・標準化は河内音頭の唄や盆踊りのガラの悪さを引き立たせる役割を果たしたといえる。

明治以降の日本において、盆踊りは政府による二度の禁止措置を受けている。そのたびに盆踊りおよび唄は、健全化を目指して改変されてきた。戦前から戦中期にかけての一連の禁止措置と健全化のサイクルを経て、各地の盆踊りでは夜を徹しての踊りや卑猥な歌が取り除かれたり、あるいは喧嘩が起こらないように飲酒が禁止されたりといった対策が講じられ、ナショナルな枠組みでの規格化が進展していった。

一度目の禁止措置は明治維新後の一八七二年から七七年にかけて出された。近代化を推進する明治政府が、盆踊りを喧嘩や男女の混交、醜態が巷にあふれる猥雑で卑俗な前近代的悪習とみなし、禁止したのである。この取締りには民衆や自治体からの苦情が殺到し、方針転換を迫られた政府は、盆踊りを禁止するのではなく健全化することによって、容認しつつ取締まるという路線を採用した。これにより、深夜までおよぶ踊りの禁止や、卑猥な歌詞の改良といった健全化が図られていった（大石 2020：27-28）。関西各地でも一八七〇年代後半から徐々に禁止とされた盆踊りが再開されはじめ、八一年に大阪府下全域に盆踊りの開催を正式に許可する決定が下されると、各自治体には開催の届出が殺到した（『大阪朝日新聞』一八八一年七月七日朝刊二面）。

二度目の禁止措置がとられたのは、日中戦争が開戦した一九三七年以降の時期である。この措置は多くの地域で「自粛」という形をとってあらわれたが、警察による取締りを伴う実質的な禁止措置であることに変わりはなかった。このときも民衆からの反発は大きく、やがて四二年八月一日に発表された内務省警保局警務課長による通牒をもって、盆踊りは健全な郷土娯楽として適切な指導を受けるという条件付きで全国的に禁止措置が解除された。滋賀県発祥の江州音頭はこの時期、艶めいた歌詞が「貯蓄」や「防諜」あるいは「食糧増産」といった戦争翼賛的文言へと改められ、踊りの参加者たちの服装も、男性は青年団服、女性は浴衣にモンペ姿と定められることになった（赤澤 2020：16）。

レコード産業と民謡

盆踊りの取締りという消極的な権力の作用ばかりではなく、二〇世紀の前半に大きく発展したレコードというマスメディアによる民謡の積極的な改変や保存事業が戦中までの盆踊り唄に与えた影響も見逃せない。

一九三〇年代には、野口雨情・北原白秋・西条八十・中山晋平・古賀政男といった流行歌の作詞家、作曲家によって、盆踊り唄は時局を反映しながら流行歌へと改変されていった。その過程で全国各地の盆踊り唄の多くは中央集権的なレコード産業の制作および流通システムに乗り、改変された曲の多くは西欧の記譜法と編曲とによってジャズと混淆しながら「新民謡」として流行歌の一翼を担っていったのである。戦前に吹き込まれた盆踊り唄の代表的なものに、西条八十作詩、野口雨情作曲、小唄勝太郎・三島一声歌唱による「東京音頭」があるが、この楽曲は一九三三年にビクターから発売されるや、振り付けともども全国で流行し、各地で替え歌が作られるほどの人気を誇った。「東京音頭」の流行により、盆踊りは音頭取りによる生の声ばかりでなくレコードによっても踊られるようになった（大石 2020：41）。

他方で、本来は即興による要素を多分に含んだはずの唄い文句や節回しがレコード盤に正調として保存されるという動きがあった。そうした保存の一つとして日本放送協会（現・ＮＨＫ）による民謡採取事業が開始されたのも一九三〇年代であった。この事業は戦後へと持ち越され、楽譜と解説からなる『日本民謡大観』（日本放送協会、一九五二－九三年）および録音資料『日本民謡集』（日本放送協会、一九七二－九〇年）として完成を見ることになる。

小野十三郎・梅棹忠夫・司馬遼太郎など大阪にゆかりのある作家や文化人たちが中心となって一九

七二年に大阪府の委託を受けて発足した大阪文化振興会のある座談会の記録では、「盆踊りなんかでも、われわれ、たまに帰ってみてもみな標準語になってしまっている」という里井達三の指摘に対し吉田光邦が、その原因は昭和三〇年代に「レコード民謡」で踊ることを奨励した行政による農村改良運動にあると指摘している（大阪文化振興研究会編 1975：235-236）。吉田は行政による農村改良運動について詳細を語ってはいない。だが、ここまでの議論を踏まえるならば、里井の指摘する盆踊り唄が標準語になってしまっているという問題は、明治期およびアジア・太平洋戦争期に繰り返された二度にわたる盆踊りの禁止措置に伴う健全化運動とレコード産業による民謡の規格化および保存の結果と位置付けられるのではないか。

こうした禁止と健全化のサイクル、そして録音事業によって作り出された民謡の画一的なイメージは、音頭や民謡が確固たる地位を築く助けになったことだろう。だがその一方で、戦後へと継承された盆踊りの健全化・規格化の動きは、戦前あるいは近代化以前のローカルな盆踊りが有していた特性を猥雑さや暴力性として強調していくことになる（藤本 2017：59）。

戦後への連続性

一九七三年当時に正調河内音頭保存会の会長を務めていた高橋寿美代は、戦後に今東光が河内を題材に執筆した一連の文学作品の流行で河内音頭が全国的な注目を集めたことをきっかけに、今が作中でとりあげた豆かち踊りと当時全国で流行していた音頭取りの鉄砲光三郎（図2-1）による鉄砲節こそが伝統的な河内音頭であると考える人々が増えたと述べている（鈴木 1973：182-183）。鉄砲光三郎（本名・鐵炮光三郎）は一九二九年生まれ、大阪府中河内郡長吉村（現・大阪市平野区長吉田辺）出身

図2-1　神輿の上に立つ鉄砲光三郎

出典：藤田・鉄砲（1980：74）

の音頭取りで、テイチクから発売してミリオンセラーとなった「鉄砲節河内音頭」（一九六一年）のヒットによって全国区で知られるようになり、舞台・映画・ラジオ・テレビと幅広い現場で活躍した。八〇年代には欧米や中国でも活動し、河内音頭の名を日本全国、ひいては世界に知らしめた先駆的人物である。

高橋によれば、敗戦後の四〇年代後半には地元の青年団などが主体となって七月から九月頃まで毎週末至るところで夜を徹しての盆踊りが開かれ、正調である流し節が主に唄われたが、鉄砲節が流行しはじめると、「河内音頭発祥の地」といわれる八尾市内の常光寺の盆踊りでは夜七時半から九時まで流し節が、そのあと一一時に閉会となるまでは鉄砲節に由来する現代河内音頭が唄われるというスケジュールが常態化し、愚連隊が唄い手である音頭取りのポジションを争って潰し合いをするようになったという。高橋は、七〇年に大阪で開かれた万国博覧会では鉄砲節と戦後に広まった現代的な豆かち踊りが正統な河内音頭として紹介されたとし、「世間はみな、あれをほんとうの河内音頭やおもて、間違うてはる」（鈴木 1973：182–183）と指摘している。高橋自身は「河内はガラが悪い」と思われることへの危惧を抱きながらも、河内音頭そのものの知名度がもっと有名だった江州音頭を凌ぐ勢いで上がっていくことは好ましいと考えており、河内以外からの招聘に応じるさいには正調流し節の踊りと豆かち踊りの両方を演じるようになったと述べている。

鉄砲節の流行は、高橋のような正調派からすると手放しに首肯できるものではなかった。だが、鉄砲節があったからこそ河内音頭は全国的に知られ、生き延びたということは認めざるを得なかった。というのも、高度経済成長がはじまったとされる一九五〇年代末には、河内音頭盆踊りの存続自体が危ぶまれていたからだ。一九五九年の『民謡をたずねて』（産業経済新聞社社会部編 1959）では、その原因が次のように指摘されている。一つは、盆踊りの主要な担い手となっていた農村の青年層が映画などの都会的で新しい娯楽に惹かれるようになったこと。もう一つは、「暴力追放の呼び声に〝河内音頭〟は低級だ、卑わいだという理由で、盆踊りには〝河内音頭〟を歌わないという取決めを行なっている市、町が多くなってきた」（産業経済新聞社社会部編 1959：141）ことだ。

以上のように、戦前からの伝統の存続を目的とする戦後の正調河内音頭保存会の運動は、都市化に伴う地方文化の衰退を背景としていた。だが、次節でみるように、地方文化の衰退は同時に、鉄砲節をはじめとする現代河内音頭の確立と流行を下支えする力でもあった。

3　河内音頭の現代化と国民的芸能人

寄席の浪曲音頭

盆踊りのための純粋な音曲ないしは櫓の芸として継承されてきた正調流し節とは別に、河内音頭には演芸場や青年団の活動を通じて浪曲およびジャズといった同時代の大衆文化と混淆し、寄席の芸として発展してきた系統がある。その系統は、現代河内音頭に付随するガラの悪さという表象と無関係ではない。

威勢がよくリズミカルな現代河内音頭の源流には、北河内に伝わる交野節があると言われている。唄祭文から派生した交野節は「さては一座のみなさま方へ」「ヨーォホォホイ」という河内音頭の決まり文句の由来でもある（朝倉 1986：13）。交野節は七七調や七五調からなる口説の形式によって唄われていたが、明治初年頃に活躍した歌亀という音頭取りはこの定型を崩し、浄瑠璃や落語の台本をそのまま唄う歌亀節を創始した。

初音家太三郎ら後代の河内音頭の音頭取りたちが継承したのが、この歌亀節であった。初音屋太三郎は、一九一四年に大軌電車（現・近鉄）の生駒トンネル開通を記念して開催された大盆踊り大会（工事中に命を落とした労働者たちの供養も兼ねていた）で歌亀の河内音頭を聞いて魅了されたという。呉服商に生まれた太三郎は一時、身上を食い潰してしまうほど浪花節（浪曲）に傾倒し、その結果、歌亀節に浪曲の曲想を取り入れて現代河内音頭の基盤を築いたのであった。

河内音頭への浪曲の影響は、鉄砲節で聴かれる「わたしゃ未熟で弱輩できっちり誠に実際ほんとに見事に読めないけれど、八千八声のほとときす、血を吐くまでも唄いましょう」という、どこまでも低姿勢な前口上にも読み取ることができるだろう。浪花節の節回しを取り入れた現代河内音頭は、やがて常光寺に伝わる正調音頭を駆逐してしまったといわれるまでに、戦後大阪の盆踊りを席巻することになる（朝倉 1986：村井 1991：持田 1994を参照）。侠客の物語を主な題目として戦中に一世を風靡し、戦後のＧＨＱによる占領政策においては封建遺制の産物として白眼視されることもあった浪曲から現代河内音頭が継承した要素のなかには、正調派からすればいくらか「ガラが悪い」と思われる要素も含まれていたにちがいない。

ここで触れるのは表現の形式的な部分に留めるが、浪曲を取り入れた河内音頭の成立にかんするエピソードは、鉄砲光三郎の自伝『河内阿保鴉一代記』（鉄砲 1980）にも描き込まれている。光三郎は、「おっ母さん許しておくんなせえ、やくざ渡世の足を洗い、おっ母さんに親孝行の真似事なりとも致しやすッ」という浪曲を真似た啖呵が小学校のＰＴＡが主催する盆踊り大会で父兄の好評を博し、近隣地区のほかの小学校や寺院から盆踊りでの上演を依頼されるようになった。また一九四九年に藤井寺球場において新聞社が主催した浪曲名人会に出演したさい、浪曲師の冨士月子がリハーサル中に曲師と打ち合わせをしている様子を見て、正調流し節を含む旧来の河内音頭では用いられていなかった三味線を自身の編成に取り入れるというアイディアを得たという。以降、光三郎の上演では演奏の全編に渡って太鼓と三味線が鳴り響くという演奏形式が採られるようになる（鉄砲 1980：43-48）。

ジャズとエレキギター

一九四八年三月、当時関西大学法学部二年生であった光三郎は、千里山にある大学までの通学に利用していた関西線平野駅―河内柏原駅間でしばしば乗り合わせていた米軍将校からクリスマス・イヴのパーティーに誘われ、そこではじめてジャズの演奏を目の当たりにする。はじめて聴くジャズの強烈なビート、プレイヤーたちが入れる合いの手、はげしく踊る米兵たちの姿に感銘を受けた鉄砲は、ジャズやポピュラー音楽のリズム感覚によって河内音頭をアップデートするべく研鑽を重ね、独自の河内音頭を追求していくことになる。

一九六一年の「鉄砲節河内音頭」以来、浪曲師を本業としながらも河内音頭のレコードを多数吹き込んだ京山幸枝若や、現代河内音頭の代表的な音頭取りの一人である三音家浅丸（図2-2）といった面々のレコード制作を手掛けてきたテイチクのディレクター・島田須恵子は、ジャズと河内音頭の

図2－2　三音家浅丸
出典：藤田・三音家（1980：77）

類似点について次のように述べる。

私は、本当はね、ジャズが好きですねん。戦後、白木秀雄とかあんなんが朝日公会堂にくると真先にとんでいきました。それでまぁ浪曲とか河内音頭は商売でつきおうとったいうこともありますが、河内もんのあのさっぱりした気性に惚れこみましてん。（略）私、鉄砲さんとこなんか何週間も泊まりがけしてね、レコード出すまで大変でしたよ。（略）三音家浅丸さん、この人も私レコード出した。ほんまやったらもっとスターになれる、ええ節まわしの人やねんけど、惜しいかな欲がない。もうほんまに気のええ人でね。三音家の太鼓、三味線、これはもう日本一ですわ、それをよそから借りにくると『ああええで』てどんどん貸さはる。もうちょっと自分とこで囲いこむくらいのいやらしさあったら思いますわ。（朝倉 1986：23-24）

河内音頭の現代化は留まることを知らず、一九五七～五八年頃にはエレキギターが導入されるようになる。そのきっかけは三音家浅丸が狭山の青年団メンバーで結成された歌謡バラエティ・ショーでエレキギターを弾いていた三音家浅司を自身のバックに引き抜いたときのことであった（朝倉 1986：22；藤田・三音家 1980：77）。浅司の「弟分」にあたるギタリストの三音家浅明は、「河内音頭はそのときどきで節もかわるし、節に遊びがある。その遊びのところに合わせて太鼓は太鼓、三味線、ギターでアドリブに突っ込みますねん。太鼓が節を先取りしたり、お互いのイキの合いぐあいで節もドンドン発展する。いうたらジャズですな」（朝倉 1986：25）と述べる。

ジャズをはじめとする欧米のポピュラー音楽と日本の民謡との混淆はレコード産業の黎明期から絶えずあったことで、決して真新しいものではない。だが、河内音頭にジャズの要素やエレキギターの演奏を取り入れようとする試みが、首都圏の大手レコード会社が持つ商業的なコネクションによってではなく地元の音頭取りたちの手で、なおかつ地元のネットワーク上で試みられていたことの革新性は、ローカルな文化を考えるうえで決して小さくはない重要性を持っているはずだ。そして、ジャズがダンスホールで演奏される都会的な不良の音楽であり、エレキギターも同じく不良の象徴と見られていたことを考慮するならば、ジャズのような「ガラの悪い」外来文化が地域の伝統文化に混乱をもたらす可能性を憂慮した者は少なくなかったのではないだろうか。

櫓から舞台へ――タレント鉄砲光三郎

鉄砲光三郎は、一九五九年に新世界の寄席「新花月」に出演したことをきっかけに、松竹新演芸に所属する「玄人」の音頭取りとなる。寄席の看板をはる漫才師からは「素人芸」と罵られることもあったが、砂川捨丸と中村春代からは、漫才の創始者として知られる玉子屋円辰もかつては音頭取りであり、漫才の源流には河内音頭があると激励されたという。六一年になると一月放送開始のOBCラジオ大阪「鉄砲武士十三夜」、三月放送開始の関西テレビ「鉄砲節アワー」などの冠番組を抱えるようになり、松竹新演芸を離れてテイチクの専属歌手となって「王将物語」（猪俣良作詞・長津義司作曲）で歌謡曲の歌手としてデビューし、芸能人（俗に言う「タレント」）として活動範囲をナショナルな規模

図2-3　浅草国際劇場で『悪名』の朝吉を演じる鉄砲光三郎（左）
出典：鉄砲（1980：127）

に拡大していく。同年一二月に伊勢市にある武田興行社の斡旋を受けて浅草国際劇場で開催された一週間におよぶ主演公演（図2-3）は日本テレビでも録画放送され、この公演はナショナルな芸能人としての地位を決定づけるエポック・メイキングな出来事となった。

光三郎はキングや東芝、ビクター、コロムビアといった大手レコード会社からレコードリリースの申し出があったにもかかわらず、手を挙げていなかったテイチク専属歌手となることを自ら希望し、六一年に同社からシングル盤「鉄砲節河内音頭」を発売して一五〇万枚を売り上げ、これによってもその名を全国に広めることになる。

テイチク専属となったきっかけは、四八年のSP盤吹き込みに同行した父が録音直後の原盤を聴きたがったのに対し、本来は保護的観点から原盤再生しないことが通例化していたにもかかわらず、録音技師を務めていた備中省三が父の願いを叶えてくれたことに恩義を感じていたからだという。

鉄砲のはじめてのレコード吹き込みは一九四八年の夏にさかのぼる。すでに音頭取りとして知名度を高めつつあった光三郎の自宅を、それまで慰安会などでの上演の機会を提供してくれていた水谷優夫というおそらくタニマチ的な人物が訪れ、テイチクとの仲介を申し出たのであった。光三郎はそれから大学を休んで自室に閉じこもり、「豪商紀国屋文左衛門」「明月赤城の涙雨」「河内十人斬り」「お笑い枕音頭」を録音向けにあらためて作詩・作曲する。戦後に率先して河内音頭をレコード化したテイチクが、東京ではなく奈良という関西発祥のレーベルであったことも、鉄砲節のレコード化においては重要な意味を持ったであろう。鉄砲節は必ずしも河内音頭として正統なものではなかったかもしれないが、実践の現場である河内と地理的に隔絶していない奈良のテイチクというレーベルに、同時代のジャズにも理解のあったディレクターがいたということは、戦前から続く正調化や新民謡化のいずれとも異なる路線で河内音頭が現代化したことと決して無関係ではないだろう。

4 河内音頭と『悪名』

今東光と悲哀の豆かちマンボ

「鉄砲節河内音頭」発売と同年に今東光原作の映画『悪名』のシリーズ第一作目が公開された。今は『悪名』を発表する前から小説で河内音頭と盆踊りの情景を描いてきたが、映画版ではその描かれ方に際立った特徴がある。映画『悪名』シリーズにおける河内音頭の取り上げられ方は、高度経済成長期に河内音頭の知名度が全国的に高まり、ナショナルなイメージが構築されていく過程に少なくない影響を与えたと思われる。先に触れた高橋の発言にもあった通り、今は小説で伝統的な正調河内音頭ではなく、現代河内音頭に焦点を当てたのである。映画版はなかでも鉄砲節を数度にわたって取り上げた。ここに、鉄砲節河内音頭は伝統からも原作からも切り離され、勝新太郎演じる侠客・朝吉のアイデンティティを想起させるためのテーマソングとして――つまり映画というメディアが独自に作り出した歌謡曲として定着したのである。「河内音頭」としてひとり歩きしていく鉄砲節＝記号化された河内音頭が想起させるもの、それは映画『悪名』のシリーズ化によって創造された「八尾の朝吉」のイメージである。

小説『悪名』の冒頭を飾る河内音頭の盆踊り描写については、その雛形を『みみずく説法』（今

1957）に見出すことができる。同書に所収の今による盆踊りのルポタージュでは、河内人の粗野で猥雑な側面が盆踊りという舞台装置を背景として描かれている。(1) このルポタージュによると、今は『悪名』の主人公のモデルとなったことで知られる博徒の朝吉親分らを世話役に迎え、かつて毎年八月一五～一六日に自身が住職をつとめる天台院で開催されていた盆踊りを一九二七年以来三〇年振りに再興した。そこでは「河内流に美しく編曲」された「江州音頭」が「河内音頭」として奏されたと述べられる。

純粋の河内音頭というのは、いたって節調の緩慢な、のびやかな、どちらかというと眠気を催したくなるような念仏踊りで、今ではこれを知っている人は次第に稀なのである。こんな大時代なものは現代の若い者にむかえられる道理もなく、今はテンポの早い、いかにもはっきりとした口説節風のメロディをもった江州音頭が、いつの間にか河内風にアレンジされて、それを河内音頭と呼び慣らしている。されば『ろくごう』という踊りはゆるやかな舞の手振りだが『豆かち』という踊りは、まったく素晴らしい。手拍子を三つ打つので、豆のはじける音の連想か、おもしろくも『豆かち』という名称で呼ばれている。マンボなども、やるせないキューバ農民の叫喚だそうだが、この『豆かち』なども確かに河内人の哀しみから生まれた所作としか思えないのだ。

（今 1957：203）

日本の盆踊り唄と南米音楽を結びつける発想自体は新しいものではないが、冒頭で触れた朝倉や平岡と同様、河内音頭に同時代のグローバルなポピュラー音楽との共鳴を五七年の時点で聴き取っている点は興味深い。

性愛と暴力

今はまた、「河内音頭の夜は若い男女の恋の夜である」とも述べている。「昔から河内音頭は間男の夜だという言葉があるそうで、古市十人斬りの物語も、発端は盆踊りの夜の姦通からはじまる」（今 1957：205）という。今は、読経に出向いた先で老寡婦と食品屋を営む田村という名の隠居男性が仲睦まじく会話しているところを見かける。後日、今は浅吉から二人の不倫関係について次のような話を聞く。

あのお婆さん、若い頃は別嬪でしたそうな。婿取ってからに分家して、家付きの娘だっしゃろ。やっぱり我儘娘だしたんやな。嫁入ってからも河内音頭いうたら、わがの村ばかりやのうて、何所なりと押し回して踊り歩いたそうにおま。なんでも上ノ島の盆踊りの戻り路、曙川(あかがわ)の堤で田村の旦那と転び寝て出来たんやそうでんな。（今 1957：208）

今の言う通り、盆踊りは戦後間もない時期まで若い男女の出会いの場としても機能していたようだ。江州音頭の音頭取りであった初代桜川唯丸は「夕方から翌朝まで行われていた盆踊りで、草むらに消えてゆく男女を何組も櫓の上から目撃」（藤本 2017：59）したという。

このほか、『みみずく説法』には硬派ゆえに起こった暴力シーンも描かれている。八尾市にある八坂神社の夏祭りで、酒に酔った勢いで布団太鼓を担ぎながら玉串川を「越境」してきた八尾市外にある満願寺の青年団を朝吉属する中野地区の青年団が懲らしめる、というものだ。こうしたケンカは、岸和田市のだんじり祭りや、河内・泉州地方および兵庫県の播州地方で現在も広く行われている布団太鼓の練り歩きを支える若者たちにみなぎる荒々しい活気を見れば想像に難くないだろう。

さて、今東光が河内音頭と盆踊りに読み込み、自らの小説に詠み込んだイメージをさしあたり次のように整理しておこう。一つは、正調流し節の相対化による、同時代のグローバルな大衆音楽との共鳴である。もう一つは奔放な性愛や青年たちの倫理と暴力のイメージであり、寄席における河内音頭の代表的演目「河内十人斬り」にもみられるイメージである。後者は特に寄席芸＝芸能として発展した河内音頭に顕著なイメージであり、後述するが、のちの小説版および映画版『悪名』における岩田朝吉の人物設定として用いられる。

鉄砲節と映画『悪名』――勝新太郎の河内音頭

映画『悪名』は「鉄砲節河内音頭」発売と同じ一九六一年に第一作目が公開されるや、やくざ嫌いの侠客「八尾の朝吉」を演じる勝新太郎とその弟分「モートルの貞」を演じる田宮二郎の名コンビが人気を博し、足掛け一四年にわたり延べ一六作品を世に送り出す大映の人気シリーズとなった。それぞれの作品は今東光による小説を原作としてクレジットしているが、昭和初期から満州事変までを舞台とする今の小説に範をとっているのは第一作目『悪名』および同年公開の第二作目『続・悪名』のみで、以降の作品はこの最初の二作をもとにした第一六作目『悪名・縄張り荒らし』[2]を除き、戦後が舞台となっている。

映画『悪名』シリーズにおいて、河内という土地は、勝新太郎演じる「八尾の朝吉」こと村上朝吉

図2－4　朝吉（勝新太郎・左）と鉄砲光三郎（手前）

出典：映画『新・悪名』（大映，1962年）

の出身地としてほとんど記号化されているといってよい。『悪名』シリーズの物語世界において、多くの場合河内はストーリーの起点もしくは終着点であり、じっさいのストーリーが展開される舞台は、有力なやくざ組織の縄張りがある大阪市内の松島遊廓や道頓堀、あるいは東京・福岡・東北など日本各地の盛り場である。朝吉は所属する組織を持たない「やくざ嫌いのやくざ」であり、一方では義理堅く、他方では人情に弱く、抗争となれば素手で対抗し、どこまでもおのれの正義を貫き通していく。そんな朝吉の気風を醸造した故郷として、河内という土地は位置付けられているのである。

シリーズ中で鉄砲節が最初にクローズアップされるのは、第三作目にあたる『新・悪名』（一九六二年）である。物語は敗戦直後の大阪を舞台としている。敗戦後しばらくして朝吉が出兵先の満洲から八尾に帰ってくると、地元には自分の墓が建てられている。朝吉は戦死したと聞かされていた家族や仲間たちはおどろくが、無事を祝して、埋葬される者のなくなった墓前で盆踊り唄を「聴き」ながら酒を飲み宴会を催す。この場面で――おそらく実際の盆踊りが寄席の上演ではそのように演奏されないであろうが――太鼓を叩きながら河内音頭を唄っている人物こそ、鉄砲光三郎その人である（図2－4）。

図2－5　勝新太郎「兵隊やくざ」EP

出典：日本コロムビア，1972年

シリーズではこれ以降も、朝吉が旅先で世話になったやくざの親分や惚れられた女にせがまれて河内音頭を口ずさむ場面がしばしば登場し、第六作目『悪名市場』（一九六七年）で唄われた河内音頭は翌年、映画の音源をそのまま用いてテイチクからシングル盤としてレコード化されている。だが、シリーズを通して河内音頭が唄われるのは主に酒席の余興あるいは世話になった他所の親分への「仁義」としてであり、朝吉はせがまれるたびに「ええけど鉄砲節やで」とひとことことわりを入れて唄いはじめるのだ。この朝吉の唄う河内音頭は、身体行為としての踊りや盆踊りの場という空間と一切の関係を持たない劇中歌として、朝吉の出自が大阪の河内地方にあることを観客に想起させる機能を果たしているに過ぎないのである。

また、『悪名』シリーズ以降に作られた映画作品においても、勝新太郎は鉄砲節河内音頭に似た楽曲を歌っている。例えば『悪名』と同じくもともとは大映がシリーズ化した『兵隊やくざ』の第九作目『新・兵隊やくざ　火戦』（勝プロ、一九七二年）でテーマソングとして歌われた「兵隊やくざ」がある（図2－5）。タイの大衆歌謡ルーク・トゥンを彷彿させるのっぺりとしたいなたいエレキギターの音色とちんどん風のラテン・パーカッションのリズムに乗せて「階級なんかくそくらえ」「戦争なんかくそくらえ」と歌い上げる勝の節回しは（少なくとも歌い出しからの数小節分は）明らかに鉄砲節なのだが、クレジットには石本美由起作詞、山路進一補作・編曲とあるだけで、光三郎の名前はない。一九七九年に光三郎は鉄砲節とは「昔から河内地方に伝承されている念仏音頭や流し音頭、平音頭、ジャイナ音頭とは何の関係もない、似ても似つかぬもの」（鉄砲 1980：46）であり、日本音楽著作権協会にも認定されているオリジナルの「歌謡曲」であるとして、歌手の金沢明子が作曲者不詳の「大阪民謡」とクレジットして吹き込んだ「青春河内音頭」が自作の盗作に当たるという訴訟を起こしている（「『青春河内音頭』訴え」『東京朝日新聞』一九七九年八月四日朝刊二二面）。この裁判では光三郎の訴えは退けられたが、「兵隊やくざ」についても日本音楽著作権協会の検索サービス「J-WID」で調べてみると、作曲者の欄には「青春河内音頭」と同様「PD（パブリック・ドメイン）」という表記があるだけで、光三郎の名前はない。おそらく原曲が河内音頭という詠み人知らずの民謡であることからそのようにクレジットされたのだろう。歌謡曲として定着した鉄砲節河内音頭は、光三郎の与り知らないところで鉄砲節はおろか河内音頭と名乗ることすらやめて、もともと河内に縁もゆかりもない東京の下町出身の勝新太郎という俳優のテーマソングとして独り歩きしはじめていたのだ。

5　マスメディア時代の伝承——現代河内音頭の担い手は誰か

フィードバックする河内のイメージ

ここまで、明治維新から高度経済成長期へと至る日本社会において河内音頭が現代化していく過程とその背景を論じてきた。そして、戦後の鉄砲節のような現代化した河内音頭が『悪名』や浪曲やジャズとの共鳴を胚胎しながら正調流し節を追いやっていく背景には、「若者の盆踊り離れ」を危惧する論調が存在したことを明らかにした。戦後の現代河内音頭の流行は、『悪名』というヒット映画や鉄砲光三郎の「鉄砲節」を後ろ盾としていただけではなく、正調という伝統の中で経験的に醸成された「あるべき伝統芸能のかたち」に盆踊りや音頭を留めおきたいという先行世代の欲望とも深く関わる。しかも、映画版『悪名』では正調／現代化といういずれの系譜とも異なる河内音頭のイメージが創出・流布されていた。つまり、『悪名』ではもはや正調の正統性も、盆踊りとの必然的な関係性も後景に退き、八尾の朝吉というアイデンティティを記号的に想起させる余興の小唄ないしは「仁義」のようなものとして河内音頭が唄われていた。このように考えるならば、河内音頭に絶対的な伝統を見出そうとするよりも、正調もまた一つの変奏（ヴァリエーション）であると考えるほうが、河内音頭のより妥当な見方とはいえまいか。

そのようにみるならば、盆踊りでの櫓の芸、ないしは寄席の芸として発展してきた河内音頭の「現場」は、敗戦から高度経済成長期の間にレコード・大劇場・映画・テレビへと拡大したと考えることもできそうだ。河内音頭というローカルな「音曲」がナショナルな「芸能」という枠組みへと包摂されていく過程、それは近代から高度経済成長期にかけて発達したマスメディアに特有の連続的な現象に他ならない。河内音頭の唄われる「現場」が地元を超えて拡大し、ナショナルな枠組みへと包摂されていくなかで河内音頭に詠み込まれていったもの、あるいは高度経済成長期に日本の人々が河内音頭という記号に読み込んでいったもの、それは伝統的な河内の風土でもなければ今東光の描いた河内音頭でもなく、原作を離れてシリーズ化されていった映画『悪名』の世界観であった。そして、映画における表象が「河内的なもの」として現実の河内にフィードバックされることで、ローカルな河内音頭もまた「悪名」の世界観を再生産し、「ガラの悪さ」というイメージを自ら補強していったとも考えられる。

メディアとしての盆踊り

マスメディアの持つ巨大な伝播力は決して一方通行ではない。われわれは高度経済成長期における河内音頭の現代化に、複製技術の発信と受信という相互作用が起こすフィードバックの力学を見た。忘れてはならないことは、不断に繰り返されるこのフィードバックが一人一人の人間によって担われているという事実だ。河内音頭の伝播と現代化を引き起こしているのは音頭取りばかりではない。盆踊りの雰囲気が櫓を建てる者、地の者（自らの正統性を主張する者もそれに対抗する者も含む）、そして余所者たちの「ひしめき」によって形成されるのと同様、河内音頭の現代化もまた、河内音頭にかかわる音楽プロデューサー、映画監督、脚本家、役者、そして観客たちの微細な力の巨大な集積を原動力として引き起こされてきたのだ。その意味では、現代化は河内音頭の生存戦略であった。音頭取りのネームヴァリューや肩書きあるいは正統性に捕われず、単純に音頭と祭りを愛好するという有象無象の情熱には、高度経済成長期を生きた人々の有機的な相互作用が記憶されている。いわば河内音頭それ自体が、河内という土地に伝わる民謡とそこに住む人々の身体から、グローバルな大衆音楽、そして時代の流れの中でマスメディアによって創造された伝統と革新までをも取り込み媒介させる、巨大なメディアなのである。

注

（1）今はこれに類似した盆踊りの情景をのちの『春泥尼抄』（一九五八年）や六〇年から翌年にかけて『週刊朝日』で連載された『悪名』でも繰り返し用いている。また『こつまなんきん』（一九六〇年）には、主人公・小五郎の前妻が河内家市丸を名乗り、寄席で河内音頭を披露する場面がある。

（2）　シリーズ中『悪名・縄張り荒らし』のみ大映ではなく勝プロ制作の作品である。

文献

赤澤史朗、二〇二〇、『戦中・戦後文化論――転換期日本の文化統合』法律文化社。

朝倉喬司、一九八六、『芸能の始原に向かって』ミュージックマガジン社。

大石始、二〇二〇、『盆踊りの戦後史――「ふるさと」の喪失と創造』筑摩書房。

大阪文化振興研究会編、一九七五、『都市と文化問題』大阪府。

今東光、一九五七、『みみずく説法』光文社。

産業経済新聞社社会部編、一九五九、『民謡をたずねて』創元社。

鈴木二郎、一九七三、『浪花放談』創元社。

鉄砲光三郎、一九八〇、『河内阿保鴉一代記』読売新聞社。

藤田正・鉄砲光三郎、一九八〇、「鉄砲光三郎」『ウィークエンド・スーパー』四（一三）：七四-七五頁。

藤田正・三音家浅丸、一九八〇、「三音家浅丸」『ウィークエンド・スーパー』四（一三）：七六-七八頁。

藤本愛、二〇一七、「東京五輪音頭からみる盆踊りとナショナリズム」『教養諸學研究』一四三：四七-七一頁。

村井一郎、一九九一、「なにわの音頭博士はかく語りき――明治から現代へ、節回しでたどる河内音頭の歴史」全関東河内音頭振興隊編『日本一あぶない音楽――河内音頭の世界』ＪＩＣＣ出版局、七〇-八八頁。

持田寿一、一九九四、『大阪お笑い学――笑いとノリに賭けた面々』新泉社。

鷲巣功、二〇一九、『河内音頭』Ｐヴァイン。

第3章　暗黒地帯から人情の町へ

——映画にみられる釜ヶ崎イメージの変遷

小谷七生

1　釜ヶ崎のあゆみ

本章の目的

本章では、一九六〇年代から一九八〇年代にかけて発表された、釜ヶ崎を舞台とした映画作品に注目し、映画に映し出された釜ヶ崎イメージの変遷を分析する。釜ヶ崎は、大阪のなかでも特に日雇労働者らが集住し、独自の文化を形成した土地である。よって、映画製作者たちにとっても特別なインスピレーションを得られる場所であり、釜ヶ崎を舞台にさまざまな作品が世に出された。一部のものは全国的なヒットとなり、また別のものは小品にとどまったが、いずれも釜ヶ崎という土地のイメージ形成に多少なりとも関わったといえる。そして、強い個性を持ったそれらの作品は、釜ヶ崎のみならず、大阪全体のイメージ形成に寄与した場合も少なくなかった。

本章が一九六〇年代から一九八〇年代という限られた時間に着目するのは、演劇を原作とした映画『がめつい奴』が一九六〇年に公開され、そしてマンガを原作とした『じゃりン子チエ』が一九八一年にアニメ映画化されたからである。この二作品は釜ヶ崎を舞台として作られ、国民的ヒット作となったために、日本社会全体に大阪イメージを植えつけた画期であると考えた。また、これら二作品には連続性がみられる。その意味で、釜ヶ崎および大阪イメージを考える際の、一つの区切りと捉えられるのである。本章で主に注目するのはこの二作品であるが、それらに挟まれた約二〇年間のうちに公開された、釜ヶ崎を舞台とした作品についても、個別に内容やイメージの変遷に着目する。

本章の構成は次の通りである。

まず釜ヶ崎の歴史を振り返り、その歴史において大きな意味を占める暴動について整理する。

2節では、映画『がめつい奴』（東宝、一九六〇年）に着目する。作品のあらすじや「がめつい」という言葉の成り立ち、ヒットの背景などに迫ったうえで、この作品がもたらしたネガティブなイメージの例を挙げ、そのようなイメージに対する批判も取り上げる。

3節では、『がめつい奴』よりあとに製作された、釜ヶ崎が舞台の諸作品を考察する。一九六〇年代に公開された映画からは、『太陽の墓場』（松竹、一九六〇年）、『当りや大将』（日活、一九六二年）、『スクラップ集団』（松竹、一九六八年）を取り上げる。そして一九七〇年代に製作された任侠映画から、『極道』シリーズ（東映、一九六八～七四年）と『学生やくざ』（東映、一九七四年）に言及する。さらに日活のロマンポルノ映画である『㊙色情めす市場』（日活、一九七四年）も考察する。

4節では、『じゃりン子チエ』（東宝、一九八一年）に焦点を当てる。原作となったマンガの内容やヒットの背景を探ったうえで、『がめつい奴』との連続性や、釜ヶ崎との関連を確認する。そしてアニメ映画化された際にみられた、原作との共通点および差異に着目する。
なお、引用文中の〔　〕内は筆者による補足である。加えて、現在では差別的表現とされる可能性の高い言葉も、当時の時代を正しく分析する目的で、そのまま記載する。

釜ヶ崎の歴史

各作品の分析にうつる前に、釜ヶ崎という場所はどのような歴史を背負ってきたのかを知るために、土地の実態を確認する。とりわけ本章が対象とする一九六〇年代から一九八〇年代にかけてはいかなる様相を呈していたのだろうか。創造された作品群と比較するためにも、まずは整理したい。百科事典では釜ヶ崎は次のように説明されている。「大阪市西成区北東部の萩之茶屋一～三丁目一帯を愛隣地区とよぶが、釜ヶ崎はその旧称である」（『日本大百科全書』小学館、二〇二三年）。現在の具体的な住所表記はこの記述の通りであるが、より詳細な歴史は原口剛『叫びの都市』（原口 2016）に詳しいので参照のうえ次にまとめる。

まず、釜ヶ崎とは「地図にない町」（大谷 1972）であり、その地名は口伝えで受け継がれてきた通称である。土地の面積は、一平方キロメートルにも満たない。資本主義的都市化が始動する近代初期にドヤ街として成立し、都市の貧民の生活拠点となってきた。戦後は、農業の機械化、炭鉱の閉山、造船不況等の影響を受けつつ、主に地方から来た男性単身労働者を吸収し、肥大化した。「戦後の都市社会は、かれらを使い捨ての労働力として活用し、過酷な労働と生活を強いた」のである（原口 2016：22）。

この説明は、釜ヶ崎の長く複雑な歴史を簡潔にまとめたものだが、この土地が、大阪の他の地域と比べてもいかに特異であるかがわかる。最も特徴的なのは、戦前から簡易宿泊施設や木賃宿が集中し、都市の貧民の生活拠点であったという点だろう。そして、その性格は戦後も続いた。例えば、一九七〇年三月から半年間、大阪府吹田市で日本万国博覧会が開催されたが、このイベントに関わる労働者の多くは釜ヶ崎から供給された。高度経済成長期に資本主義は使い捨てできる便利な労働者を求め、そのような労働者が多く集住した土地の一つが釜ヶ崎だったのである。

次に、釜ヶ崎の歴史を語るときにはずすことのできない、暴動の歴史について触れたい。

表3-1　釜ヶ崎暴動の発生年・回数の一覧

年	回数
1961	1
1962	0
1963	2
1964	0
1965	0
1966	4
1967	1
1968	0
1969	0
1970	1
1971	3
1972	7
1973	2

注：1974～89年にかけては0回なので記載していない。
出典：原口（2011：241）の表を参考に筆者作成。

釜ヶ崎暴動

すでに確認したように、釜ヶ崎は資本にとって使い勝手のよい労働力の供給源とされてきた。「過酷な労働と生活」を強いられた労働者たちは、権力に対抗して立ち上がり暴動を起こす。一九六一年に起きた暴動を第一次暴動と呼ぶが、その発端を原口は次のように説明する。「一九六一年八月一日、ひとりの日雇い労働者が車にはねられて死亡した。駆け付けた警察官は、労働者にムシロをかけたままの状態で、数十分放置した。この警察官の処遇に対する日雇い労働者の怒りはまたたくまに広がり、第一次暴動が勃発したのだった」（原口 2011：240）。

また、暴動が起きた背景にある釜ヶ崎労働者たちの苦難の背景には、「劣悪な物理的環境」「不安定な就労状況」「行政の不十分な対策」「高い不快指数」があったと、丹羽弘一は説明する（丹羽 1993：210）。

暴動は、一度きりで終わったのではなく、その後、何度も繰り返された。本章で扱う一九六〇年代から一九八〇年代の暴動を示したのが、表3－1である。

この表からは、一九六一年から一九七三年にかけて、多くの暴動が起きたことがわかる。その数は実に二一回にのぼった。暴動がこの時期に集中していたということは、釜ヶ崎に住む労働者たちの不満が特に高まっていたのがこの時期であったことを証明する(1)。

なお、重要な点として、本章で暴動というときには、その現象をむやみにネガティブなものとして捉える意図はない。原口は、マスメディアと暴動の関係を説明する際、「暴力のイメージのみがひたすら切り取られ、日雇労働者の怒りの声に耳を傾ける回路はまったく働かなかった」と記しているが（原口 2016：221）、本章は原口のこの指摘に同意したうえで筆を進めたい。

釜ヶ崎のたどってきた土地と暴動の歴史を振り返ったところで、次節からは映画作品の内容を考察する。

2　暗黒の地

作られた「がめつい」人々

「がめつい」。この言葉を聞いてどのような印象を受けるだろうか。欲深い、どケチなど、頭のなか

図3－1　映画『がめつい奴』新聞広告

出典：『読売新聞』1960年9月15日夕刊4面

にさまざまな類語が浮かぶと考えられる。だが、特段珍しくもない聞き覚えのあるこの言葉が、実はある劇作家による造語だと知る人は少ないだろう。その劇作家とは菊田一夫、そしてはじめて使われたのは『がめつい奴』という舞台においてである。一九五九年に初日を迎えた『がめつい奴』は大ヒットし、翌一九六〇年には映画化もされた。釜ヶ崎を舞台とした映画を語る際には必ずと言ってよいほど言及される有名作である。図3－1のように、新聞にも何度も広告が掲載された。

　実際にどれほどのヒットだったのか、井上理恵のエッセイに詳しいのでそれを参考にまとめると次のようになる。

　舞台『がめつい奴』は一九五九年一〇月五日に東京・芸術座で初日を迎え、翌年の七月一七日まで九ヶ月のロングラン上演となった。上演日数は二七二日、上演回数は三七二回、観客動員数は二〇万八六〇〇余人。テレビ各局はこの作品を競って中継し、NHKと民間放送局三社が時期をずらして放映した。東京のあとには、大阪、名古屋、九州各地で巡演される。その人気ゆえ、先述のように翌年一九六〇年には千葉泰樹監督によって映画化された（井上 2008：87-88）。

　これらの情報からも、いかに流行したかがわかる。では、作品内容はどのようなものであったか。少々長くなるが、重要なので映画版を参照しながらあらすじを記す[2]。

　時代設定は、映画公開当時の一九六〇年頃。大阪・釜ヶ崎で一泊三〇円の簡易宿泊所「釜ヶ崎荘」

を経営している向山鹿（三益愛子）、通称お鹿婆さんが主人公である。お鹿はとんでもなく「がめつい」と定評のある人物で、貯めこんだ財産は三〇〇〇万円にのぼるとも噂されている。お鹿の楽しみは、梅干しのカメのなかに隠したカネを数えること。唯一心を許せる相手は、自分が拾って面倒を見ている戦災孤児のテコ（中山千夏）だけである。お鹿はテコに、「このカネについて誰にも教えるな」と日頃から釘を刺していた。

釜ヶ崎荘の住民の生業はポンコツ屋、解体屋、占い師、ホルモン焼き屋、美人局、偽傷痍軍人など多種多様であるが、その生き様は他の土地では見られないほど「がめつい」。例えば、近所で自動車事故があると聞くと、みな一斉に現場へゆく。そして、ケガを負いながらも生きている運転手を無理やり入院させるかたわら、自動車を解体して部品を持ち去る。部品を廃品回収業者に売り、カネに変えるのだ。

お鹿の土地や資産をめぐり、いくつもの騒動が起きる。戦後のどさくさに紛れて他人の土地を占拠したお鹿に対し、自分の土地を返すようにと、元地主の娘である小山田初枝（草笛光子）が迫る。また、その顚末を知ってか、お鹿の義理の弟である彦八（森繁久彌）も介入してくる。だが、そんなことを気にするお鹿ではなかった。

しかしながら、土地の権利書を小山田が持っていたことから、最終的にお鹿は土地と建物を没収されることとなる。それでも、交渉した結果、できる限りの立ち退き料をもらうことには成功した。

お鹿はその後、天王寺公園でテコと二人で乞食をする。少女のテコが悲しい歌をうたうと、いかにも可哀相な雰囲気が出て銭を稼げるのだ。お鹿には財産がじゅうぶんあるけれど、いかに「がめつく」稼ぐかということが彼女にとっては何より大事なのである。映画は、それまで公園の向こう側に見えていた通天閣が、アップになったカットで終わる。

以上が物語のあらすじである。これを読んでわかる通り、物語で重要となるのは「がめつい」という言葉と具体的な行動の数々だ。観客は登場人物の「がめつさ」を見て笑い、呆れ、時に感心しながら、物語を楽しんだのである。「釜ヶ崎の人間はがめつい」、もっといえば「大阪の人間はがめつい」という印象が、全国に広まる一助となったといっても過言ではないだろう。

それを示す一例として、一九六七年に菅井幸雄は次のように書いている。「〝がめつい〟という言葉は、〝がっちりした〟という意味で、大阪地方でごく一部に使われていたものだが、いまでは注釈を必要としないほどの流行語になっている。このように舞台の題名が流行語になったのは、最近ではきわめて珍しい」（菅井 1967：160）。

しかし、先述したように、この言葉はもとから釜ヶ崎ないし大阪にあった言葉ではなく、作者の菊田一夫による造語だった。一九八四年発行の牧村史陽編『大阪ことば事典』では次のように説明されている。「ガメツイ（形）　強欲で抜け目のない、ごまかす意味のガメルに、ツイをつけて形容詞としたもの。兵庫方言のガミツイの行訛ともいわれるが、菊田一夫が『がめつい奴』で造語したのが流行語となった。本来の大阪ことばではない」（牧村編 1984：180）。

『大阪ことば事典』の説明が正しいとすると、菅井の理解は誤りということになる。ただし、舞台・映画のあまりのヒットゆえ、多くの人々はむしろ菅井のように、「がめつい」という言葉は大阪にもとからあったもので、ひいては大阪人の気質を表した一語だと捉えたのではないだろうか。

このように、『がめつい奴』が大きな流行を巻き起こしたという事実と、「がめつい」という言葉の由来を確認した上で、本作が社会にどのような影響をもたらしたのかを考えたい。

ネガティブイメージの拡散

『がめつい奴』の作品ジャンルを一言で表すなら、それは人情喜劇である。あらすじでみたように、主人公お鹿をはじめとする登場人物の、滑稽なまでの貪欲さが目立つ。そのためプロットをまとめようとすると、がめつさにまつわるエピソードが主軸となるのは否めない。しかし、舞台や映画を鑑賞した者なら、必ずしも非人道的な「がめつさ」だけで成り立っている作品ではないことは理解できるだろう。

何よりも、並外れて貧しい地域だからこそ貪欲でなければ生きていけないという事情が土台にある。そして、登場人物はそれぞれの欲求を満たしつつも、時には助け合い、かばい合うのだ。お鹿は戦災孤児のテコには心を許しているし、実の息子や釜ヶ崎荘の住人が独立するとなると、カネは「譲らない」が、「貸す」という形で支援する意思を示す。また、近隣で殺人事件が起きたときには、結局犯人は自分の罪を隠すことにためらいを覚え、最後には警察に自首をするのだが、住人たちは殺された者の日頃の悪行を責め、犯人をかばう。そのような人情に触れるエピソードがあるからこそ、底抜けの欲深さを描いた物語であっても、これほどまで人々に愛されたのである。

ただし、人情的なエピソードよりも、がめつさなどのネガティブな猥雑さの印象が強く社会に浸透したのではないかと考えられる側面がいくつかある。それを示す一例が、舞台上演直後の一九五九年に掲載された雑誌『週刊明星』の記事である。タイトルは「大阪の無法地帯――〝がめつい奴〟舞台になった釜ケ崎ルポ」。売春取締の目的で釜ヶ崎を訪れる刑事に随行した記者が書いたルポルタージュである。週刊誌という性格上、新聞に比べて誇張が多く扇情的な書き方になっていると予測はできる。それを踏まえたうえで読んだとしても、その内容には極端さが目立つ。例えば、記事の冒頭では次のように書かれている。

東洋一のカスバ[3]。日本最初の暗黒街といわれる大阪、西成の細民街、〝釜ヶ崎〟。この異様な巷の生態を描いた〝がめつい（エゲツナイ）奴〟の芸術座公演は珍しく三ヵ月のロングランとなり、テレビ中継は強い反響を呼びおこした。警察権の浸透も十分でないといわれる日本一の無法地帯が現に実在するのだ！（『週刊明星』一九五九年一一月八日号、二四頁）

「がめつい」という言葉がさっそく登場していることに注目したい。さらに「東洋一のカスバ」「日本最初の暗黒街」など、釜ヶ崎を否定的に捉える言葉が羅列されている。そのうえで釜ヶ崎が、「がめつい（エゲツナイ）奴」の舞台となった土地だと紹介されているのだ。

では、当時の釜ヶ崎の実態はいかなるものであったのか。原口は、「釜ヶ崎一体の土地が社会問題として焦点を合わせられる契機をたどっていくと、一九五〇年代後半の時期にさかのぼる」という。一九五八年に売春防止法が完全施行されて飛田遊郭が「廃業」に追い込まれたことなどが要因であった（原口 2016：127）。

そのような時代背景を踏まえて記事を読むと、釜ヶ崎に対する社会のネガティブなまなざしが、『がめつい奴』という舞台演劇によって強化されたような印象を受ける。この記事は、『がめつい奴』という作品が登場しなくても書かれた記事かもしれない。しかし、釜ヶ崎を否定的に語る文脈において格好の表現および作品として、『がめつい奴』を利用していることが記事からはうかがえる[4]。

これは、『がめつい奴』が映画化されるより前の記事であるが、映画化されたときにはどのような特徴がみられたであろうか。まず注目したいのが、映画の冒頭で流れるナレーションである。

大阪市。もはや戦後ではないと言われてから数年、マンモス都市大阪は、かつての焦土と瓦礫のなかから不死鳥のように立ち上がり、奇跡の繁栄を実現させた。だが、このエネルギッシュな近代都市の一隅に、これまでのどんな繁栄にもあずからなかった人々の住む街、人呼んで大阪のカスバ、釜ヶ崎の暗黒地帯がある。(5)

このナレーションは、映画版における釜ヶ崎の位置づけを簡潔に語っているので、鑑賞者に強い印象を与える。水内俊雄もこのナレーションを問題視している。例えば水内は次のように書く。

メディアがつくりあげる場所イメージは、ともすれば誇張され、一人歩きする場合が多い。「人呼んで大阪のカスバ、釜ヶ崎の暗黒地帯」は、最大公約数的な表現を用いれば日本最大の日雇労働者の街として括られるが、このような呼称や語りは、単に日雇労働者の街以上のものを釜ヶ崎から想起させよう（略）一九六一年八月の釜ヶ崎暴動とともに、その前年九月に封切されたこの映画に登場した、一九五〇年代末期から六〇年代初頭、昭和三〇年代中ごろという時期が、釜ヶ崎のイメージ形成に決定的な役割を果たしたのではないかという筆者の認識がベースにある。

（水内 2001：151）

水内のこの分析は、本章の主張と重なる。水内は、「人呼んで大阪のカスバ、釜ヶ崎の暗黒地帯」

といった表現がもたらす、誇張されたネガティブな意味合いを指摘し、またそのようなイメージが釜ヶ崎に根付いたきっかけの一作品として、映画『がめつい奴』を捉えているのである[6]。

このナレーションのようなセリフや語りが、舞台においても存在したのかどうかは管見の限り資料で確認できない。ただ、映画化されたときには、このようなナレーションが流れたことは確かである。先述のように、『がめつい奴』は本来、人情喜劇であり、厳しい環境においてもバイタリティあふれる生き方をする人々を描いた作品であった。しかし、冒頭ナレーションで流れる「カスバ」「暗黒地帯」というネガティブな表現や、「がめつい」という言葉の印象が強く、相対的に人情ものという側面は映画の語りから削がれていった印象を受ける。釜ヶ崎、そして大阪とは、時に犯罪に近い行為をしながら「がめつく」生きる、どん底の人々が暮らす土地なのだと、映画は多くの観客に印象づけたのだといえるだろう。

地元からの抗議

『がめつい奴』の人気は舞台と映画にとどまらず、一九六四年二月四日からは日本テレビでドラマ化された。その第一回を見た釜ヶ崎の住民から、次のような抗議文が届いたことを記す記事が、週刊誌に掲載されている。「あの番組は釜ヶ崎の実情を伝えたものではない。これを放送すると子供たちにも悪影響をおよぼすので、ただちに放送を中止してほしい」（「テレビ　釜ヶ崎から抗議された『がめつい奴』の楽屋裏」『週刊平凡』一九六四年二月二七日号、四六頁）。大きな人気を誇った作品だが、舞台となった釜ヶ崎の住民には、その内容を快く思っていない者もいたことがわかる。

この記事は週刊誌に掲載されたのもあってか、抗議に対する、露悪的な論調のテレビ制作者によるコメントを紹介している。曰く「まえに釜ヶ崎の交番が焼き払われた事件があったし、こんどはテレビ局を焼かれるのではないか…」「釜ヶ崎の連中のことだから、本気で焼き打ちをかけられるかもしれない。団結したらあれほど危険なものはないからね。あまりハタで騒がないでくれよ」といったものだ。

釜ヶ崎の住民の切実な訴えに対し、非情ともとれるコメントである。実際にここまで冷酷な言い方をしたのかは定かではなく、記者が脚色した可能性もあるだろう。ただ、釜ヶ崎の住民から批判があったことや、それに対するコメントのなかにはこのように悪意に満ちた論調のものもあったことは確認できる。

『がめつい奴』は全国的に有名となり作品は愛されたが、釜ヶ崎や大阪に対するネガティブなイメージの拡散に多少なりとも寄与した可能性が高いことを、本節では確認した。では、『がめつい奴』以外の、釜ヶ崎を舞台とした映画には、どのような特徴があるのだろうか。次節で分析したい(7)。

3　強調されるどん底

一九六〇年代——釜ヶ崎映画

一九六〇年代には、釜ヶ崎を舞台とした映画が『がめつい奴』以外にもいくつか公開された。ここでは『太陽の墓場』（松竹、一九六〇年）、『当りや大将』（日活、一九六二年）、『スクラップ集団』（松竹、一九六八年）の三作品に触れたい。これらに共通する要素として、「どん底イメージ」が挙げられると考えるからだ。

『太陽の墓場』

まず、大島渚監督による『太陽の墓場』（松竹、一九六〇年）は『がめつい奴』と同じ年に公開され、舞台も同じ釜ヶ崎であったことから、並べて語られることも多い。あらすじは次の通りである。

物語は、花子（炎加世子）、武（佐々木功）という若者を軸としながら、多くの人間が入り乱れる群像劇である。釜ヶ崎のバラックが並ぶドヤ街では、ルンペンやバタヤたちがその日暮らしをしている。売血や戸籍売り等、闇の商売も日常茶飯事のそこでは、暴力や人の死はさして珍しいものでもなく、近所に住む愚連隊は日々勢力争いに明け暮れる。貧困のなかで生きる者たちの日常を切り取った作品といえよう。

シナリオには、「製作意図」として次のような文章が掲載されている。「非人間的な状況の中に非人間的に生きる人間たち。或る者はより非人間的になることで状況を切りひらこうとし、或る者は人間的になろうとして破滅し、又或る者は一切の能動的な力を失つてたゞ状況の一大転換をのみ待望し夢想する」（『太陽の墓場』シナリオ、一頁）。

この文章からは、『太陽の墓場』において釜ヶ崎という舞台は、「非人間的な状況」を有する場所だと捉えられていたことがわかる。また、作中で映される人間たちは「非人間的」であるか、または「人間的」になろうとしても結果的に破滅に向かう。事実、画面上にはうだるような暑さのなかでうごめく人々がひっきりなしに登場するのだが、非人間的な彼ら／彼女らはときおり情を見せて助け合うとしても行為が実を結ぶことはほぼなく、厳しい非人間的状況へと引き戻されるのである。『がめつい奴』で打ち出されたと同じどん底イメージを表す映画だといえる。

この作品で何度も映される通天閣は、暗黒と繁栄の両方を象徴しているようにも見える。

『当りや大将』

次に、新藤兼人の脚本を中平康監督が映画化した『当りや大将』（日活、一九六二年）をみていきたい。こちらは、『がめつい奴』『太陽の墓場』ほどには注目を集めなかったのか、釜ヶ崎を舞台とする映画に触れた書籍などでも言及されることは少ない。しかし、物語の内容もさることながら、冒頭のロケーションシーンが印象的である。まず、あらすじを記そう。

『当りや大将』は、釜ヶ崎で当り屋をして稼ぐ青年を中心とした人情コメディである。「性根はいいが、道徳観が欠けた人間」だと周囲の者に評される、大将という名のニックネームを持つ青年（長門裕之）が主人公。大将は近所の店の女将（轟夕起子）を騙して得たカネを散財するのだが、騙されたと知り絶望した女将を不慮の死に追いやる。それでもしばらくは平然としていた大将だが、物語の最後には人情に目覚め、女将の息子を含む子どもたちのためにブランコを作ろうと立ち上がる。

この作品で着目したいのは冒頭近くのロケーションシーンである。釜ヶ崎警察署の刑事が、新しく着任した警察署長に地元の様子を説明する場面で、現地の映像とともに流れるナレーションが興味深い。

「これが、いわゆるアンコ。つまり、ドヤに泊まっとる日雇労務者たちですわ。こうして毎朝仕事を待ってまんねん」
「アブレたもんはこの通り、昼日なかからバクダン食ろうてゴロゴロ寝てまんねん」
「朝から晩まで、降っても照ってもバクチやってまんな(8)」

このセリフの背景映像には、実際に釜ヶ崎でロケをして撮った風景と人々が映される。そして、貧困や犯罪をイメージさせるセリフが続く。映画自体は、人情を絡めた物語だが、ドキュメンタリーさながらのこの冒頭部分は観客に強い印象を残しただろう。『がめつい奴』とも通底するどん底イメージがこの作品でも強調されたといえる。通天閣のカットも度々登場し、釜ヶ崎という土地の象徴との印象を受け手に与える。

『スクラップ集団』

三作目に取り上げるのは、『スクラップ集団』（松竹、一九六八年）である。原作は野坂昭如のブラックユーモアあふれる同名小説で、田坂具隆監督によって映画化された。原作者・監督ともに知名度が高いが、映画自体はそれほどヒットしなかった。とはいえ、物語の舞台として釜ヶ崎が重要な役割を果たす作品である。あらすじを記そう。

ひょんなことから釜ヶ崎で四人の男たちが出会う。それぞれ、汲み取り人（渥美清）、ケースワーカー（露口茂）、公園清掃人（小沢昭二）、外科医（三木のり平）という自分の仕事を愛していたが、四人とも諸事情から仕事を失い、流れ着いた先が釜ヶ崎だった。社会からつまはじきにあう対象（排泄物、生活保護受給者、ゴミ、治る見込みのない患者）に執着を持つ者たちである。「釜ヶ崎全体が屑みたいなもん」[9]と四人が形容するこの土地だが、彼らにとっては心落ち着く街だった。四人は共同で廃品回収業を始め、商売はうまくいくが、元外科医が次第に事業欲に取りつかれ、独裁者のようになってしまう。「地球をもスクラップにする」と叫ぶ元外科医の演説が流れるなか映画は終幕を迎える。

皮肉が詰め込まれたこの映画では、人すらも「スクラップ」、つまり不要物に喩えられる。そんな

「スクラップ」にひかれる人間が当然のごとく行き着く先が釜ヶ崎であるという設定は、『がめつい奴』『太陽の墓場』『当りや大将』の場合と同様に、釜ヶ崎を「どん底」として捉えているからであろう。さまざまなスクラップや、高度経済成長期の日本が直面したゴミ問題を描くとき、釜ヶ崎は格好の舞台となるのである。

『太陽の墓場』『当りや大将』『スクラップ集団』に共通するのは、貧困や廃頽といったどん底における人間模様を描いたことだろう。そして、その際に舞台として選ばれたのが釜ヶ崎であり、いずれも『がめつい奴』で描かれた釜ヶ崎のどん底イメージを引き継いでいた。それぞれは人情ものの要素も含んでいたが、釜ヶ崎という舞台において強調されていたのは、バラックなどの過酷な住環境や、不安定な日雇労働者たちの姿であった。

次に、一九七〇年代に公開された釜ヶ崎関連の映画をみていこう。

一九七〇年代――任侠映画

ここで扱うのは、『極道』シリーズ（東映、一九六八～七四年）と『学生やくざ』（東映、一九七四年）である。タイトルおよび東映が配給会社であることから予測できるように、これらはプログラムピクチャーのなかでも東映任侠路線の系列に属する作品である。

『極道』シリーズ

このシリーズは、若山富三郎主演で製作され、第一作『極道』（一九六八年）から最終作『極道VS不良番長』（一九七四年）まで、計一一作品が公開された。

主人公は、釜ヶ崎に縄張りを持つ島村組の組長、島村清吉（若山富三郎）。物語は任侠映画の王道である派手なアクションと義理人情の要素が強い。加えて、シリーズを通してコミカルな側面も備えているのが特徴である。

シリーズの脚本を担当した松本功は次のように語っている。「〔東映から〕若山富三郎で型破りの『関西もの』をやれといわれた」「山下耕作（監督）とも相談しあって、ヨレヨレ帽にダボシャツの釜ケ崎ヒーローができ上った」「このときも釜ケ崎を三時間ほど歩いただけである」（松本 1969：65）。

以上の言葉からは、『太陽の墓場』『当りや大将』『スクラップ集団』の三作品のように、どん底の人間模様を描くためにわざわざ釜ヶ崎を選んだとは考えられない。当時勢いのあった任侠映画を、関西を舞台に作るという会社の方針のもと、偶然に選ばれたのが釜ヶ崎だったということだろう。松本が、「ぼくたちは、娯楽映画を作っているので、映画に啓蒙や説教など一切入れない」とも断言していることからも、釜ヶ崎のどん底イメージをあえて強調し、社会への何らかの問題提起をしようとしたのでないことは明らかである（同上）。

結果的にこのシリーズは人情ものの側面が強まった。人情は、『がめつい奴』以来、釜ヶ崎を舞台とした映画ではどん底イメージの後景に押しやられがちであったモチーフである。任侠ものゆえ暴力や猥雑さはむしろ強調されているものの、『がめつい奴』でも本来は重要な要素であったはずの人情の世界とコミカルさが、このプログラムピクチャーにおいて釜ヶ崎に戻ってきたといってもよいだろう。(10) なお、『極道』シリーズでも通天閣は大きく映される。舞台が新世界や釜ヶ崎だと示すアイコンとして最適だったことがうかがえる。

『学生やくざ』

続いて取り上げるのは、『学生やくざ』（東映、一九七四年）である。脚本は富綱宏一と皆川隆之、監督は初メガホンとなる清水彰。まずはあらすじを記そう。

主人公は、侠客である祖父の血を引く大学生の島崎角太郎（渡瀬恒彦）。角太郎は旅先の釜ヶ崎で、学生グループに見込まれて、彼らのボスに祭り上げられる。その頃、暴力団からの抑圧に対し、労働者たちが団結して暴動を起こしていた釜ヶ崎では、その中心に労働者を煽る左翼学生たちもいた。左翼学生が暴力団によって買収され、仲間割れするなか、角太郎と知り合った実直な左翼学生（峰岸隆之介）が仲間からのリンチの末に死亡してしまう。怒った角太郎は、左翼学生を蹴散らしたあと暴力団に殴り込み、悪党たちを一掃する。

以上があらすじである。この映画に関する批評は少なく、現在では言及されることもあまりない[11]。しかしながら、あらすじからもわかる通り、釜ヶ崎を舞台とした映画という観点から見ると興味深い一作である。他の作品では正面から取り上げられることがほとんどない、釜ヶ崎の日雇労働者たちの怒りと暴動が書き込まれているからだ。とはいえ、物語の主軸はあくまで任侠にある。暴動のような社会問題的側面を絡めるのは難しかったようで、批評家からの評判はあまりよくなかった[12]。

娯楽に徹し、続編が何作も作られるほど好評を博した『極道』シリーズの対極ともとれる試みをし、批評も興行も振るわなかった作品ではあるが、劇映画ではなかなか触れられない日雇労働者の怒りを正面から描いた点では、着目に値するのではないか。六〇年代の映画のどん底イメージと、『極道』シリーズでみられた人情ものの側面の、両方を含む作品だといえるだろう。なお、この作品でも通天閣は映るが、それよりも三角公園（正式名称「萩之茶屋南公園」）が重要な場所として登場する点が特異だといえよう。労働者たちが決起集会を起こすのがまさにこの公園であり、そのシーンは物語の終盤で重みを持って映されるのである。

ここまで任侠映画二作品について言及した。最後にもう一本、七〇年代日活のポルノ映画を紹介したい。

一九七〇年代――日活ロマンポルノ映画

一九七〇年代の釜ヶ崎を舞台としたプログラムピクチャーは、任侠映画だけではなかった。当時、日活が社運を賭けて製作していたいわゆるロマンポルノにも、釜ヶ崎を舞台にした物語がある。それが、『㊙色情めす市場』（日活、一九七四年）だ。あらすじを記そう。

時代設定は映画公開時と同じ一九七四年、舞台は釜ヶ崎のドヤ街である。一九歳の女性、トメ（芹明香）は、娼婦として身体を売り日々を送っている。弟は重度知的障害者であり、そんな彼をトメはかわいがる。男たちから暴力をふるわれることがあっても、彼女はしたたかに生き続けていたが、ある日、弟が自殺しトメは悲しみに暮れる。そのとき、「一緒に街を出ないか」と知り合いから誘われるが、彼女は断る。「ここはうちの土地や。相性ええんや[13]」と。通天閣が見える空き地で、スカートをヒラヒラとさせながら舞うトメの笑い声が響くなか、映画は終わる。

単なるエロティックな映画としてではなく、その内容の奥深さから近年でも評価が高い作品である。では、製作者はどのような意図で作品の舞台を釜ヶ崎にしたのだろうか。監督の田中登は次のように述べる。「トメは釜ケ崎という我等の中でかつて神話の如く、ごく自然に語りつがれた犯罪と労働と貧困の熱い共同幻想体――彷徨者の群像の中で今だかつて経験したことのない静かさで拡大する精神の空洞化現象、精神の疎外化現象の磁場の中で、時には攻撃的に、時にはやヽさヽしヽく自己主張する」（田中 1974：108 傍点は原文）。

田中は、釜ヶ崎を「犯罪と労働と貧困の熱い共同幻想体」と捉え、そのなかで自己を主張する娼婦を描こうとしていたことがわかる。特に「犯罪」と「貧困」という言葉からは、釜ヶ崎のどん底イメージに着目していた点がうかがえる。ただし、犯罪・労働・貧困はあくまで舞台設定であり、物語の主軸は娼婦トメの生き方にあるともいえる。作品では、職安出張所で求人に群がる労働者たちや、身体を売らなければ生きていけない貧しい女性たちのような、社会の底辺で生きる人々が描かれる。だからといって、彼ら／彼女らを弱者としてだけ描いているという印象も与えない。したたかに逞しく生きる人々が、釜ヶ崎という労働者の街には似合うと判断されたといってもよいだろう。

また、この作品においても通天閣は冒頭と終盤にはっきりと映し出されるが、それ以外にも重要な場面で登場する。弟が、自殺を決行する前に登るのがその塔なのだ。まるで、普段生きている猥雑なドヤ街と対比するかのように、ビジネスマンたちが行き交う都会として、新世界と通天閣が描かれる。

ここまで、『がめつい奴』に描かれた釜ヶ崎のイメージを継承した諸作品を考察した。比較的、義理人情ものの側面が目立った『極道』シリーズは多少趣がことなってはいたが、基本的にはどの作品も社会のどん底として釜ヶ崎を捉えていた。人情ものという側面もなかったわけではないが、常に前面に出ているかといえばそうとは言い切れなかった。社会のどん底を作品の舞台に据えたい製作者にとって格好の街、それが釜ヶ崎であったと、ひとまずはいえるだろう。

しかし、八〇年代になると、そのような、釜ヶ崎が持つどちらかといえば暗いイメージを塗り替える映画が登場した。それが『じゃりン子チエ』（東宝、一九八一年）である。最終節では、『じゃりン子チエ』がもたらした新しい大阪イメージについて考察したい。

4　人情の町へ

「日本一不幸」だけど明るい少女

大阪出身のはるき悦巳によるマンガ『じゃりン子チエ』は、『週刊漫画アクション』(14)（双葉社）の一九七八年一〇月一二日号から一九九七年八月一九日号まで連載され、現在は双葉社アクションコミックスとして全六七巻が発行されている。連載開始当初から反響は大きく、一九八一年には高畑勲によって劇場版アニメが作られた。さらには、一九八一年一〇月から一九八三年三月まで、マンガおよび映画を原作とするテレビアニメが毎日放送で製作され全国ネットされた。また、一九九一年一〇月から一九九二年九月にかけて、テレビアニメの第二シリーズが「チエちゃん奮戦記　じゃりン子チエ」と題されて毎日放送系列で全国ネットされた。これらの事実からも、『じゃりン子チエ』がいかに大きなスケールで、国民的ヒットともいえる成功を果たしたかがわかる。

本章では映画作品を主に検討しているが、『じゃりン子チエ』は原作であるマンガ、そしてテレビアニメも無視することができない。そこでまずは、原作マンガのあらすじを記そう。

時代設定は一九七九年。大阪の架空の街、西萩を舞台とし、街の人々の日常を描いた物語である。コミカルな展開の多い喜劇であるが、軸にあるのは人情とペーソスだといえる。

主人公は小学校五年生の少女、竹本チエ。家庭環境は複雑で、父親のテツはバクチとケンカに明け暮れ、仕事をしていない。母親のヨシ江はテツの暴言がきっかけで家を出たため、働き手がいなくなった実家のホルモン焼き屋をチエは一人で切り盛りしている。物語の初期でヨシ江は家に戻るが、チエは自分が店の経営を続けると決心する。

物語は、商店街において生起する出来事を軸にして進行する。チエの周囲の大人は、近くで別のホルモン焼き屋を営む祖父母をはじめ、お好み焼き屋、カルメラ屋といった自営業の者が多い。個性豊かな面々のこの大人たちがさまざまな騒動を起こす。チエは大人顔負けの自立心と行動力の持ち主で、むしろ大人に頼られることも少なくない。子どもだてらに仕事をこなし、大人たちの面倒まで見るチエの口癖は「ウチは日本一不幸な少女や」。しかし、多くの論者が指摘するように、このセリフを口癖のように言うチエが、字義通りに自分の運命をただ嘆いているようにはみえない。口では嘆いているようにみせながら、持ち前のバイタリティで逞しく生きる姿こそが、読者の共感を呼ぶ理由だろう。

以上のあらすじを読んでもわかるように、このマンガには釜ヶ崎という地名は登場しない。それにもかかわらず、本章で取りあげるのは、『じゃりン子チエ』の舞台が実は釜ヶ崎であることが、作者はるき悦巳のインタビューで明らかになっているからである。だが、どのような理由で釜ヶ崎という地名が後景に押しやられていたのか。それについてはのちに詳しく述べよう。

物語の舞台に加えて重要なのが、『じゃりン子チエ』は徹底した人情ものであり、暗黒やどん底といったイメージがほとんど見られないという点である。一般的な価値観からすると、決して経済的にも家庭環境面でも恵まれていないチエ。しかし、『じゃりン子チエ』の魅力は、むしろそのような逆境をものともせず、明るく生き抜く彼女の姿にこそある。さらにチエだけではなく、街全体が人情で結びついていることも魅力となる。『がめつい奴』以来、社会のどん底といったイメージで釜ヶ崎や大阪を描いていた映画作品とは真逆の、ポジティブで温かいイメージをまとっている。
次に、『がめつい奴』と『じゃりン子チエ』に見られる連続性や、作者はるきの言葉に見られる釜ヶ崎と『じゃりン子チエ』の関連を考察したい。

テコとチエ、そして釜ヶ崎

『じゃりン子チエ』劇場版アニメでは、チエの声を中山千夏が担当した。彼女は、舞台版および映画版『がめつい奴』で、戦争孤児のテコを演じた子役出身の俳優である。はるきは舞台『がめつい奴』の中山がチエに重なると思っていたので、その配役に喜んだとインタビューで述べている。

はるき　千夏がチエ役いうのは最高やないのかな。子供ん時あの人の舞台なんか見て凄いなぁなんか思うたもんな。
――それは千夏さんがいくつの頃のものですか。
はるき　千夏と僕の歳一緒やから小学校の時やないかな。「がめつい奴」に子役で出てたの知りませんか。うまかったですよ。あれ頭にやっぱ残ってるよねぇ。そやからチエ描く時、千夏のこと思うて、なんて気は全然なかったけど、誰かがやるんやったら千夏やなぁ思うたな。（はるき 1981：107）。

インタビューを読む限り、はるきは、『じゃりン子チエ』というマンガを描く際に、『がめつい奴』や、テコ役の中山を直接イメージしたのではないようだ。それでも、チエに近い実在の人物を考えたときには中山を即座に連想していたことがわかる。

このやりとりから、はるきが、幼少期に観賞した『がめつい奴』から少なからず影響を受けていたことが明らかになった。では、『がめつい奴』と『じゃりン子チエ』の内容にはどのような共通点や差異があるのだろうか。それを検討するために、『じゃりン子チエ』の舞台設定を再確認したい。

先述したように、はるきによる設定では、舞台は架空の街、西萩とされている。しかし、はるきのインタビューを掘り下げると、ある事実が浮かび上がる。

イーデス・ハンソンとの雑誌対談で出身地を聞かれたはるきは、次のように答える。

俗にいう釜ヶ崎というとこなんです。それ、あんまり言うのンいやで言うてないんですけどね。

――ぼくは、あそこ一向に悪いと思てないけど、釜ヶ崎いうたら、あるイメージあるでしょ。それで、ただ、新世界の近所や、言うてるんです。（略）

昼間からゴロゴロ、大人がようけおるんですよ。働いてる人、少なかったんよね。ガキの野球に大人が混じったりしとったからね（笑）。中学一年の時に住吉（区）に引っ越したんですけど、その直後に西成警察のとこで事件が起こったりして、急にワッと有名になったけど、おれなんかは、あのへん、ええ思い出ばっかりあるなァ。（「ハンソン対談　じゃりン子チエの生きる街」『週刊文春』一九八一年四月三〇日号、六〇頁）

このように、対談では釜ヶ崎という地名に言及している。彼自身はその土地に愛着があるからこそ、そこを舞台としたマンガを描いたのだろう。したがって、「昼間からゴロゴロ、大人がようけおるんですよ。働いてる人、少なかったんよね」という、一般的には負のイメージにつながりかねない情景も、むしろ愛おしそうに話す。そして、そういった「昼間からゴロゴロ」していた人物こそ『じゃりン子チエ』のテツそのものである。そして、テツのような、社会からはみ出しているが周囲の人々に愛される人物が、好感を持って読者に受け入れられたのである。

また、「西成警察のとこで事件」というのは、おそらく一連の釜ヶ崎暴動を指しているのだろう。本章の最初で述べたように、釜ヶ崎暴動は、社会から不当に扱われた労働者たちの切実な叫びであった。しかし、社会の側は、その切実さを理解するよりも、「恐ろしい人たちが暴れている」といったレッテル貼りで済ませた。はるきは、多くの人が釜ヶ崎という地名に向けるネガティブなイメージも理解していたのだろう。だからこそ、マンガの舞台について尋ねられたり、自らの出身を聞かれたりした場合、積極的には釜ヶ崎と答えなかったのだと考えられる。

はるきの通天閣についての意識も確認したい。次のインタビューが参考になるだろう。

――チエの舞台は大阪ですが、画面に通天閣はあまり出てこないですね。

はるき　大体あのへんやいうだけで、そこやとは言うてへんから、だからどこでもええと思ってるんよね。通天閣なんて描いたらあんまりウソかけないようになるでしょ。（はるき 1981：105）

はるきが大阪のシンボル通天閣を描くことを意図的に避けていたのがわかる。あまりにも有名なその塔を描けば、マンガのコマにおけるあらゆる位置関係が複雑になってくるという事情もあっただろう。それに加えて、はるきはこの物語の時空間を、特定の場所にしばりつけたくなかったのではないかとも考える。『がめつい奴』から『㊙色情めす市場』までの映画は、多くの場合、釜ヶ崎という土地を社会のどん底として強く提示していた。また、釜ヶ崎周辺が舞台であることを明示するためのアイコンとして、通天閣を度々映していた。それに比較すれば、マンガ『じゃりン子チエ』における、釜ヶ崎という呼称や通天閣の存在の希薄さは、特筆に値する。

ここまでは『じゃりン子チエ』と『がめつい奴』の連続性や、釜ヶ崎という地名との関係を確認した。その上で、次は、本作がアニメ映画化された際の事情を考察したい。

変わったもの、変わらなかったもの

『じゃりン子チエ』は青年誌で連載されたマンガだった。その後、劇場版アニメという映画作品になったとき、釜ヶ崎という地名は意図して後景に追いやられ、新世界という地名が、通天閣の描写とともに積極的に前面に出されるようになったことは、加賀谷真澄がすでに指摘している。加賀谷は、「映画会社やTV局の政治的配慮」もあり、そのような描き方が生まれたと分析する（加賀谷 2008：49）。本章もその意見に賛同しつつ、論を補強したい。

参照できる資料の一つが、『じゃりン子チエ』の映画パンフレットだ。パンフレットは、映画の宣伝や紹介の一環として公式に発行されるものである。よって、その内容からは、当時の製作者やマスメディアがどのような意図で製作しようとしたのかがうかがえる。

パンフレットには、「〝じゃりン子チエ〟の背景」として、「大阪のシンボル通天閣」の写真が登場する。また、「チエの住む街　通天閣界隈ルポ」が掲載されているが、その文章に釜ヶ崎という地名は出てこない。代わりに登場するのが新世界という地名である（『じゃりン子チエ　パンフレット』一九八一年、九―一〇頁)。原作マンガには釜ヶ崎という地名は出てこず、新世界や通天閣への言及もほぼない。しかし、パンフレットにおいては明らかに新世界や通天閣という言葉が強調されている。このことからも、劇場版アニメ以降は原作とは違い、それらの土地のイメージを積極的に取り入れようとしたことがわかる。

ただし、ここで注目したいのは、ネガティブなイメージをまとった釜ヶ崎という地名が映画でも使われないからといって、原作で描かれた釜ヶ崎ならではのバイタリティや猥雑さが消去されたかというと、そうではないという点だ。むしろ、パンフレットではその側面を押し出し、単なる上品な下町映画ではないことを強調している。

例えば、「じゃりン子チエの大阪弁講座」と題した読み物では、「ドツク(動)打つ。なぐる。胴突くのなまりか。ドヤス、ドヅクとも言う。なんとなくドヅクの方が、エゲツナそうである。シバク、イテマウ、イワス等、この手の語彙は豊富」と、強烈な大阪弁をコミカルに紹介している(同上、一〇頁)。

あるいは、村上知彦による次のような寄稿文にも同様の側面が見られる。「通天閣界隈といえば、下町というのも上品すぎると思えるくらい、大阪らしいワイザツさに満ちた町だ。そこに住む人々の記憶、そこで育った体験が、はるき悦巳の性格を形作り『じゃりン子チエ』の中に反映している」(同上、一七頁)。

この文章からは、『じゃりン子チエ』は単なる温かい下町イメージだけでは済まされない、ディープな大阪の魅力を描こうとした映画なのだという意気込みが伝わる。釜ヶ崎という地名は出さなくとも、製作側も、「大阪らしいワイザツさ」を魅力として押し出していたことがうかがえる。

パンフレットの表現にはこのような特徴があったとして、実際の映画ではどのような描写が特徴的であったか。繰り返し述べているように、マンガではあえて重点を置かれていなかった通天閣が、むしろ積極的に描かれているのが大きな特徴だといえる。

それを示す場面はいくつかあるが、最もわかりやすいのは冒頭シーンだろう。テツが父親にカネをせびるという冒頭エピソードで、原作マンガでは通天閣は描かれず、家々の屋根を俯瞰で見下ろす図が描かれる。それに対して劇場版アニメでは、家々の屋根とともに、夜空にそびえる通天閣がはっきりと描かれている。マンガでは通天閣をあえて描かないようにしたというはるきの意図は、映画では大きく変更された。全国区のアニメ映画として製作する際に、通天閣というシンボルをまずは鑑賞者に提示するというスタイルに、物語の初めから移行しているのである[15]。

劇場版アニメが鑑賞者に対し、親しみやすい大阪らしさという印象を与えたもう一つの要因に、吉本芸人の声優参加が挙げられる。西川のりお（テツ）、上方よしお（ミツル）、笑福亭仁鶴（花井拳骨）、桂三枝（花井渉）、西川きよし（小鉄）、横山やすし（アントニオ・ジュニア）などなど、一九八〇年代初頭に巻き起こった「ＭＡＮＺＡＩブーム」[16]に乗って、メインキャストの多くが吉本興行所属の人気芸人によって構成された。全国で上映された劇場版『じゃりン子チエ』が、声優のキャスティングにおいても、明るく楽しい大阪イメージを広めたのは想像に難くない。吉本芸人が声優を務めていることは、「『じゃりン子チエ』映画宣伝ポスター」（図３－２）を見ても明らかなように、大々的に宣伝された。

以上のことからわかるのは、原作マンガがすでに温かい人情ものとして人気だった『じゃりン子チエ』は、劇場版アニメになると、さらにその印象を強めたということである。通天閣や新世界という、

図3-2 『じゃりン子チエ』映画宣伝ポスター（東宝）

出典：はるき（1981：48）

比較的ポジティブなイメージをまとった大阪の象徴を押し出し、声優にもお笑い芸人を起用して話題を作った。この製作意図はのちのテレビアニメでも踏襲され、『じゃりン子チエ』のイメージを決定づけたといえよう。先述のように、もとは釜ヶ崎を舞台とした作品であり、またその内容も猥雑さをむしろ魅力と捉えた作品であったものを、釜ヶ崎という呼称をさりげなく後景に押しやることで、人情の下町という表現がよりふさわしい作品に仕立てた。

『じゃりン子チエ』を「人情」や「下町」といった言葉で好意的に語るメディア言説は数多い。ここでは、いくつかの新聞記事を紹介する。例えば『朝日新聞』はマンガ連載終了時に、「約一九年にわたって大阪の下町の人情をユーモラスに描いてきた」作品だと紹介する（「じゃりン子チエちゃんお疲れ様」『朝日新聞』一九九七年八月二日夕刊一一面）。また、『読売新聞』も連載終了を惜しみ「浪速の下町で繰り広げられるドタバタ劇」「庶民の情愛やついホロリとさせるペーソス」といった言葉を使って紹介している（「［今日のノート］さいなら、チエ」『読売新聞』一九九七年八月一六日朝刊一六面）。長きにわたって人気を博した連載が終わる際、マスメディアは「下町の人情」といった形容詞を使って惜しんだのである。

本章では、『がめつい奴』から『じゃりン子チエ』までの、釜ヶ崎を舞台とした映画の系譜をたどった。『がめつい奴』は釜ヶ崎を社会のどん底として捉えつつも、人情ものの要素も内包していた。しかし、どん底イメージのほうがより強く人々に印象づけられ、釜ヶ崎および大阪に対するネガティブなイメージをもたらすことにつながった可能性を指摘した。さらに、『太陽の墓場』から『㊙色情めす市場』までの、釜ヶ崎を舞台としたいくつかの映画においても、その舞台設定は多くの場合、社会のどん底イメージの象徴として描かれ、暗いイメージを一掃するとまではいえなかったことを考察した。ところが、『じゃりン子チエ』になると、どん底イメージはほぼ消し去られ、釜ヶ崎は人情あふれる下町という温かい空気感をまとって描かれるようになった。ただし、『じゃりン子チエ』においては釜ヶ崎という呼び名がさりげなく後景に押しやられたという点も指摘した。本章で取り上げた映画は、狭義には釜ヶ崎のイメージを描いていたが、特に大阪外の人間からすれば、大阪というより広範囲のイメージとして受け取られていたと考えられる。

映画は、社会に存在するメディアのごく一部でしかなく、ましてや映画に描かれたイメージが、ある特定の土地のイメージを決定づけるとはいえない。しかし、土地がまとう印象の一つとなる可能性はあるだろう。ここで取り上げた作品群が、釜ヶ崎や大阪全体のイメージにどのような影響を与えたかを考える一助に、本章がなったなら幸いである。なお、今回取り上げた作品の他にも、釜ヶ崎イメージの形成に寄与した作品は数多くあるだろう。今後は、そういった映画にも目を配り、さらなる資料とともにより深く本章のテーマを深める必要があると考える。

注

（1）なお、一九七四年以降は大きな暴動は記録されていないが、一九九〇年、一九九二年、二〇〇八年にそれぞれ一回ずつ暴動が起きている。つまり、確かに暴動の頻度は減ったが、それは暴動を起こす必要もないほど、住民たちの不満が解消されたためではないのだ。本章を進めるに当たっては、この点を確認しておくことも重要だと考える。

（2）なお、舞台版の内容の詳細がわかる資料が管見の限り見当たらないこと、資料から推察するに舞台と映画の主軸において大きな変更点はなさそうなこと、そして、本章では映画作品の変遷を主に追うという理由から、ここに記すあらすじは映画版の『がめつい奴』をまとめたものである。

（3）「カスバ」という言葉の意味については丹羽の説明に詳しく、次のようにまとめられる。それは「ここは地の果てアルジェリア、どうせカスバの夜に咲く……」で知られるヒット曲「カスバの女」の「カスバ」であり、アルジェリアにおける都市の城砦を中心とした旧市街地のことである。「犯罪者の巣窟ともなっている半ばスラム化した住宅街であり、同時にエキゾチックな魅力を持つ」土地を指す（丹羽 1993：204）。

（4）なお、この記事において、なぜ釜ヶ崎がそこまで劣悪な環境を伴う地域となってしまったかという社会構造の問題や、労働者たちが直面している生活の困難に対しての理解は見られない。ただひたすら扇情的に、釜ヶ崎とそこに住む人々を恐ろしい異形な存在として書き立てている。

（5）筆者による書き起こし。なお、笠原（1960：108）と対照させ、齟齬があった場合には映画本編のナレーションに沿って記した。

（6）藤井康生も『がめつい奴』を論じるなかで、「『大阪のカスバ』とか『暗黒地帯』といった言葉は、今日なら問題のあるところだろう」と指摘する（藤井 2013：92）。

（7）なお、紙幅が限られているゆえ、各作品への言及は最小限にとどめている。本章に関わる点に絞って考察するため、作品そのものの詳細な分析にはなりえていないことをあらかじめ断っておく。

（8）筆者による書き起こし。なお、新藤（1960：106）と対照させ、齟齬があった場合には映画に沿って記した。

（9）筆者による書き起こし。なお、鈴木（1968：74）と対照させ、齟齬があった場合には映画に沿って記した。

（10）若山富三郎は、同時代にヒットした『緋牡丹博徒』シリーズ（東映、一九六八～七二年）という任侠映画でも、熊虎親分というコミカルな四国出身の親分を演じている。この時代の若山は、釜ヶ崎および大阪にとどまらず、漠然とした関西イメージを背負った俳優だったともいえるだろう。

（11）例えば、東映任侠映画を数多く解説する、山根（2021）でも、本作は取り上げられていない。

（12）田山力哉は本作を次のように批判している。「娯楽アクションならそれに徹底すればよい、社会的現実を描くなら本格的にやればいい、これは妙に中途ハンパでがっくりくる作品だ」（田山 1974：153）。

（13）筆者による書き起こし。なお、いど（1974：122）と対照させ、齟齬があった場合には映画に沿って記した。

（14）一九七〇年代にはマンガで地方モノが流行った。『じゃりン子チエ』もその時流に乗ったといえる。同時代の地方モノマンガとして、『じゃりン子チエ』と同じ『週刊漫画アクション』から生まれた長谷川法世『博多っ子純情』（一九七六～八三年連載）、どおくまん『嗚呼!!　花の応援団』（一九七五～七九年連載）が挙げられる。また、『ビッグコミック』（講談社）では青柳裕介『土佐の一本釣り』（一九七五～八六年連載）が見られた。
(15)『じゃりン子チエ』の原作マンガと劇場版アニメにおける通天閣の描かれ方の差異については、酒井（2018：282-288）に詳しい。
(16)「MANZAIブーム」とは、一九八〇～八二年にフジテレビ系列で放映されたバラエティ番組「THE MANZAI」から沸き起こった、漫才の流行のこと。

文献

いどあきお、一九七四、「シナリオ　㊙色情めす市場」『シナリオ』日本シナリオ作家協会、三〇（一〇）：一〇九-一二四頁。

井上理恵、二〇〇八、「連載　書き下ろし批評的エッセイ（13）菊田一夫と東宝演劇（13）――『がめつい奴』のロングラン」『テアトロ』（八〇二）：八六-九〇頁。

大谷民郎、一九七二、『ニッポン釜ヶ崎――地図にない町』番町書房。

加賀谷真澄、二〇〇八、「『じゃりン子チエ』と釜ヶ崎――地域性が織りなす物語」『文学研究論集』二六：三七-四九頁。

笠原良三、一九六〇、「シナリオ　がめつい奴」『シナリオ』一六（九）：一〇八-一四一頁。

酒井隆史、二〇一八、「『じゃりン子チエ』の心象地図――高畑勲の『ディープサウス』」『ユリイカ』七月号：二八二-二八八頁。

新藤兼人、一九六〇、「シナリオ　当りや大将」『キネマ旬報』二五二：一〇五-一二二頁。

菅井幸雄、一九六七、「東宝芸術座『がめつい奴』」『戦後演劇の形成と展望〈上巻〉』未來社、一六〇-一六二頁。

鈴木尚之、一九六八、「シナリオ　松竹作品《クールな喜劇》スクラップ集団」『シナリオ』二四（一〇）：五六-九九頁。

『太陽の墓場』シナリオ、一九六〇、松竹：一-三四頁。

田中登、一九七四、「特集　日活映画——ロマンへの疾走　「受胎告知（仮題）について想うこと」」『シナリオ』三〇（一〇）：一〇八頁。

田山力哉、一九七四、「日本映画批評　学生やくざ」『キネマ旬報』（六二八）：一五三頁。

丹羽弘一、一九九三、「釜ヶ崎——暴動の景観」釜ヶ崎資料センター編『釜ヶ崎　歴史と現在』三一書房、一九七-二一七頁。

原口剛、二〇一一、「騒乱のまち、釜ヶ崎」『釜ヶ崎のススメ』洛北出版、二三五-二五五頁。

原口剛、二〇一六、『叫びの都市——寄せ場、釜ヶ崎、流動的下層労働者』洛北出版。

はるき悦巳、一九七九-一九九七、『じゃりン子チエ』（全六七巻）双葉社。

はるき悦巳、一九八一、「はるき悦巳インタビュー　チエの住む街について」『一〇〇てんランド　バラエティブックアニメコレクション1　じゃりン子チエ In WonderLand』双葉社、一〇五-一〇七頁。

藤井康生、二〇一三、「映像の中の芸能（42）『がめつい奴』」『上方芸能』（一八七）：九一-九六頁。

牧村史陽編、一九八四、『大阪ことば事典』講談社。

松本功、一九六九、「飛びだした若山のバイタリティ　『極道』シリーズの作者の心は……」『映画芸術』一七（一〇）：六五-六六頁。

水内俊雄、二〇〇一、「地図・メディアに描かれた釜ヶ崎——大阪市西成区釜ヶ崎の批判的歴史地誌」『人文研究』五三（三）：一五一-一八六頁。

山根貞男、二〇二一、『東映任侠映画１２０本斬り』筑摩書房。

第Ⅱ部　がめつい大阪――〈船場〉の変容

第4章　文学・映画に描かれた船場
——谷崎潤一郎『細雪』と山崎豊子『ぼんち』を中心に

開　信介

1　「船場」？

「船場」と聞いて、いまどれほどの人が或るイメージを持つだろうか。大阪市中央区、北は土佐堀川、東は東横堀川、南は長堀川（昭和三九年に埋め立てられ、現在は長堀通）、西は西横堀川（昭和三九年から四六年に埋め立てられ、現在は大阪市立西横堀駐車場）に囲まれた地域である。三井住友銀行大阪本店、大阪取引所（旧大阪証券取引所）、武田薬品工業大阪本社、塩野義製薬本社といった大企業をはじめ、新旧のビルディングが立ち並ぶオフィス街だ。

かつて船場は伝統的大阪文化を担う地域であった。大阪研究で知られる経済史学者宮本又次によれば、「本当の大阪弁は船場言葉」であり、それを代表するのは「『申しやす』とか、『ございます』とか『ごわす』とか、『ごわへん』とか、いう感じの言葉が大きな特色」をなす「中船場の船場言葉」

（宮本 1960：446）であったという。そして宮本は次のように続けている。

しかし、いまはそんな船場言葉を使う人達はもう船場には住んでいない。船場言葉はもう船場では使われていないのだ。（略）京都の公家言葉から脈をひいているとさえいわれる上品な船場言葉はもう過去のものになり、いまもなおそれを使っている人があったにしても、それはほとんどみな老人ばかりで、しかも、そんな老人は探してもなかなかに見つからないのである。（略）言葉も住宅もみんな変貌してしまったのが今日の船場である。（宮本 1960：446-447）

宮本が右のように書き記したのは昭和三五年（一九六〇）、池田勇人内閣が所得倍増計画を唱えた年である。船場文化の崩壊はまさに戦後日本が急速に経済発展を遂げてゆくこの時期に顕著になったとみてよいだろう。

大阪文化の三類型

なぜ高度経済成長期に船場文化の決定的な崩壊が生じたのか。大阪文化の三類型として、①宝塚文化（都市的華麗）・②河内型文化（土着的庶民性）・③船場型文化（伝統的大阪らしさ）を挙げた木津川計は、③が衰弱した理由として、高度経済成長期とりわけ昭和四五年（一九七〇）の大阪万博をメルクマールとする職住分離の徹底を指摘している。木津川の見立てによれば、文化の担い手である職住一致の「全日制市民」（木津川 1986：53）の不在が船場型文化を衰弱させ、その空隙を埋めるように河内型文化が大阪を代表するものとして全面化してゆく。

ただし、船場の職住分離自体は、大正末年頃、第一次世界大戦による好景気を受け、大阪が「東洋のマンチェスター」「煙の都」と呼ばれるほどの一大工業都市となった時期に始まっている。発展の負の側面として船場の生活環境が悪化し、また交通網整備のための軒切り（道路拡幅工事）により「職住同居の店＝家」（三島 2003：153）が縮小され、人々は次第に職場と住まいを分け始める。それに拍車をかけたのが阪神間の国鉄／私鉄による鉄道網整備とそれに伴う沿線開発であり（鈴木 2012）、芦屋や夙川、仁川などに居宅を構え、職場である船場へは電車通勤するという生活スタイルが広まってゆく（三島 2003）。つまり、職住分離による船場の崩壊は大阪万博以前からの長期にわたって続いていたのであり、高度経済成長期はその過程の加速化と完遂に与ったと考えられる。そして、残されたのは現在われわれが目にするところのオフィス街だ。

戦後の船場表象

しかし、本章で焦点をあてたいのは、生活空間としての船場の崩壊から船場文化の崩壊をただちに演繹するような議論とは、また異なった観点である。冒頭で述べたように、「船場」という言葉から、もはや或るイメージが立ちあがり難くなっていることを問題にしてみたい。なぜ船場型文化は河内型文化にとって代わられたのか。そこには実態としての船場の崩壊、そして河内型文化の伝播力の強さとあいまって、船場自体が戦後いかに表象されてきたかという問題がかかわっていよう。以下、本章では戦後から高度経済成長期にかけ文学・映画において船場がいかに表象されてきたのか、その素描を試みる。

2　谷崎潤一郎『細雪』

『細雪』の〈船場〉

戦後の船場表象（以下〈船場〉と表記）に深くかかわる文学作品として、まず指を屈するべきは谷崎潤一郎『細雪』だろう。昭和一八年（一九四三）に『中央公論』で連載が開始された同作は、陸軍報道部の干渉による連載中止を経て、掲載誌を変え昭和二三年（一九四八）の『婦人公論』連載をもって完結。ベストセラーランキングにおいて、昭和二四年に第四位、翌二五年に第一位となっていることからも、きわめて広範な読者を得たことがわかる（澤村 2019）。

『細雪』は船場の没落した旧家である蒔岡家、その四姉妹（鶴子・幸子・雪子・妙子）の生活を、主として「阪急蘆屋川」に「分家」を構える次女幸子とその夫貞之助の視点から描いたものである（谷崎 2015a：20）。内気ではあるが気位の高い三女雪子のまとまらない縁談と奔放な四女妙子の恋愛模様が対照的に語られていく物語には、昭和一一年（一九三六）から昭和一六年（一九四一）にかけての阪神間ブルジョア風俗が鮮やかに織り込まれている。

『細雪』は船場という土地そのものを正面から描いてはいない。船場の豪商であった蒔岡家は四姉妹の父親の代には傾きかけ、父親の死後、「旧幕時代からの由緒を誇る船場の店舗」は人手にわたった（谷崎 2015a：16）。「本家」である長女鶴子とその夫辰雄の一家が住まっているのは「上本町九丁目」（谷崎 2015a：20）であり、やがて銀行員である辰雄の栄転に伴い一家は東京へと移住する。ましてや主たる舞台となるのは幸子らの住まう芦屋周辺である。にもかかわらず、本作が戦後の船場表象にとって重要であるのは、「船場の人間の特権意識」（川本 2020：29）が姉妹たちを支配し、その運命をも左右しているさまが活写されている点にある。

幸子の直ぐ下の妹の雪子が、いつの間にか婚期を逸してもう卅歳にもなつてゐることについては、深い訳がありさうに疑ふ人もあるのだけれども、実際は此れと云ふほどの理由はない。たゞ一番大きな原因を云へば、本家の姉の鶴子にしても、幸子にしても、又本人の雪子にしても、晩年の父の豪奢な生活、蒔岡と云ふ旧い家名、――要するに御大家であつた昔の格式に囚はれてゐて、その家名にふさはしい婚家先を望む結果、初めのうちは降る程あつた縁談を、どれも物足りないやうな気がして断り〳〵したものだから、次第に世間が愛憎をつかして話を持つて行く者もなくなり、その間に家運が一層衰へて行くと云ふ状態になつた。（谷崎 2015a：15-16）

異端者・妙子

唯一、末娘（船場言葉では「こいさん」という）である妙子は「亡き父親の全盛時代の恩恵を、十分には受けてゐない」（谷崎 2015a：398）こともあり、船場の旧家意識に甘んじてはいない。妙子はまず人形制作を、次には洋裁を習い始め、自活の道を探る。と同時に、かつて駈け落ちして新聞沙汰にもなった「船場の坊々（ぼんぼん）」（谷崎 2015a：236）奥畑啓三郎と、「奥畑商店の丁稚上り」（谷崎 2015a：353）の写真師板倉との間で揺れ動く。このような妙子は本家から「一門の異端者視」（谷崎 2015a：399）され、同じく未婚で本家の庇護のもとにある姉雪子と比べ、冷遇されている。本家よりは同情的であるものの、幸子と雪子も妙子の行状を快くは思っていない。

妙子と三人の姉たちの分断は「船場の人間の特権意識」を分水嶺としている。それを最も浮き彫りにしているのは、妙子が板倉を結婚相手に見定めた際の幸子たちの反応だろう。

幸子が奥畑を嫌ひ出したのは、貞之助の意見に影響されたのが始まりで、今では確かに好感を持つてゐないのだけれども、しかし板倉と比較しては、いくら何でも奥畑が可哀さうだと云ふ頭なのであつた。それは坊々育ちの極道者かも知れないし、甲斐性なしであることも事実であらうし、見るから軽薄な、感じの悪い青年であることは分つてゐるけれども、もと〳〵彼女とは幼な馴染の、船場の旧家の生れであり、同じ人種のやうなものであつて見れば、好きも嫌ひもその範囲内でのことである。（谷崎　2015a：414-415）

「あたしかて、板倉みたいなもん弟に持つのんは叶はんわ」
幸子は雪子が、必ず自分と同意見であらうことを予想してゐたのであつたが、控へ目な人がこれだけはつきり云ふからには、彼女の方が自分よりも反対の度が強いのだなと感じた。板倉に比べれば寧ろ喜んで奥畑を取ると云ふ考に於いても、彼女は幸子と一致してゐて、此の上は何としてゞも啓坊と結婚するやうに、私からも精々説いて見ようと云ふのであつた。（谷崎　2015a：429-430）

「封建的なもの」

以上に確認したような『細雪』が表象する「船場の人間の特権意識」は、いかにも時代錯誤と感じられるだろう。ましてや『細雪』の単行本が発刊された当時の戦後民主化の時期においては次のように難じられることとなる。

が、そこに描かれた日本的市民生活なるものは（略）きわめて近代的なひろがりを持つものであるにもかかわらず、他の一方では家柄にこだわるとか婿が家つきの娘たちに圧迫されるとかいう、きわめて古めかしく封建的なものの残りかすの多いものになっているのである。（略）ただそういう世界をそういう世界なりに美しく味わい深いものと肯定して、そこに安住しようとする作者の態度なのである。（片岡 1956：218）

彼女〔幸子〕の思念の中には、家の格式と個人の幸福以外の問題が現れることはない。この封建的なものとブゥルジョア的なものとの混淆したエゴイズムを、作者自身認容し、その限界の逸脱をボン・グウに反くものとして、むしろ忌避しているのであろう。そしてそのような限界の中にこそ、上方的文化感覚の渾然たる開花を認めているのだろう。その限りに於て、それは美しいが、時代の良識からは遠い。（山本 1953：137）

『細雪』が「封建的なもの」への批評性に欠けた美の世界に安住していることを批判するこれらの評語は、それを直ちに作者の態度と結びつけている点で、いささか近視眼的に過ぎよう。しかし『細雪』における船場表象が戦後民主化の流れの中で、当初、明確に否定的なものとして受容されたことの証左ではある。このような評語が影響力を持ったことは、昭和三一年（一九五六）に『細雪』が

『現代日本文学全集』（筑摩書房）に収められる際の解説で伊藤整が次のような擁護を展開していることからもうかがえる。

家族制度が古くても、それの中に人が生きて居り、それが描かれる時、そこに心理的な人間関係が描かれる。（略）しかし、日本的な女性美は、このやうな家族制度があつてはじめて保存されてゐる。そこに「細雪」の美が確保されてゐる。その美しさと古い約束とは、妙子といふ少しばかり新らしい少女をも封殺するやうな非時代性を帯びてゐる。その家族制を拒否すれば、美は存在し得ないのである。「細雪」が写実的な家族心理小説としては、近代日本でほとんど類を絶した作品であり、史料としてすら重視されるものであるが、それがこの作者の批評精神の働きの場でなく、探求し、温存し、陶酔して描く場となつてゐることから、時代への批評は自ら封ぜられてゐるのである。（伊藤 1956：419-420）

日本的伝統美としての〈船場〉

伊藤は『細雪』が傑作である最たる所以を日本社会における人間関係の力学の描出に求めている。一方で先にみたような「封建的なもの」への批評性の欠如という批判に対しては、批評性を欠いているからこそ『細雪』の美（それは端的には「雪子に象徴される純日本的な女性美」（伊藤 1956：420）と指摘される）が成立すると応じることで、批評の力点を置き換える。すなわち〈「封建的なもの」であるにもかかわらず「美」〉という命題を〈「封建的なもの」であるがゆえに「美」〉へと読み替えるのである。ここにおいて『細雪』は封建的家制度を背景にしなければ成立しえない日本的美の挽歌とされ、妙子はその供物として位置づけられることになるだろう。

『細雪』の船場表象については早くから、「東京人的趣味や感情がかなり潜入し移入されてゐる」（生島 1950：185）、「根柢になつてゐるのは、徹頭徹尾一応洗練された東京人の趣味」（浅見 1949：73）などの指摘がある。近年では、船場出身の国文学者三島佑一が、「谷崎は船場の番頭や手代や丁稚などを家来筋という把握をし」（三島 2003：161）、「ことさら船場におけるこの身分階級意識を強調することによって、作品の骨格を組み立てようとしている。正確な船場の風習を伝えているとはいえない」（三島 2003：162）と評している。つまり、ここまで検討してきたような『細雪』における「封建的なもの」は、必ずしも船場の実態を正確に反映してはいないとも考えられる。しかしながらその船場表象は、伊藤的な〈「封建的なもの」であるがゆえに「美」〉という把握において、人口に膾炙するものとなる。それは次のような一般読者向けの『細雪』解説からも明らかだろう。

> 大阪の船場という特殊な商人社会のなかでも上流家庭の蒔岡家。そこに育った四人の姉妹がいかに生きてきたか……を（ママ）芦屋という上層階級の地に〝住まい〟の主要舞台を置いて、絵物語のように叙述形式で美しく描かれてゆく。（略）妙子をめぐるいくつかの不幸な事件も、主人公である雪子という〝日本女性〟の美しさに昇華されて、作品にはいささかのかげりも見られない。(1)

『細雪』の船場表象は、まず戦後民主化の時代において「封建的なもの」として批判的なまなざしに曝されたものの、やがてその封建性は「日本的な女性美」の成立要件へと読み替えられた。『細雪』における〈船場〉は総じて日本の伝統美的なものとして定位され、また受容されたといってよい。

3　新東宝版『細雪』

ヒロイン・妙子

『細雪』は三度映画化されている。一度目は昭和二五年（一九五〇）（新東宝、監督阿部豊）、二度目は昭和三四年（一九五九）（大映、監督島耕二）、三度目は昭和五八年（一九八三）（東宝、監督市川崑）。戦後の船場表象にかかわるものとして、ここでは初の映像化作品である新東宝版を取り上げてみたい[2]。

新東宝版『細雪』は監督阿部豊、制作竹井諒・阿部豊、脚本八住利雄、四姉妹の配役は鶴子が花井蘭子、幸子が轟夕起子、雪子が山根寿子、妙子が高峰秀子。興行成績は非常によく、「普及版[3]は十七万部に達したときく。ところが映画「細雪」は、東京のわずか四つの劇場で十日間に同数の十七万にのぼる観客を動員し得たという」（登川 1950：38）とされ、昭和二五年の配収記録第三位となっている[4]。おそらく原作以上に戦後の船場表象の構築に深くかかわったと推察される。

プロデューサーの竹井諒は、映画化に際し「脚本家や、監督とも打ち合わせ」をして、「封建的な匂いのつよい旧家に生れた四人の娘が、そのときどきの時代の変遷につれて、それぞれの道を歩く、その運命というようなもの」、「本家というものが没落して行く、つまりは滅びる詩を描こうと企図した」（福田・竹井 1950：41）と述べている。また竹井は、谷崎に向かって「先生の文学の匂いとかテーマは、はずしませんからということを私は申し上げた」（福田・竹井 1950：41）とも述べている。事実、新東宝版『細雪』はこれ以降の二作に比して原作に忠実であり、さながら原作の「ダイジェスト」（登川 1950：38）の趣を呈している。しかし、映画化の話を持ち込まれた際に谷崎が危惧したように

（福田・竹井 1950）、原作の主人公である雪子にまつわる挿話（主として繰り返される縁談）は「事件的な起伏」に乏しく、映画では自ずと、動きのある「妙子を誇張して、落ちてゆくという状態を見せる」（福田・竹井 1950：43）ことに力点が置かれた。

戦後の船場表象を考えるうえで重要なのは、この妙子の中心化によってもたらされた効果である。前出の伊藤整は『細雪』について、「この小説は、雪子を主とせず、妙子を主として書くことも出来たであらう。さうすれば、あたり前の所謂批評性を帯びた近代小説になつたらう」（伊藤 1956：420）と述べていた。新東宝版『細雪』は、原作の筋をほぼ忠実になぞってはいるものの、妙子を中心とすることによって船場の旧家蒔岡家が象徴する「封建的なもの」と近代女性である妙子の相克が前景化され、まさしく「所謂批評性」への傾きをみせることになる。

「本家」との対峙

具体的にみてみよう。例えば、原作で妙子は「一人前の洋裁師になるために仏蘭西へ修行に行きたい」と望み、その費用として自分の結婚資金を使いたいと、貞之助を介して東京に越した「本家」に申し込む。しかし、「本家」は妙子が「職業婦人めいて来ることには絶対に不賛成で、将来良縁を求めて正式に結婚し、良妻賢母となることを何処迄も理想としてほしい」と芦屋へ手紙で返信し、にべもなく妙子の希望を拒絶する。手紙を幸子からみせられた妙子は「未だに家柄とか格式とかに関（かかずら）は」う「本家」に憤激し、東京へ直談判しに行くといきまくものの、幸子になだめられて思いとどまる（谷崎 2015a：385–392）。この挿話は新東宝版『細雪』でも取り入れられているが、原作と異なり妙子は実際に東京の「本家」へ乗り込んで義兄たちと対峙する（図4-1）。

図4-1　映画『細雪』（新東宝，1950年）

左から，妙子（高峰秀子），幸子（轟夕起子），辰雄（伊志井寛），鶴子（花井蘭子）。

出典：DVD『細雪』（紀伊國屋書店，2007年）

この改変によって「本家」と妙子（高峰秀子）の対立は視覚化され、鮮やかに印象付けられる。しかもこの場面において、辰雄（伊志井寛）・鶴子（花井蘭子）・幸子（轟夕起子）が和装であるのに対し、妙子のみが洋装である。妙子が洋装を好むことは原作通りであるものの、両者の対立が前近代的・「封建的なもの」と近代的・民主的なものの対立であることを、和装と洋装の対照は視覚化してしまう。

「家」からの追放と自立

さらにラストシーンでも原作との重要な相違がみられる。原作では、板倉の病死後、自暴自棄になった妙子は奥畑とよりを戻して金づるにしながらも、「バアテンダア」の三好の子を妊娠する（谷崎 2015b：263）。この妊娠は死産に終わるが、妙子は三好と「夫婦暮しを始め」ることになり、「手廻りの物を運ぶために忍んで蘆屋へ訪ねて来」る。一方、雪子はついに縁談がまとまり、芦屋では嫁入り支度が整えられている。妙子が「以前彼女の部屋であつた二階の六畳に上つて見ると、そこには雪子の嫁入道具万端がきらびやかに飾られて」おり、妙子は「此の家に預けて置いた荷物の中から、当座の物をひとりでこそ〳〵と取り纏め、唐草の風呂敷包に括つて、三十分ばかり皆と話してから兵庫の家へ帰つて行つた」（谷崎 2015b：307-309）。このような原作の妙子の様子はどこか卑屈さを感じさせ、会話の内容も明かされることはない。一方、新東宝版『細雪』では、嫁入り道具の置かれた部屋で、妙子は雪子に涙ながらに語りかける。

「うちな……うちな、板倉に会うてから、何の背景もない自分の力で叩き上げる強い人ばっかりに気い惹かれるようになつてん」。「うちは、家柄や門地ばつかり大事にする本家を嗤うてるつもりやつてん、うちはうちで一生懸命に生きているつもりやつてん（略）でもやつぱり贅沢ちうものが忘れられへんねん（略）あゝうち啓坊にあやまりたいわ」。さらに妙子は雪子から「三好いう人は、ほんまにこいさんのことを思うてくれてはるのん」と尋ねられ、「そんなこと解れへん、蒔岡家のこいさんにほんまの男の心は解れへん」と捨て鉢に呟く[5]。妙子は幸子と雪子に見送られて芦屋の家を去っていくが、本家の鶴子から亡母の形見であるダイヤの指輪を送られたことを別れ際に明かし「高く売れそうやわ」と姉たちに向って言い放つ（八住 1950：53-54）。そしてカメラは、あともふりかえらずに風呂敷一つを抱えて歩き続ける妙子の後姿が遠ざかり、小さくなっていく様子を映し続け、幕となる（図4－2）。

図4－2　映画『細雪』（新東宝，1950年）

出典：DVD『細雪』（紀伊國屋書店，2007年）

このような改変によって提示されるのは、自らに骨絡みとなった船場の旧家意識に葛藤し苦悩する妙子の姿である。ふりかえることなく遠ざかっていくその後姿は、封建的な「家」からの追放を象徴するとともに、そのような「家」と一切の縁を切り、自立して生きて行こうとする女性の決意をも暗示することになるだろう。原作のような卑屈な印象はなく、わびしげではあれ一抹の誇りが感じられるラストシーンとなっている。

新東宝版『細雪』の批評性

ここまで検討してきたように、新東宝版『細雪』は妙子を主人公とすることにより、原作においてはその欠如を難じられていた「封建的なもの」への批評性を帯びることになった。北村匡平は、新東宝版『細雪』のほぼ三ヶ月後に公開された小津安二郎監督『宗方姉妹』（新東宝、一九五〇年）を例に挙げながら、「高峰秀子は占領期の現代劇のなかで『新しい女性』に類型化され、封建制／戦後民主主義が図式的に語られる物語では、後者のキャラクターに分類された」（北村 2021：46）と論じている。この指摘を踏まえれば、当時の高峰秀子がまとっていた「新しい女性」のイメージは、新東宝版『細雪』における妙子像の受容にも影響を及ぼしたと考えられる。それはいうまでもなく「封建的なもの」の桎梏に苦しむ「新しい女性」としての妙子であり、ここにおいて船場は再び「封建的なもの」として表象されるに至るのである。

4　織田作之助『女の橋』『船場の娘』『大阪の女』

オダサクの〈船場〉

周知のように谷崎は東京日本橋の出身であり、そのことが『細雪』評価にも一定の影響を及ぼしていることはすでにみた通りである。では大阪出身で大阪を描いた作家となると、まず名前が挙がるのは織田作之助だろう。オダサクの愛称で知られる織田作之助は、大阪市南区生玉前（現・天王寺区生玉前）に生まれ、昭和二二年（一九四七）に三三歳で没するその短い生涯において、大阪を舞台とする作品を多く残した。ただ作之助が描くのは主として大阪に生きる庶民の姿であり、船場が取り上げられることはほとんどない。あるいは代表作『夫婦善哉』（『海風』一九四〇年）を思い浮かべるむきがあるかもしれない。しかし、それはおそらく豊田四郎監督『夫婦善哉』（東宝、一九五五年）[6]の影響であろう。北新地の芸者蝶子と駆け落ちする主人公柳吉は、原作では「梅田新道」の「安化粧品問屋の息子」（織田［1976］1995a：73）であるが、映画では「西横堀」に沿った「化粧品の卸問屋」の「若旦さん」（八住 1992：143）に変更されているからである。ちなみに脚本は新東宝版ならびに大映版『細雪』と同じく八住利雄。後年、八住の息子で同じく脚本家であった白坂依志夫は映画『夫婦善哉』の脚本について「あれは私小説的なところがあった」（白坂・鈴木・藤井・桂 1992：322）と語っている。

作之助に話を戻す。ほとんど船場を描かなかった作之助であるが、敗戦直後に発表した連作『女の橋』（『漫画日本』一九四六年）、『船場の娘』（『新生活』一九四六年）、『大阪の女』（初出誌不詳）は例外的に船場を舞台としている。これらは作者没後まもなく刊行された単行本『船場の娘』（コバルト社、一九四七年）に収録され、映画『夫婦善哉』と同年の昭和三〇年（一九五五）には杉江敏男監督『忘れじの人』（東宝）として、ほぼ原作通りに映画化もされた（若尾 1955）。この三編（以下《船場の娘》と表記）は船場の因習に翻弄される母娘三代の運命を描いた物語であり、そこでは「封建的なもの」としての〈船場〉が図式的なまでに誇張されている。おそらく今日では手に取られることの少ない作品であり、やや煩瑣にわたるが、以下あらすじをみてみよう。

《船場の娘》

芸者小鈴は、船場の瀬戸物問屋である伊吹屋の若旦那恭介の子を身ごもる。しかし暖簾大事の番頭藤吉に縁を切らされ、子は伊吹屋に引き取られる。二〇年近い歳月が流れた大正一一年（一九二二）

の夏、美しく成長した小鈴の娘雪子は踊の名取りの披露を催す。雪子を産んでから大阪を離れていたが、落ちぶれて大阪に戻った小鈴は、そうとは知らせず娘の踊の三味線をつとめるも、幕切れ間近に倒れてそのまま絶命する。雪子は一切を知り、自分はもう船場とは何の縁もない人間だと思う（『女の橋』）。

雪子は伊吹屋の丁稚秀吉と恋仲となる。しかし雪子に縁談が持ち上がり、秀吉は雪子を忘れようと弁護士になるため上京する。雪子は追いすがるも藤吉に船場へ連れ戻される。ところが一ヶ月後、雪子のもとに秀吉から電話があり、二人で暮らしたいと告げられる。喜ぶ雪子だが、そのとき関東大震災が起き、音信が途切れてしまう。五年がたち道頓堀で雪子と秀吉は偶然にも再会する。雪子は離縁ののち芸者となっており、秀吉は妻帯の「ルンペン」（織田［1976］1995b：221）となっていた（『船場の娘』）。

敗戦後、復員した島村という男が、焼け跡から再建したばかりの、雪子が商う喫茶店「千草」を訪れる。船場の薬屋の息子である島村は、雪子の娘葉子とひかれあっている。雪子が葉子を問い詰めると、葉子は島村に結婚を申しこまれたこと、その際、母雪子はかつて芸者であり、自分は妾の子であると告げたこと、それに対し島村は一切構わないと答えたことを告白する。雪子は島村の父の反対を見越して、葉子には島村を諦めるように諭し、島村には父親の許諾が得られれば結婚を認めると告げる。雪子の懸念通り、島村の父の反対にあった二人は東京への駆け落ちを決意する。二人が大阪を離れる前、雪子は葉子に自らの半生を物語る（『大阪の女』）。

「船場の因習」

青山光二は《船場の娘》について「読物ふうの作品」（青山［1976］1995：377）、「通俗小説的な筋立てに純文学の肉をつけるというのが、こういう種類の作品を書く場合の著者の割切った態度だった」（青山［1976］1995：378）と評している。確かに、あらすじをたどるだけでも《船場の娘》が船場を舞台とした通俗小説（メロドラマ）であるのは明らかであり、「純文学の肉」とは〈船場〉＝「封建的なもの」への批判的まなざしを指すだろう。この主題は連作の掉尾を飾る『大阪の女』末尾でこのうえなく明瞭に語られる。母が語る半生の物語に耳を傾けながら、葉子は次のように思いを馳せる。

> 黙って母の話を聴いていた葉子は、母にそんな青春があったのかと驚く前に、「世間」というものに驚いていた。「世間」――船場の古い因習といってもいいかも知れない。／母の青春を踏みにじったのは船場だ。そして、母を芸者にしたのも船場だ。しかも、今自分はそんな母の子と生れて、船場の息子と一しょに駈落ちしようとする。／葉子は母娘二代に亙って押し掛っている「船場」の重さを、背中に感じながら、母の言葉を聴いていた。（織田［1976］1995b：235）

そして母娘三代の物語は次のように結ばれる。

> 葉子はポロポロと涙を落して、／「――うちお母ちゃんみたいに、船場の因習の犠牲になるのんいややや。うち一所懸命やるさかい、行かせて！島村はんと一しょに行かせて！」（略）「行き！行き！お母ちゃん、もう停めへん。お母ちゃんみたいに成らんと、倖せに暮して……」（略）随分

> 世の中も変った。／そう思った咄嗟に、雪子はふと葉子の覚悟や島村の理想がたとえ夢であるにしても、今はこの夢のほかに何を信じていいのだろうか、そうだ、自分はこの夢を信じようと、呟いた。／リュックサックを背負った葉子の顔は、夜通し眠れなかったとは思えぬくらい、生き生きと明るかった。その顔を見ているうちにいつか雪子の顔も晴れ晴れとして来た。（織田［1976］1995b：235-236）

《船場の娘》が敗戦間もなくに発表されたことを再度確認するならば、雪子が「信じよう」と「呟く「夢」とは、まさしく戦後民主化への希望を意味するだろう。《船場の娘》では、船場からの逃亡／解放の物語が、敗戦間もなくに芽生えた戦後民主主義という希望と重ねられている。この構図において揺るがないのは船場をあくまで「封建的なもの」として表象するまなざしであり、このまなざしはすでに検討した『細雪』の同時代評ならびにその映画化においても確認されたものであった。《船場の娘》は戦後の船場表象の一典型を方向づけた作品として位置づけうるのである。

5　山崎豊子『ぼんち』――小説と映画

『暖簾』の「ど根性」

織田作之助が庶民の大阪を描いたとすれば、対照的に船場を描くことから出発し、やがて国民的作家となったのが山崎豊子である。大正一三年（一九二四）に船場の老舗昆布屋「小倉屋山本」の長女としてうまれた山崎は文字通り船場の「嬢（いと）はん」（新潮文庫編集部編 2018：23）であった。

『白い巨塔』（『サンデー毎日』一九六三～六五年連載）や『華麗なる一族』（『週刊新潮』一九七〇～七二年連載）、『不毛地帯』（『サンデー毎日』一九七三～七八年連載）、『大地の子』（『文藝春秋』一九八七～九一年連載）といったテレビドラマ化・映画化もされたベストセラー小説の印象が強いが、初期の山崎は自身の出身である船場を舞台にした作品を多く残している。デヴュー作自体が自身の実家を思わせる船場の昆布屋を舞台とした『暖簾』（東京創元社、一九五七年）であり、同作は同年のベストセラーランキング第一〇位（澤村 2019）、翌三三年には映画化もされている（東宝、監督川島雄三）。

『暖簾』は明治から昭和にかけての父子二代にわたる船場商人の物語である。老舗昆布屋の丁稚だった吾平は刻苦精励して暖簾分けを許され、自分の店を構えるまでになるが、戦争で長男と店を失う。復員した次男孝平が店を再興し、時代の変化に対応しながら暖簾を守り続けていく。船場商人にとっての「暖簾」の価値、すなわち「工場で加工する方がずっとボロかったが、船場の老舗を捨てて、儲けにだけつくことは出来なかった」（山崎 2003：71）と語られるような、拝金主義に歯止めをかける伝統＝「暖簾」のありかたも描かれているものの、主題となっているのは、「逆境に立ったとき卑屈にならないで、そのときこそ自分自身を十分に発揮する」（山崎 2009：90）大阪商人の「ど根性」である。

木津川計は、「山崎豊子によって広げられた大阪商人の『ど根性』は、しかし商人像だけにとどまらず、大阪の地に在る人間すべてのイメージとして拡大され、解釈された」（木津川 1986：85）とし、また他方でそれは、戦時下の「滅私奉公」にかわる高度経済成長期日本の「時代精神の用語化」（木津川 1986：86）でもあったと述べている。ここまでみてきたように、戦後において船場は日本の伝統美的なもの、もしくは「封建的なもの」として表象されてきた。そこに山崎は「ど根性」という新たな類型をもたらしたのである。山崎が『暖簾』で描いたのは、『細雪』や《船場の娘》では詳細に描かれることのなかった船場商人の生態であり、『細雪』や《船場の娘》が結婚や恋愛といった船場の私的領域を描いたとすれば、『暖簾』は商売という船場の公的領域をはじめて正面から描いたといってよいだろう。そして、この船場の公的領域は「ど根性」という時代に掉さすフレーズによって、〈船場〉に新たに肯定的なイメージを付加することにもなった。

しかしながら、『細雪』に浴びせられたような船場における「封建的なもの」への批評性の欠如という批判が、『暖簾』にも浴びせられることになる。例えば平野謙は、否定的に山崎豊子の名を挙げながら、「『暖簾』における山崎豊子の封建性礼賛がはなはだ自然発生的」（平野 1957）であると述べている。船場出身であることに「優越感」（山崎 2009：115）を持っていると率直に語り、「この大阪の街の中核をなすのは、古い暖簾をもつ船場の商人たちです」（山崎 2003：174）と言い切る山崎にとって、このような批判が得心いかなかっただろうことは想像に難くない。そして、おそらくこのような文脈を踏まえつつ執筆されたのが『ぼんち』（『週刊新潮』一九五九年連載）なのである。

「ぼんち」と「ぼんぼん」

『ぼんち』は、船場の足袋問屋河内屋の一人息子喜久治の半生を描き、「週刊誌で異常に愛読された」（川端 2004：533）とされる作品である。この作品は次のように喜久治と祖母きの・母勢以の対立を物語の軸としている。

暖簾と財力が、一切を支配する船場のことであるから、家附き娘の権力が、養子旦那を凌ぐ場合は他家にもある。しかし、三代も母系を重ねた河内屋の場合は、何か異様な気配に包まれているようだった。喜久治は、父の喜兵衛を腑甲斐なく思うとともに、この船場の母系家族を代表するような二人の女に、燃え殻のような煙臭い反感と警戒心を持った。（山崎 2004a：18）

代々婿養子をとる河内屋は「お家はん」きのと「御寮人はん」勢以が統べる女系支配の世界であり（山崎 2004a：10）、そこでは『細雪』的な船場の私的領域は、因習に満ちた陰湿な世界としてグロテスクなまでに誇張されて描かれる。たとえば、喜久治はきのらに言われるまま「成上がりの船場商人」（山崎 2004a：20）の娘弘子と結婚するが、弘子はきのと勢以に苛め抜かれ、ついには「船場のしきたりができきん」（山崎 2004a：35）ことを理由に離縁させられてしまう。そのしきたりの内実とは次のようなものである。

「それがな、気ィきかんとか、性分がどないやいうのやおまへん、一昨日の節季に、掛取りに行かした丁稚のお為着が間違うてたんや、同じ丁稚でも、前丁稚は木綿縞やけど、十六歳以上の元服済みの丁稚だけが、糸入縞貫の着物を着てええことになってるやろ、それを前丁稚に糸入縞貫を着せて使いに出してしもうたんだす、お顧客先でえらいもの笑いや、お為着の作法を間違うたら、店の信用にまでかかわるやおまへんか」（山崎 2004a：35-36）

やがて喜久治の父四代目河内屋喜兵衛が死去し、喜久治は五代目河内屋喜兵衛となるが、喜兵衛はいまわの際に次のような言葉を喜久治に残す。

「喜久ぼん、気根性のあるぼんちになってや、ぼんぼんはあかん……男に騙されても、女に騙されたらあかんでぇ……」（山崎 2004a：93）

山崎は、「大阪では、良家の坊ちゃんのことを、ぼんぼんと言いますが、根性がすわり、地に足がついたスケールの大きなぼんぼん、たとえ放蕩を重ねても、ぴしりと帳尻の合った遊び方をする奴には、〝ぼんち〟という敬愛を籠めた呼び方をします」（山崎 2004a：506）と解説し、「ぼんぼん」と「ぼんち」を差異化している。実際のところとしては、「ボンチ・ボンチはあきまへんねん。（笑）道修町はボンチはアカン。若旦那ちゅうのんは、みんなアカンようになりますねん」（宮本・前田・山本・北浦・南野・藪内 1982：18）という用法がみられ、また山崎自身「ぼんぼんと、ぼんちは、良家の坊ちゃんという同意語」（山崎 2004b：641）とも述べてもいることから、「ぼんぼん」と「ぼんち」が実態として判然と区別されている／いたかは疑問である。ただ、ここで重要なことは『ぼんち』において、まさしくタイトルともなっているように、「ぼんち」が「ぼんぼん」と差異化され、「ぼんち」とは「気根性のある」、「女に騙されたらあかん」存在として定義されていることである。

相克する二つの〈船場〉

すでにみたように『ぼんち』における「女」がきのらによって象徴される船場の私的領域＝因習の世界を意味していることは明らかであるから、この「ぼんち」と「ぼんぼん」の相違は、『暖簾』的なもの（船場の公的領域＝「ど根性」）と新東宝版『細雪』や《船場の娘》的なもの（船場の私的領域＝「封建的なもの」）との相違に対応することになるだろう。したがって喜久治が「ぼんち」となるか、それとも「ぼんぼん」で終わるかという物語的興味には、同時に、戦後の船場表象をめぐって「ど根性」と「封建的なもの」のいずれが主導権を握るのか、という問いの行方が賭けられてもいるのである。

河内屋の跡目を継いだ喜久治は、きのらと暗闘を繰り広げながら、女遊びに精を出すとともに、持ち前の運と才覚で危機を潜り抜け河内屋を繁盛させる。しかし、戦争がはじまり、空襲のため河内屋は蔵を残して燃えてしまう。きのは次のような言葉を残して、半ば狂死する。

「ふぅ、ふぅ、ふぅ、ふぅ、うまいことお云いやるわ、商い蔵は男のもの、衣裳蔵や、家屋敷にはわてらの血が沁み込んでおますわ、空襲にこと寄せて、わてらに繋がるものは、みな灰にしてしもうたのやな、そうや、そうや、それに違いおまへんわ」／総毛だつような憎悪と怨嗟に満ちた声が、喜久治に纏りついた。（山崎 2004a：491-492）

戦争により、「衣裳蔵や、家屋敷」が象徴する船場の私的領域＝「封建的なもの」は滅び、「商い蔵」が象徴する船場の公的領域＝「ど根性」が残った。「ど根性」はついに「封建的なもの」に勝利し、喜久治は真に「ぼんち」となった。そのようにも読める。しかし、『ぼんち』は奇妙に歯切れの悪い結末を迎える。敗戦を迎え、喜久治は河内長野の寺へ疎開させていた四人の「妾（てかけ）」のもとを訪れ、そこで女たちが「湯殿」で戯れあう様子を覗き見る。

忽ちのうちに、飛沫のように湯が跳ね散り、賑やかな声が湧いた。四人の女が、濛々とたち籠める湯気の中で、満ち足りた体をくねくねとくねらせ、からまり合い、笑いこけながら、飽きずに戯れた。（山崎 2004a：502）

大澤真幸がこの場面について、「この終わり方は次のように予感を与える。河内屋は戦後間もない時期に没落するだろう。しかし、喜久治の妾だった女達は楽しく力強く生きるだろう」（大澤 2017：50）と述べるように、きのらが象徴する船場の私的領域＝「封建的なもの」は滅びたとしても、同じく「封建的なもの」の産物であった喜久治の「妾（てかけ）」は生き延び、それどころか喜久治を圧倒しさえするのである。そして『ぼんち』は次のように終わる。

二十余年間、喜久治の心に重く掩いかぶさっていた三代の母系家族が亡び、喜久治を逸楽の中に置いた女たちも、今は喜久治と無縁になりつつある。／女道楽をしても、何かものを考える人間にならねばならぬというのが、喜久治の放蕩の倫理であったが、放蕩を重ねながらも、どこかで人生の帳尻を、ぴしりと合わさねばならぬ時期がある。思う存分、さまよい歩いて来た喜久治は、突如として、沈淪の底からうかび上がるように、そこを脱け出た。／喜久治は、酔うほどの心の高鳴りを感じた。喜久治の胸の中で、大阪の灯が激しく明滅し、光の海のように溢れた。その無数に輝く光を分けながら、着流し姿のぼんちが、振り返りもせず、真っ四角な背中を見せて消えて行った。（山崎 2004a：504-505）

ここまで検討してきたように、『ぼんち』は〈船場〉を船場の公的領域＝船場商人の「ど根性」＝

「ぼんち」と船場の私的領域＝「封建的なもの」＝「ぼんぼん」として複線化したうえで両者の相克を描き、前者こそが真の〈船場〉であることを主人公喜久治の造形を通して描き出そうとしている。これは「封建性礼賛」という批判を浴びた『暖簾』のように、〈船場〉を「ど根性」のみに象徴させ、単線的に描くことを避けた結果といえる。しかしながら右にみたように『ぼんち』の結末は自らこの狙いを裏切り、読者に否応なく〈船場〉とはすなわち「封建的なもの」であり、喜久治はついにそれを自ら克服し得なかったという印象を与えてしまう。そして原作完結の翌昭和三五（一九六〇）年に、監督市川崑、主演市川雷蔵で公開された映画『ぼんち』（大映）は、まさしくこの印象に基づいて制作されるのである。

「ぼんち」の敗北

映画『ぼんち』は、公開と同じ昭和三五年に生きる尾羽打ち枯らした喜久治（市川雷蔵）が、馴染みの落語家春団子（二代目中村鴈治郎）に身の上を語るという回想形式をとっている[7]。回想シーンが終わると、現在の喜久治が運送会社で働く息子たちと同居し、小遣いをせびるまでに零落していることが明かされる。そして、映画『ぼんち』は次のような女中お時の呟きとともに幕が閉じられる。

お時「（呟く）旦那はんはぼんぼん育ちでおましたけど、根性のしっかりした男はんでしたんや……船場にお生れでなかったら、あないに優しいお心を持っておられなんだら、立派なぼんちになれたお人やった……」（和田・市川 1960：111）

予告映像で「大阪船場の因習の世界に生きたぼんちの半生をユニークに描きあげる」[8]とナレーションされるように、映画が物語るのは船場の因習が喜久治を滅ぼしたという主題であり、これは先にみた原作の結末が与える不可解な印象を図式的に整理しなおし、再構成したものとみることができる。喜久治はついに「ぼんち」足り得ず、〈船場〉すなわち「封建的なもの」に敗北せざるを得なかったのである。

6　否定的表象としての〈船場〉

〈船場〉＝「封建的なもの」

谷崎潤一郎『細雪』において船場は日本の伝統美を表象するものとして受容されたが、新東宝版『細雪』は船場を「封建的なもの」として描くことになった。山崎豊子『ぼんち』は〈船場〉を「ど根性」と「封建的なもの」に分裂させて描き、前者による後者の克服を図ったが果たせず、映画『ぼんち』は結局〈船場〉すなわち「封建的なもの」という図式へと回帰してしまう。ここからうかがえるのは、いち早く織田作之助《船場の娘》が示していたように、民主化の進展する戦後日本において〈船場〉を「封建的なもの」と等置する言説の磁場がいかに強大であったかということである。戦後の船場表象はこのような言説の磁場に裏打ちされた否定的表象をついに克服できず、その文化的命脈を絶たれたとみてよいだろう。

「ど根性」の行方

ところで山崎豊子は、大阪すなわち〈河内〉とした「仕掛人」（木津川 1986：55）と目される今東光との昭和三三年（一九五八）の対談で次のように語っていた。

山崎　だから私、こうして今先生に大阪引っかきまわされるのは、無念でたまりませんわ（笑）。
今　おれは大阪人だよ（笑）。
山崎　純粋じゃないわ。関東じゃないの。荒エビスじゃないの（笑）。――でもやっぱり先生のお書きになるものには、大阪のど根性がありますね。（山崎 2009：94-95）

この対話は暗示的である。船場が否定的に表象されることでその影響力を失うとともに、その空白を今＝〈河内〉が席巻していく。そして〈船場〉の新たな類型として登場した「ど根性」もまた、「『がめつい』を補う『ど根性』」（木津川 1986：86）として、〈河内〉の一要素へと変形されていくのである。

付記

引用に際しては漢字を通行に改め、ルビは適宜省略した。

注

（1）「名作の旅　芦屋に生きた日本女性の心の綾糸を典雅に描く――谷崎潤一郎の『細雪』」『婦人生活』一九七七年、三一（一二）：三九-四二頁。

（2）以下、新東宝版についてはDVD『細雪』（紀伊國屋書店、二〇〇七年）を参照した。
（3）ここで言及されている「普及版」とは『細雪（全）』（中央公論社、一九四九年）を指す。
（4）『映画40年全記録　キネマ旬報増刊』（一九八六年）。なおキネマ旬報ベスト・テンでは同年の日本映画第九位（『キネマ旬報ベスト・テン95回全史　1924▼2021』）（キネマ旬報社、二〇二二年）。
（5）シナリオでは、以上の会話ののち「雪子『あたしにも蒔岡家がこんなものになつてとつ憑いてるわ』／雪子が抑える眉の下のシミは今日は又濃いようである」（八住 1950：54）と続くが、この箇所は映画ではカットされている。おそらくは妙子と蒔岡家の対峙の構図を最後まで鮮明に保つためか。
（6）昭和三〇年の配収成績第九位（『映画40年全記録　キネマ旬報増刊』前掲）。同年のキネマ旬報ベスト・テン日本映画第二位（『キネマ旬報ベスト・テン95回全史　1924▼2021』）前掲。
（7）以下、映画『ぼんち』についてはDVD『ぼんち』（角川書店、二〇一二年）を参照した。
（8）DVD『ぼんち』（前掲）。

文献

青山光二、［一九七六］一九九五、「作品解題」『定本　織田作之助全集　第五巻』第三版、文泉堂出版、三七二-三八二頁。

浅見淵、一九四九、「細雪の世界」『風雪』三（五）：七〇-七六頁。

生島遼一、一九五〇、『西洋の小説と日本の小説』三笠書房。

伊藤整、一九五六、「解説」『現代日本文学全集71　谷崎潤一郎集（二）』筑摩書房、四一七-四二二頁。

大澤真幸、二〇一七、『山崎豊子と〈男〉たち』新潮社。

織田作之助、［一九七六］一九九五a、『定本　織田作之助全集　第一巻』第三版、文泉堂出版。

織田作之助、［一九七六］一九九五b、『定本　織田作之助全集　第五巻』第三版、文泉堂出版。

片岡良一、一九五六、『近代日本文学教室』旺文社。

川端康成、二〇〇四、「『ぼんち』評」『山崎豊子全集2　ぼんち』新潮社、五三三頁。

川本三郎、二〇二〇、『『細雪』とその時代』中央公論新社。

北村匡平、二〇二一、『アクター・ジェンダー・イメージズ――転覆の身振り』青土社。

木津川計、一九八六、『含羞都市へ』神戸新聞出版センター。

澤村修治、二〇一九、『ベストセラー全史【現代篇】』筑摩書房。

白坂依志夫・鈴木尚之・藤井浩明・桂千穂、一九九二、「〈座談会〉息子世代が見た八住氏の側面」シナリオ作家協会『八住利雄　人とシナリオ』日本シナリオ作家協会、三一六-三四八頁。

新潮文庫編集部編、二〇一八、『山崎豊子読本』新潮社。

鈴木博之、二〇一二、『都市へ』シリーズ日本の近代、中央公論新社。

谷崎潤一郎、二〇一五a、『谷崎潤一郎全集　第一九巻』中央公論新社。

谷崎潤一郎、二〇一五b、『谷崎潤一郎全集　第二〇巻』中央公論新社。

登川直樹、一九五〇、「細雪」『映画評論』七（七）：三七-四〇頁。

平野謙、一九五七、「〝男性的世界〟を描く新人たち　下」『東京新聞』昭和三二年八月一〇日夕刊。

福田恆存・竹井諒、一九五〇、「『細雪』と映画」『書物』四一-四三頁。

三島佑一、二〇〇三、『谷崎潤一郎と大阪』和泉書院。

宮本又次、一九六〇、『船場』ミネルヴァ書房。

宮本又次・前田吉太郎・山本鹿之助・北浦清蔵・南野耕作・藪内吉彦、一九八二、「座談会　道修町むかしむかし」『大阪春秋』一〇（一）：一四-二四頁。

八住利雄、一九五〇、「シナリオ　細雪」『映画芸術』五（三）：三三-五四頁。

八住利雄、一九九二、「〈シナリオ〉夫婦善哉」シナリオ作家協会『八住利雄　人とシナリオ』日本シナリオ作家協会、一四一-二〇三頁。

山崎豊子、二〇〇三、『山崎豊子全集1　暖簾　花のれん』新潮社。

山崎豊子、二〇〇四a、『山崎豊子全集2　ぼんち』新潮社。

山崎豊子、二〇〇四b、『山崎豊子全集3　女の勲章』新潮社。

山崎豊子、二〇〇九、『山崎豊子　自作を語る3　小説ほど面白いものはない』新潮社。

山本健吉、一九五三、『小説の鑑賞』要書房。

若尾徳平、一九五五、「シナリオ　織田作之助作『船場の娘』より　忘れじの人」『シナリオ』日本シナリオ作家協会、七三-九六頁。

和田夏十・市川崑、一九六〇、「シナリオ『ぼんち』」『映画評論』一七（四）：七四-一一一頁。

第5章　英語圏における船場文学研究について

サボー・ジュジャンナ

1　海外における「船場文学」という概念

日本文学研究者のイレーナ・パウエルはその著書『*Writers and Society in Modern Japan*』の序章で、近代日本文学を読む西洋の読者について次のように述べている。

彼ら読者は馴染みのない問題設定の奇妙さや、作品における対立の不思議な解決策、あるいはその解決策の欠如に驚いてしまう。印象の薄いダラダラとしたストーリー展開で、〈本当の〉問題が不足しており、それらがしばしばエロティックないしは美的なイメージに置き換えられているように見える。このような西洋文学に育まれた文学趣味を有する読者が、日本文学によって、当初望んでいたようにすっかり満足させられることはめったにない。読者は、文学作品を読む行為から期待される楽しみを得ることもできず、もし日本に関する知識を大幅に増やすことが元々の目的であったとしても、それもできない。西洋の読者が近代日本文学を理解しようとする際に経験する困難のありようは、おそらく参照枠が必要であることを示唆している。参照枠の導入は読者の理解度を高め、日本の小説がもたらす、見知らぬ世界との出会いによる喜びや楽しみを増やすことができるだろう。[1]（Powell 1983：ix）

パウエルが述べるように、近代日本文学の傑作ですら、西洋の読者にとっては参照枠、つまり社会的・歴史的背景についての知識不足が理解の妨げになる。そうであるとすれば、現代の日本人読者の多くにとってもほとんどイメージが湧かないかつての「船場」に関わる文学作品から、西洋の読者はいかなるイメージを立ちあげうるだろう。

本章で焦点を当てたいのは英語圏における「船場文学」研究である。ここでまず問うべきは、「船場文学」という概念が海外の日本文学研究に存在するかどうかだろう。日本文学のいくつかの作品には「船場」というモチーフがあることに、海外の日本文学研究者は着目しているのだろうか。

本章では、以下の四編の〈文学における船場〉に関する英語圏の研究を紹介したい。

Richard TORRANCE "Literary Accounts of the Decline of Senba" *Monumenta Nipponica*, Volume 67, Number 1, 2012, pp. 29-73.（リチャード・トーランス「船場の衰退をめぐる文学のなかの記述」）研究論文

Michael P. CRONIN, *Osaka Modern: The City in the Japanese Imaginary*, Harvard University Asia

Center, 2017.（マイケル・P・クローニン『オオサカ・モダン――想像の中のモダン都市大阪』）研究書

Andrew MURAKAMI-SMITH, *Dialects and Place in Modern Japanese Literature*, Thesis (Ph. D.) Princeton University, UMI Dissertation Services Photocopy, 1997.（アンドリュー・村上－スミス『近代日本文学における方言と場所』）博士学位論文

Matthew W. SHORES, *The Comic Storytelling of Western Japan: Satire and Social Mobility in Kamigata Rakugo*, Cambridge University Press, 2021.（マシュー・W・ショアーズ『西日本の滑稽話芸――上方落語における風刺と社会的移動』）研究書

2　船場の衰退を論じたトーランスの研究

トーランスによる研究

題名からもわかるように、トーランスの論文は複数の日本文学作品を通して船場の衰退という共通点を指摘しているものであり、このような論文は管見の限り日本語でも見当たらず、船場研究にとって貴重な参考文献と言えよう。

トーランスは、まず船場文化の漸進的な崩壊の原因を明確にするために、一六世紀末からの船場の歴史を詳細に紹介している。論文のタイトルは「文学のなかの記述（literary accounts）」となっているが、扱っている資料は文学作品に限らず、多様で幅広い参考資料を参照している。文学作品も歴史的資料として扱い、その時代背景から解説し、作品固有の文学性についてはほとんど触れていない。主に以下を資料として扱っている。井原西鶴『日本永代蔵』一六八八年。北尾鐐之助『近代大阪』創元

社、一九三二年。宇野浩二『大阪』（新風土記叢書、第一編）小山書店、一九三六年。宮本又次『近世商人意識の研究――家訓及店則と日本商人道』有斐閣、一九四一年。谷崎潤一郎『細雪』（『中央公論』と『婦人公論』にて一九四三年～一九四八年に連載）。織田作之助「女の橋」（『漫画日本』一九四六年所収）、「船場の娘」（『新生活』一九四六年所収）、「大阪の女」（初出誌不詳）。山崎豊子『船場狂い』（『別冊文藝春秋』一九五八年）、『ぼんち』（『週刊新潮』一九五九年）。宮本又次『船場』ミネルヴァ書房、一九六〇年。香村菊雄『定本船場ものがたり』創元社、一九八六年。

トーランスは船場の伝統的な意義について次のように述べている。

明治維新の前夜、船場は第一に、誠実さ、倹約、努力という商人倫理の形成において重要な役割を果たした。第二に、公正な社会における経済活動の重要性を促進し、商人の役割を正当化した。第三に、軍事科学、医学、教育の分野において国家の官僚に技術者を提供する場所として、船場は明治維新の成功に貢献した。そして最後に、ファッション、習慣、礼儀作法、身分の達成や方言の基準を定めたことにより、西日本の商人たちは船場社会の一員になりたいと願うようになった。（Torrance 2012：36-37）

明治以前の船場の重要さにもかかわらず、近現代の作家はほぼ例外なく船場を存在しなくなった場所として描いているとトーランスは論じている。では、船場の崩壊はいつ始まったのだろう。トーランスは、宮本又次『船場』と香村菊雄『定本船場ものがたり』を参照し、船場が明治初期から一種の社会的危機を経験したことを指摘している。その社会的危機の原因についてのトーランスの指摘は以下の二点にまとめられる。

①丁稚奉公制度の廃止と民主主義・平等主義の拡散

　トーランスによれば、特に戦後の占領改革における平等主義的な政策が、丁稚奉公制度の崩壊を進めたとされている。例えば、九年間の義務教育制度の導入は、丁稚奉公制度の継続に必要な少年たちを奪い去った。同時に、船場を支配していた伝統的な習慣自体が絶え間なく変化していくなかで、拡大する〈大大阪〉において時代遅れとして感じられた。戦後に広まった民主主義や平等主義に関する考えも、船場の社会的階層を揺るがし、旧い厳格な制約から多くの人が逃げ出した。

②伝統的な船場家族の移住

　阪神間の鉄道の沿線開発により、富裕な商人は船場の住まいの狭さと劣悪な衛生状態を逃れるために阪神間の郊外に移住し始めた。また、トーランスが香村菊雄『定本船場ものがたり』にもとづいて指摘しているように、第一次世界大戦後の船場の経済的復活において主役となったのは伝統的な船場の住人ではなく、近江商人をはじめとする新参者や外部者であった。トーランスによると、このような新参者や外部者は「彼らが一員になることを望んでいた船場社会を、おそらく無意識のうちに、破壊する原因の一つになってしまった」(Torrance 2012：38)。

　次に、この二つの指摘を論証するためにトーランスがどのような文学作品を例に挙げているかを紹介したいと思う。

丁稚奉公制度の廃止と民主主義・平等主義の拡散と船場文学

戦後日本における「丁稚奉公制度の廃止と民主主義、平等主義の拡散」の例としては、まず織田作之助の三部作「女の橋」「船場の娘」「大阪の女」が挙げられている（あらすじは第4章を参照）。大阪を代表する作家として親しまれてきた織田作之助は大阪を舞台とした作品を数多く残したが、船場を舞台としているのはこの三作品しかない。しかも、トーランスによると、織田の船場への反感がこの三作には明確に示されている。織田は平等主義の発展を歓迎し、船場の文化的権威の衰退を抑圧的な習慣からの解放として称賛していると、トーランスは述べている。織田の作品の主人公たちが経験するのは、船場の封建的な束縛が徐々に緩和されることでもたらされる個人の自由の可能性の劇的な向上である。「女の橋」の小鈴は娘と話すことができず、悲劇的な最期を迎えたが、娘の雪子は一時的に芸者の世界に追い込まれたとしても、最終的には独立した生活を築き上げることができた。雪子の娘、葉子は幸福への希望を抱き、船場を逃れることを決意する。

トーランスは織田による三部作の男性登場人物の成長も指摘している。「女の橋」に登場する丁稚の藤吉は生涯を伊吹屋に尽くし、「若旦那」で典型的な船場の〈ぼんぼん〉（無能で、女たらしで、浪費家）である恭介に対しても忠誠を尽くして、暖簾を守っている。一方、「船場の娘」に登場する若旦那の秀吉は東京に行って法学を勉強することを決意する。「女の橋」の恭介は自分の地位を手放すことができないが、「大阪の女」の若旦那島村は船場商家の嫡子として与えられた社会的地位を捨てて、社会に貢献しようとする。

続いて、トーランスは、社会的「価値観の変化」の例として山崎豊子の『ぼんち』（あらすじは本書の第4章を参照）を挙げている。『ぼんち』の主人公喜久治は階級差にもとづく船場の冷酷な習慣の虚しさを悟り、船場からの脱出を望んでいた。戦後になって喜久治は船場の〈ぼんち〉という枠組みから脱出し、大阪の再活性化に関わっていくことで、それまで経験したことのない自由を知る。

船場文化を時代遅れと特徴付けている文学作品の例として、トーランスは、以上の織田三部作と『ぼんち』以外に、山崎豊子『船場狂い』も挙げている。主人公の久女は一八八〇年代中頃に、船場へ続く肥後橋のちょうど北側にある堂島中町という商業地区に生まれ、子どものときから船場社会の一員になるという強迫的な願望を抱いていた。この夢を実現するため手始めに、久米はまず娘を船場の〈ぼんぼん〉と結婚させる。この〈ぼんぼん〉の事業が戦争で失われたとき、久米はそれを再建し、ようやく船場の商家の御寮さんとなることでついに夢を叶える。しかし、戦後期において船場にはもはや戦前ほどの意味はない。トーランスによれば、この小説は一方では戦前の関西地方全体の若い起業家にとって船場が持っていた魅力を示している。しかし、他方では戦後になると「船場は、名ばかりで、もぬけの殻だった」（山崎 2003：427）ということも表している。

伝統的な船場家族の移住と船場文学

船場文化の崩壊の第二の理由として挙げられた「船場家族の移住」としては谷崎潤一郎『細雪』が例にとられている。トーランスは『細雪』に関して、三島佑一『谷崎潤一郎と大阪』（和泉書院、二〇〇三年）を参照し、次のように述べている。

『細雪』は、意図せぬところで船場の衰退を示している。つまり、主人公たちは船場に生まれ、船場から富を得ているが、その地域自体はほとんど描かれていないのである。（Torrance 2012：65）

トーランスによると、『細雪』は船場の〈不在〉によってその衰退を示しているのみで、船場についての情報をほとんど提供していない。伝統的な船場の家族として描かれた蒔岡家がその出身地である船場にほぼ関係を持たないことは、一九四五年の空襲で破壊される以前から船場が衰退していたことを示している。谷崎は船場を通じて自分が失った懐かしい故郷を探求していたにもかかわらず、彼が好んだ古い東京の近隣と伝統的な船場のいずれもを破壊したのは、資本主義であったことを描いている。トーランスはこれを谷崎のリアリズムとして解釈している。むろん『細雪』における船場文化の衰退の兆しは、その〈物理的な不在〉に限られていない。トーランスによれば、船場で古い暖簾を誇る蒔岡家が銀行員である辰雄を婿養子として迎え入れ家長とすることも、船場の伝統が廃れていく兆しを示しているという。

トーランスは船場文化衰退の原因を論証するために、以上に紹介したような文学作品を例に挙げたうえで、織田作之助、宇野浩二、山崎豊子は失われた船場に対して一切ノスタルジーを抱いているように見えないと結論付けている。そして船場が大阪文化に重要な影響を及ぼしたと見なし続け、船場の「伝統的」な文化に対してノスタルジーを抱く唯一の作家は谷崎潤一郎であったという。にもかかわらず、結局谷崎が描いているのも、ほかの作家と同じように船場の衰退なのである。

トーランスは、数多くの日本文学作品における「船場」というモチーフ、特に「衰退しゆく船場」というモチーフに着目し、幅広い先行研究を参照しながら作品の時代背景を明確にしている。このような論文は管見の限り日本語でも見られず船場文学に関する画期的な研究であると言える。またもう一つの重要な点は、船場方言に触れていることである。山崎豊子と香村菊雄の作品に登場する船場方言を日本語とローマ字で記載し、英語訳を付けている。

3　クローニンによる本格的な大阪文学研究

クローニンによる研究

「英語圏では初めての本格的な大阪文学および文化研究である」（笹川・日高・増田・クローニン 2017：i）と評価されるクローニンの『オオサカ・モダン』は、一九二〇年代から一九五〇年代までの〈戦間期〉の文学と映画の分析を通じて、大阪は「反逆者」であるという通説を検討している。カバーその紹介文にもあるように、クローニンの見解では、「大阪は帝国主義の仕組みを裏切り、国家のアイデンティティに代わる、あるいはそれを転覆させる都市のアイデンティティを主張した」。クローニンの目的は船場に限らず、「多様な都市を含んでいる」大阪について論じることであるが、目次を見ると、「船場」と関わりのある作品が大部分を占めていることがわかる。第一章では谷崎潤一郎『卍』、第二章では織田作之助『夫婦善哉』、第三章では織田作之助『わが町』、第四章では谷崎潤一郎『細雪』、第五章では山崎豊子の作品を中心に、大阪文学とそれをもとにした映画が分析される。目次にある作品以外にも以下のような船場関係の作品に触れられる。近松門左衛門『冥途の飛脚』一七一一年初演。岩野泡鳴「ぼんち」『中央公論』一九一三年三月。石丸梧平『船場のぼんち』（『悩ましき青春』四方堂書店 一九一九年と「第二部 付：大阪及び大阪人論」滝本出版部 一九二一年との合本）。山崎豊子『しぶちん』中央公論社 一九五九年。

以下、〈船場と文学〉に関連するクローニンの主張を四つの主題に分けてみよう。四つの主題とは、「ぼんぼん」「方言」「ノスタルジー」および「映画化」である。

ぼんぼん

クローニンは〈ぼんぼん〉、つまり「甘やかされ、怠惰で快楽を求める船場の若者」(Cronin 2017：12)について織田作之助『夫婦善哉』(『海風』一九四〇年)の柳吉をその典型として紹介する。ただし、柳吉は典型的な〈ぼんぼん〉であっても、実際に住んでいる場所は船場ではなく、船場と梅田の間にある梅田新道であることを指摘する。またクローニンは〈ぼんぼん〉を紹介する際に柳吉に焦点を当てつつ、『細雪』の「亡くなった父」と啓坊、『ぼんち』の喜久治にも触れている。クローニンはまず〈ぼんぼん〉の文学上の長い伝統を論じている。「ダメ男」という〈ぼんぼん〉のキャラクターは近松門左衛門の世話物まで遡り、大正期の岩野泡鳴「ぼんち」や石丸梧平『船場のぼんち』にもみられた。〈ぼんぼん〉または〈ぼんち〉は戦後文学にもよく現れるが、谷崎の『細雪』のようにノスタルジックな色合いを帯びはじめるか、山崎豊子の『ぼんち』のように時代遅れとして描かれるようになるとクローニンは述べている。また〈ぼんち〉と〈ぼんぼん〉という二つの用語はほとんどの作品において同義に使用されるものの、山崎豊子『ぼんち』に限っては差異化して使用されていると指摘している。山崎における〈ぼんぼん〉は凡庸で無責任な人物を指し、〈ぼんち〉は大胆でビジネス志向のある人物を表している。

クローニンは、『夫婦善哉』の主人公が〈ぼんぼん〉であることは、一九二〇年代にはじまる、節約や生活改善を強調していた国家主義への対抗を意味すると結論づけている。

方言

大阪を舞台とする作品群が標準語と異なる言葉遣いで書かれていることは、クローニンの主題の一つになっている。織田、谷崎、山崎は方言を通じて舞台設定を確立したと指摘している。例示されるのは『細雪』の冒頭文中の「こいさん」という表現と『夫婦善哉』の冒頭の会話「おっさん、はよ牛蒡揚げてんかいナ」／「どうやねん、店の方は」である。これらの標準語との違いを説明し、「こいさん」とは、船場独特の言葉だと述べている。

谷崎の『卍』（『改造』一九二八年三月号〜一九二九年四月号、六月号〜一〇月号、一二月号、一九三〇年一月号と四月号）を分析する第一章では、『卍』における船場方言の役割についても論じている。『卍』の物語の中心には中流階級の住宅地である西宮に住んでいる柿内園子と芦屋に住んでいる徳光光子の同性愛がある。光子は船場の毛織物問屋のお嬢様で、恋人の綿貫は船場に住んでいる。語りの構造としては園子が「先生」と呼ばれる作家らしい人物に自身の経験を話し、それを筆記している「先生」が括弧に書かれた作者註を加えるというものである。園子の口述された語りは関西弁の口語体で、一方で先生による作者註は標準語になっている。クローニンによれば、「先生」の語りは一種の「フレーミング」であり、標準語の語りが園子の関西弁の語りを制御している。つまり、船場を象徴する、衰退しつつある町人階級につながる光子の語りは二重に「フレーミング」されていることになる。クローニンは、光子は自分の物語を自分の言葉で語ることができず、それは園子と先生の語りを通してしか表現されないと結論付けている。

ノスタルジー

すでに触れたように、トーランスは船場にノスタルジーを抱いた作家は谷崎潤一郎だけだと指摘している。クローニンは「病んでいる夢――谷崎潤一郎の『細雪』におけるノスタルジーと将来性」と題された第四章で、このノスタルジーについて論じている。クローニンは、トーランスと同様に『細雪』の舞台が船場に設定されていないことを指摘するが、「それでもなお、船場は小説において中心的な役割を果たしている」と述べる（Cronin 2017：108）。

クローニンは船場の歴史を簡潔に紹介した後、『細雪』の研究史を詳細に紹介している。クローニンによれば、批評家の一部は『細雪』を反戦的作品、つまり戦前の古き良き時代へのノスタルジーとして解釈するが、もう一部は谷崎の「日本への回帰」を示す作品として解釈している。クローニンの見解によれば、『細雪』は関西の時代錯誤的な文化に対する哀悼の意を表してはいるが、その哀悼の感情には皮肉が混じっている。クローニンは、『細雪』における関西と関東の比較からは、明確に関西が優位に立つとは言い難いと論じている。

『細雪』において関西を象徴しているのは、船場につながる芦屋の家である。ここは一方では、花見や都踊、フランス映画やハイカラなロシアの隣人が点景として散りばめられたブルジョア的で国際的な場所であり、もう一方では、「病気と生殖の失敗、空虚な支出、無益な出資の場所」である（Cronin 2017：140）。芦屋の家と「このまま続けられない時代遅れの経済形式の」船場との関係も、船場の「将来の無さ」を象徴している（Cronin 2017：140）。雪子の見合いの成功を妨げたのは母親の結核だけではなく、雪子自身の沈黙と躊躇でもあった。見合いの失敗の原因として、クローニンは雪子の「芦屋家庭の時代錯誤な生活への愛着と、生殖につながる未来に自身を投資することに消極的であること」を挙げている（Cronin 2017：130）。将来の無さから逃れたのは、関西から完全に離れて、東京で三人の子どもを育てる長女の鶴子だけであった。幸子には娘一人しかいなく、ひさびさに妊娠した子どもを流産してしまう。幸子の娘の悦子は猩紅熱にかかり、「幸子はいつも冬の間に気管支加答児を患う癖があ」る（谷崎 2015：101）。雪子の左の目の縁には黒いシミができており、小説の幕切れでは下痢が止まらなくなっている。現代的な女性として描かれている末っ子の妙子も死産を経験する。病とのかかわりは芦屋の家の姉妹だけには限られておらず、典型的な〈船場ぼんぼん〉である啓坊にも淋疾にかかっているという噂があった。

クローニンは、『細雪』では確かに古き船場文化へのノスタルジーが表現されているが、同時にその文化がすでに終わりを迎え、将来とは無縁の世界として描かれていると結論付けている。

映画化――特徴について

クローニンは山崎豊子原作の映画のなかでも、特に船場を舞台としている『暖簾』（東京創元社、一九五七年）に焦点を当てているが、それ以外に次の作品の映画化についても述べている。織田作之助『夫婦善哉』。織田作之助「わが町」（『文藝』一九四二年一一月号掲載の短編）、『わが町』錦城出版社、一九四三年。谷崎潤一郎『細雪』。谷崎潤一郎『猫と庄造と二人のおんな』（『改造』一九三六年一月号と七月号）。谷崎潤一郎『卍』。林芙美子「めし」（『朝日新聞』一九五一年四月一日～七月六日連載）。水上滝太郎『大阪の宿』（『女性』一九二五年一〇月号～二六年六月号連載）。井伏鱒二「貸間あり」（『週刊サンニュース』一九四八年一月二九日号～同年五月一〇日号連載）。山崎豊子『花のれん』（『中央公論』一九五八年一月号～六月号連載）。山崎豊子『ぼんち』。山崎豊子『白い巨塔』（『サンデー毎日』一九六三年九月一五日号～六五年六月一三日号連載）。山崎豊子『女系家族』（『週刊文春』一九六二年一月八日号～六三年四月一日号連載）。

クローニンは戦後日本においては大阪のイメージおよび日本における大阪の位置付けが大きく変化

し、その変化には映画が重要な役割を果たしたと指摘している。占領期にGHQ／SCAP（連合国軍最高司令官総司令部）は、地方に対する国の統制を弱め、地方自治を強化しようとしたが、占領終了後の保守政権の時期になると、権力が再び中央政府に戻る方向へ向かっていった。

クローニンによると、『暖簾』（川島雄三監督、東宝、一九五八年）のような映画は、戦後の再中央集権化への応答と、それに伴う大阪の東京に対する経済的および文化的地位のさらなる弱体化を示すものとして解釈できるという。つまり、クローニンは、これらの大阪を舞台とした映画は戦後の国家イメージの創造に役立つように意図的に制作されたとも言えると論じ、これを大阪を舞台とした小説（以下〈大阪小説〉とする）の映画化における特徴の一つとしている。

クローニンが指摘したもう一つの特徴は、〈大阪小説〉の映画化において、大阪内の地域差が均質化されている点である。これは本書のテーマである船場イメージの変化にもかかわる。大阪を舞台とした原作小説を大阪外の観客のために映画化する際に、原作の大阪イメージが再構築され、大阪の空間や習俗の多様性は、大阪外の人にとっても容易に認識できる、少数の特徴に単純化される。地域の文化が均質化され、国民的な大衆文化へますます取り込まれる傾向にクローニンは注意を促している。

クローニンは以上のような〈大阪小説〉の映画化における二つの特徴を次のように船場関連の映画の分析を通じて示している。

映画化——戦後の再中央集権化との関係

まず〈大阪小説〉の映画化と戦後の再中央集権化ならびに東京との関係についてクローニンが論じた点をまとめたいと思う。クローニンはこの東京中心的側面の一例として、まず『夫婦善哉』（豊田四郎監督、東宝、一九五五年）の時代設定の変更を挙げている。原作の時代設定は一九二三年に、つまり大阪の東京への従属が一時的に逆転する瞬間に設定されている。一九二三年の関東大震災は首都を壊滅させ、多くの人々や資本、産業の流出を促した。同じ年に、大阪市は関一という先見の明のある新しい市長を得た。一年半後の一九二五年四月、関は大阪市域拡張を実施し、大阪市は国内最大の都市および世界第六位の大都市となり、〈大大阪〉時代の幕開けとなった。一方で、映画『夫婦善哉』は、大阪の短い隆盛期の終焉を舞台にし、軍備拡張と戦争という大きな物語の中に大阪を組み入れている。また、原作の経済的要素が弱められ、蝶子が中心の、より典型的なロマンスになっている。

船場を舞台にした山崎豊子『暖簾』（あらすじは本書第4章を参照）の映画化に関してもクローニンは同様の改変に注目し、三つの重要な改変を指摘している。小説『暖簾』は戦前における父親吾平を主人公とした第一部と戦後における息子孝平を主人公とする第二部から構成されている。映画化における改変の一点目は、『夫婦善哉』の映画化と同様に、ロマンスを中心としたことである。映画では、戦前と戦後の、二つの三角関係が描かれている。いずれも恋人同士と、店の主人または両親が薦める女性で構成される。戦前の吾平の三角関係においては、ロマンスは現実の犠牲になるのに対して、戦後の孝平の三角関係においては孝平は両親の意向を無視し、自分の花嫁を選ぶ。なお原作では、そもそもこのような三角関係が描かれておらず、戦前の吾平と戦後の孝平、ともに実利的な結婚に難なく同意する。「映画『暖簾』はこの改変によって見合い結婚の慣習を戦前の大阪商人の世界に追いやり、個人の主観性や個人の選択と結びつく現代的な恋愛を東京中心の戦後の世界と関連付けている」（Cronin 2017：161）。

クローニンが指摘する改変の二点目はその経済モデルである。原作の第一部では吾平は船場の老舗昆布屋である浪花屋の丁稚となり、二七歳で暖簾分けを許され、自分で店を出すことになる。原作で吾平は戦前から百貨店を通じて昆布を販売し始めるが、映画ではこのような商いは戦後になってから息子孝平によって行われることになる。映画では、このように改変することで、消費者文化の成長は戦後世代と戦後経済に限定されてしまう。同時に、映画は戦争自体の重要性を弱め、戦前から戦後へ急激に舞台転換し、戦時中の統制経済をほとんど無視している。「このように、映画は山崎の小説の中心的な経済的教訓、つまり大阪の従属が東京の政治家によって決定されたという点を最小限に抑えている」（Cronin 2017 : 161）。

クローニンが指摘する三点目の改変は、父親である吾平が死ぬタイミングにある。原作では第二部の初めに死ぬのに対し、映画では終わりまで生きている。クローニンによれば、小説は大阪の近代史を死と再生の物語として語るのに対し、映画は父性の衰退という枠組みの中で息子の復活を語っている。吾平を長く生かすことで、映画は彼がますます時勢に取り残されていく様子を強調し、吾平の持続的な存在は、大阪の再生を阻む旧時代を象徴することになる。映画において浪花屋は再生できず、それは不可避的に東京を中心とした新しい経済秩序へ大阪が組み込まれていくことを象徴している。

クローニンが指摘するこれらの三点の改変は、船場の戦前の経済的近代化への試みを否定し、それを戦後の東京からの影響として単純化していると言えよう。

ここまでクローニンが指摘する〈大阪小説〉の映画化の第一の特徴についてまとめてきた。次にもう一つの特徴、すなわち〈大阪小説〉の映画化において大阪内の地域差が均質化されている点について述べたい。

映画化——地域差の均質化

地域差の均質化について、クローニンは『細雪』（阿部豊監督、新東宝、一九五〇年）と『ぼんち』（市川崑監督、大映、一九六〇年）のオープニングシーンを例に挙げている。前述したように、谷崎と山崎は船場方言を通じて舞台設定を定めている。これに対して、一九五〇年の新東宝版『細雪』は中之島を上空から捉えたシーンから始まり、物語にはまったく関係しないが、大阪の代表的建物として大阪市立図書館と市役所が映し出される。一九六〇年の大映版『ぼんち』もまた、大阪城の細かい映像、道頓堀のグリコランニングマンや、通天閣を含む大阪のモンタージュカットで始まる。クローニンによれば、これらのシーンは、大阪外の観客は船場方言を認識しえないというリスクをとりのぞき、物語の舞台を即座かつ正確に位置づける意図を示しており、観客に解釈の余地を与えない。

大阪イメージの単純化に関するもう一つの例は、『夫婦善哉』の映画化による舞台の変更である。前述したように、小説の柳吉は典型的な〈ぼんぼん〉であるものの、実際に住んでいる場所は船場ではなく、船場と梅田の間にある梅田新道である。これに対して映画では、柳吉は船場出身で、舞台としても船場が数回現れるが、柳吉のキャラクターは典型的な〈ぼんぼん〉ではなくなるとクローニンは述べている。甘えん坊で頼りない小説の〈ぼんぼん〉と比べると、映画の柳吉は荒々しく、攻撃的で、不良である。映画でも小説と同じように柳吉は怠け者ではあるが、繰り返し蝶子の貯金を使い果たし、彼女の野望を挫折させる小説の柳吉の様子は描かれていない。クローニンによれば、映画の柳吉は船場の〈ぼんぼん〉ではなく、伝統的な男性らしさを持つ普通の男性主人公になっている。

クローニンは映画の柳吉が使っている方言に対しても批判を述べており、その際に藤井重夫の以下の言葉を参照している。

主人公柳吉の大阪弁はほとんど聞き苦しいガラの悪いもので、これは原作が「梅田新道にある安化粧品問屋」だつたのを、映画で「船場の化粧品問屋」に変えたため、一そう下品さが気になつた。船場で問屋を営む商家といえば上流家庭である。そこの後取り息子（若旦さん）が、毎度「わい」であり、「阿保ンだら」と罵り、「なんかしてけつかる」「ふん、ざまみさらせ！」と怒鳴りつけるなどコッケイである。大阪生まれの脚色者にしてはたいへんな過失といえる。（藤井1955：63）

つまり、映画の柳吉は船場出身と再設定されたにもかかわらず、船場では使われていなかった荒っぽい大阪弁（河内弁？）を使っているため、実態としての船場らしさからはかけ離れた造型となっている。

では、なぜ小説での梅田新道が映画では船場に変えられたのか。クローニンによれば、その理由は、梅田新道とは異なり「船場」という地名が当時の大阪外の観客にとっても一般的な歴史を有する土地としてなじみのある地名であったからである。

しかし、すでに戦後の観客にとって大阪イメージといえば、かつての船場の商人時代の栄光ではなく、当時の都市下層階級と結びつけられるようになっていた。そのため柳吉の荒々しい言葉遣いは、観客が抱く「大阪らしさ」に応えようとするものであったと言えよう。つまり、クローニンの言葉を言い換えると、映画『夫婦善哉』の設定変更は、船場という地名は戦後でも「大阪」の象徴として意識はされていたが、イメージとしては河内に近いものになってしまっていたことの証左であるといえる。

大阪の地域差の均質化に関連して、クローニンは戦後の大阪を舞台とした映画の登場人物についても考察し、リアリティの追求のために、これらの映画の大部分において、大阪出身の俳優たちが役を演じたと指摘している。これには地域アイデンティティの喪失に直面する大阪の観客を安心させる目的があっただろうが、クローニンによると、これらの映画では大阪の「他者性」は芝居がかったものとなっている。クローニンが藤井重夫を参照して論じたように、大阪出身の俳優の演技は外部の観客に対して大阪らしさを再確認させるものではあったものの、大阪の観客にとっては大阪の多様性の喪失を再確認させるものであった。船場的なものが意識されなくなり、一般的な大阪的なもの（または河内的なもの？）にとって代わられたことは失われた多様性の一つである。

ここまでクローニンの研究を「ぼんぼん」「方言」「ノスタルジー」「映画化」という四つの主題に分けてまとめてみた。前述したように、クローニンの研究対象は船場に限られておらず、「多様な都市を含んでいる」大阪を対象としていた。しかし、その多様性の一つである「船場」の役割やイメージの変化、そして大阪と東京の関係の歴史的変遷による船場への影響について、日本語文献でも見られない程の詳細さで考察されている。しかも、クローニンの研究書はフィクションにおける船場の歴史的背景を観察するだけでなく、文学理論や映画理論にも多く触れながら文学作品や映画の「芸術性」も視野に入れている、貴重な研究書である。

4　村上－スミスによる文学における船場方言の研究

文学における船場イメージはこの論文においては主に谷崎『細雪』を通じて論じられる。本章で紹介してきた船場文学関連の英語文献の中で、船場方言の特徴を最も詳しく説明しているのは村上‐スミスの論文である。富永の叔母の〈純粋〉な船場方言と、「中間世代」である姉妹たちの〈変形〉した船場方言、さらに幸子の娘である悦子の、より標準語に近づいた方言が比較される。村上‐スミスは前田勇『大阪弁』（朝日新聞社、一九七七年）を参照し、一九五〇年代中頃には船場方言はほとんど消滅し、船場から東にある上町地域の下層階級の言葉遣いが大阪弁の元になったことを指摘している。この指摘を踏まえると大阪弁としてイメージされるのはこの頃に船場方言から河内方言に変わったということになる。船場の人口減少や職住分離により、船場方言が徐々に使われなくなっていく一方で、下層階級の言葉には、旺盛な生命力があり、大阪の広範囲に影響を拡大していった。村上‐スミスの解釈によれば、この下層階級の生命力は『細雪』のストーリーレベルでも表れている。蒔岡姉妹は無力で因循姑息であり、家族の伝統に固執しつつも、家族をまとめる力には欠けている。そして、彼らはお春や板倉のような下層階級出身の生命力にあふれた有能な人々に囲まれている。

トーランスやクローニンと同様に、村上‐スミスも『細雪』におけるノスタルジーというテーマに触れている。『細雪』では船場方言の変化を通じて船場の崩壊が描かれている。しかし、谷崎が作品を執筆し、読者がそれを読む時点で、小説に描かれた世界がすでに消滅していたという事実は、奇妙にもその描かれた世界を永遠に維持することになると村上‐スミスは述べている。

またトーランスとクローニンと同様に、村上‐スミスも〈ぼんぼん〉について述べているが、〈ぼんぼん〉だけではなく、〈自立した強い船場女性〉という文学的なキャラクターについても、近松門左衛門までさかのぼって紹介している。さらに船場を舞台にした谷崎の作品は存在しないものの、谷崎が〈ぼんぼん〉と〈船場女性〉という文学的なステレオタイプに興味を持っていたことを指摘している。河野多恵子は『谷崎文学と肯定の欲望』（文藝春秋、一九七六年）において、関西に引っ越してから谷崎の肉体的マゾヒズムは心理的マゾヒズムへ転換したと述べ、関西は谷崎にとってこの心理的マゾヒズムを託すのにふさわしい土地だったと分析している。村上‐スミスはこの河野の分析に言及しながら、谷崎が船場の弱い男性と強い女性というキャラクターに興味を持った理由は、それが心理的マゾヒズムに結びついていたからだと論じている。

以上のように村上‐スミスは谷崎文学における船場イメージについて論じている。ただし、船場よりも『細雪』や谷崎にとっての阪神間の意味に焦点を当てており、船場出身の蒔岡姉妹を考えるにあたっても、歌舞伎俳優やウナギの好みなどには東京らしい要素があることを指摘している。

最後にショアーズの上方の笑いについての研究にも触れておきたい。周知の通り、大阪、京都を中心とする上方落語には江戸の落語と異なり、商人を題材にした話が多い。しかし、ショアーズが指摘しているように、上方落語に登場する商人のイメージは一般的に考えられる「商人気質」の人物像とは異なる。上方落語に登場する商人像は、勤勉で節約家で革新的とされる一般的な商人像とは異なり、無責任で未熟で欲に負けるキャラクターとして描かれている。一般的な商人イメージとのこの矛盾は、上方落語におけるユーモアの源泉となっている。ショアーズは、上方落語の歴史、登場するキャラクター、名作の紹介のみならず、この矛盾の歴史的背景も明確にしている。大阪の商人階級の衰退という文脈を踏まえて上方落語を分析しているショアーズの研究は、上方落語における船場イメージを研究する上で欠かせない資料ではあるが、主に江戸時代と明治時代に焦点を当てており、本章の主題は戦後から高度経済成長期であるため、本書については以上の紹介に留めたい。

5　英語圏における船場文学研究にみる共通点と問題点

英語圏における船場文学研究にみる共通点

以上、英語圏の船場文学研究をいくつか紹介してきた。本章で焦点を当てたトーランス、クローニン、村上‐スミスの議論には共通点がみられる。共通点は主に四つ挙げられる。①「ぼんぼん」という船場文学の典型的キャラクターの紹介、②船場方言の位置と特徴、③谷崎潤一郎『細雪』にみられるノスタルジーの問題、④〈船場文化〉が荒々しい〈大阪らしさ〉に置き換えられたという問題。本書の関心に関わる④について補足しておく。いずれの研究も「船場的なもの」と「河内的なもの」という用語こそ用いていないものの、例えばトーランスは船場文化が崩壊する原因の一つとして、伝統的な船場の住人に代わる新参者や外部者の進出を挙げている。中でも最も影響力が強かったのは河内や泉で栽培された綿を取引していた「積極的で勤勉で倹約家」（Torrance 2012：38）の近江商人としている。またクローニンの映画『夫婦善哉』に関する議論も④に相当する。村上‐スミスも船場の人口減少や職住分離により、船場方言が徐々に使われなくなっていく一方で、下層階級の言葉には生き残る力が十分であり、大阪の広範囲に影響を拡大していったと指摘している。

マイノリティの言説研究の影響

関心のありかこそ重複するものの、ここまで示してきたように、船場文学の存在に着目し、その特徴を深く掘り下げた英語圏の研究文献は意外なほど多い。トーランスやクローニンのような研究は管見の限り日本でも見当たらない。これまで日本でもさほど着目されることのなかった船場というモチーフに、海外の研究者たちはなぜ着目したのか。おそらく一九八〇年代以降、西洋の文学理論に大きな影響を与えたマイノリティ言説研究の隆盛がその理由の一つとして考えられる。ジョナサン・カラーは次のように述べている。

アメリカの学問制度の中で達成された政治的な変化のひとつは、民族的少数派（エスニック・マイノリティ）の文学の研究の成長である。（略）特定の集団を、書かれたものの伝統に結びつけることによって、その文化的アイデンティティを強化することと、文化の多様性や「文化の多元性（マルティ・カルチュラルズム）」を讃えるというリベラルな目標との関係が議論の対象になっている。（略）「マイノリティの言説」の理論を生みだす試みは、各文化の伝統を分析するための概念を発展させるとともに、周縁的な位置を利用して、「多数派（マジョリティ）」の言説が前提としているものをさらけ出し、その理論的な論争に介入してゆく。（Culler 1997：131=2003：194）

トーランスの場合、マイノリティ言説研究としての船場文学という視点はクローニンほど中心的ではない。しかし、例えば、「特定の集団」である船場およびそのマジョリティ（＝公的権力）への関係についてトーランスは次のように述べている。

もし日本に「商人の貴族」が存在した場所があるとすれば、それは船場であった。商人の倫理や価値観が留保なく承認され、公益のための自治的な取り組みが英雄的と考えられ、公的権力の介入は稀で、高く評価されなかった。日常生活のパターンや習慣は完全に季節折々の商売のサイクルに基づいていた。（Torrance 2012：41）

トーランスは、伝統や地元社会に対して無関心な外来の裕福な経営者たち（＝マジョリティ）がマイノリティ文化を崩壊させる典型として、船場の衰退を解釈している。さらに文化的資本の価値は、快適さや利益、そして政治によって置き換えられたと述べている。トーランスはその論拠として宮本又次『船場』の次の一節を引用している。

いまや政治を離れては商売はできないし、時代の流れは東京接近を来している。為替管理法という大きな法規でしばられ、自分だけで自由に商売できる時代でなかったからである。この考え方はとくに重化学工業方面に強く、関西財界はこうして漸次東京の方へ接近して来たのだ。官庁参りが多くなると、本社の東京移転がふえる。（宮本 1960：450）

一方、クローニンにはトーランス以上にマイノリティ言説研究の影響が見てとれる。クローニンは多様性としての大阪文化（または大阪文化の中の多様性）をマイノリティ言説として位置づけ、それと「多数派（マジョリティ）」言説の関係を主題にしている。映画化を論じる中でみたように、クローニンは、〈大阪小説〉の映画化を戦後の再中央集権化の証左として解釈し、〈大阪映画〉は戦後の国家イメージの創造に役立つように意図的に制作されたとも言えると論じている。さらに、映画化だけではなく、〈大阪小説〉の場合もマジョリティ（国家）とマイノリティ（大阪）の関係について、「山崎の関西を描いた作品における詳細な現実描写は、現代において逃れられない無慈悲な均質化と中央集権化への地域の自己民族誌と見なすことができる」（Cronin 2017：150）と述べている。
また、クローニンは東京の大阪への視線を西洋の東洋へのオリエンタリズムと同じようにみなし、レイ・チョウ『プリミティヴへの情熱――中国・女性・映画』の一節を引用している。

見られているという状態は、非西洋文化が西洋文化に見られている様式に組み込まれているだけではない。もっと重要なのは、見られているという状態が、そのような非西洋文化が自分自身を表象し民族誌化する、積極的な様式の部分をなしているということだからである。（Chow 1995：180=1999：268）

クローニンの解釈では、〈大阪小説〉の多くは、「見られているという状態」、つまり東京による客体化を表わしているものである。〈大阪小説〉という民族誌は地域の主体性を主張し、国家が地域を客体化し従属させようとする権力性に対抗している。

船場文学の英訳の問題

以上のように英語圏における船場文学研究はマイノリティ言説研究との関係において盛んになってきたと考えられる。だが、英語圏における研究の多さに比して、船場文学作品それ自体の英語訳はきわめて少ない。ここまで研究紹介を通じて触れてきた船場文学作品の中で、英語に訳されているものは管見の限り、谷崎潤一郎『卍』（*Quicksand*, tran. by Howard Hibbett, Alfred A. Knopf Inc. 1994）と『細雪』（*The Makioka Sisters*, tran. by Edward G. Seidensticker, Alfred A. Knopf Inc. 1957）そして、山崎豊子『ぼんち』（*Bonchi*, tran. by Harue Summersgill, Travis Summersgill, University of Hawaii Press, 1982）のみである。翻訳の少なさの理由は本章の冒頭で引用したイレーナ・パウエルの言葉の中に示されている。つまり、船場を舞台とした作品の場合は、社会的・歴史的背景についての知識不足が、他の日本文学以上に理解の妨げになるのである。その具体例として、『細雪』を英訳したサイデンステッカーの言葉を引用したい。サイデンステッカーは「阪神間の代表的な奥さん」（谷崎 2015：144）という原文を「a typical Osaka lady」（Tanizaki 1957：95）として翻訳した理由について次のように述べている。

> 日本では「大阪の住人」というのと、「阪神間に住んでいる人」というのでは、受ける感じが非常に違う。また「芦屋夫人」といえばさらに違う。それはわれわれが、大阪という土地柄とそこに住む人々、阪神間という土地柄とそこに住む人々、芦屋という土地柄とそこに住む人々について、予備知識をもっているからである。この予備知識がなければ、大阪の人、阪神間の主人、芦屋夫人といっても、そこには何の違いも想像できない。英語では「阪神間の代表的な奥さん」を"a typical Osaka lady"としたのは、このような予備知識のない英文の読者に対して、これを"a typical lady of the Osaka-Kobe district"としたのでは、何となくぎこちなくひびくように思ったからである。（サイデンステッカー・那須 1962：65）

ここでは船場ではなく阪神間が例として出されるが、船場の場合も同様であろう。本章で紹介した研究者のように、日本語ならびに日本の歴史と社会的背景についての学術的な「予備知識」を備えている読者でなければ、船場の舞台装置としての機能を理解することは困難であることがうかがえる。しかし、繰り返しになるが、本章で紹介した研究からわかるように、英語圏の学術界には船場文学への確かな関心が見られる。この関心が持続し、世界言語である英語による研究を通じて日本のマイナー文化への知見が広範に普及することを期待したい。

注

（1）以下、翻訳者を示さない限り、英文和訳は拙訳による。

文献

Chow, Rey, 1995, *Primitive Passions: Visuality, Sexuality, Ethnography, and Contemporary Chinese Cinema*, Columbia University Press.（本橋哲也・吉原ゆかり訳、一九九九、『プリミティヴへの情熱――中国・女性・映画』青土社。）

Cronin, Michael P., 2017, *Osaka Modern: The City in the Japanese Imaginary*, Harvard University Asia Center.

Culler, Jonathan, 1997, *Literary Theory: A Very Short Introduction*, Oxford University Press.（荒木英子・富山太佳夫訳、二〇〇三、『文学理論』岩波書店。）

藤井重夫、一九五五、「夫婦善哉」『映画評論』一二号（一〇号）：六一‐六三頁。

宮本又次、一九六〇、『船場』ミネルヴァ書房。

Murakami-Smith, Andrew, 1997, *Dialects and Place in Modern Japanese Literature*, Thesis (Ph. D.), Princeton University, UMI Dissertation Services Photocopy.

Powell, Irena, 1983, *Writers and Society in Modern Japan*, Macmillan Press.

笹川慶子・日高水穂・増田周子・マイケル・P・クローニン、二〇一七、『近代大阪文化の多角的研究——文学・言語・映画・国際事情』関西大学なにわ大阪研究センター。
サイデンステッカー、E・G、那須聖、一九六二、『日本語らしい表現から英語らしい表現へ』培風館。
SHORES, Matthew W., 2021, *The Comic Storytelling of Western Japan: Satire and Social Mobility in Kamigata Rakugo*, Cambridge University Press.
谷崎潤一郎、二〇一五、『谷崎潤一郎全集　第一九巻』中央公論新社。
Tanizaki Jun'ichirō, 1957, *The Makioka Sisters*, tran. by Seidensticker, Edward G., Alfred A. Knopf Inc.
Torrance, Richard, 2012 "Literary Accounts of the Decline of Senba" *Monumenta Nipponica*, 67(1) : 29-73.
山崎豊子、二〇〇三、『山崎豊子全集1　暖簾　花のれん』新潮社。

第6章　〈船場〉と「ど根性」
――花登筐の過剰な「愛情」

山本昭宏

1　「ど根性」の時代

「ど根性」という言葉を聞いて思い浮かべるものは人それぞれだろう。筆者の場合は、オンタイムではないが、テレビアニメ「巨人の星」（第1期：一九六八～七一年）の主題歌「ゆけゆけ飛雄馬」を思い浮かべる。東京ムービー企画部がつくったとされる歌詞の冒頭には「思いこんだら試練の道を、行くが男のど根性」というフレーズがある。よく知られるように、『巨人の星』と同時期の『週刊少年マガジン』では『あしたのジョー』も連載されていた。両作品は、原作者・梶原一騎の地位を確立させただけでなく、「根性」を当時のポピュラー・カルチャーに定着させた「スポ根」マンガの元祖でもあった。また、少女マンガにも、『アタックNo.1』の流行が示すように、「スポ根」と呼ばれる人気作は多い。作品ごとにニュアンスの違いがあるのは当然としても、男性指導者や、男性主義的な価値観を多分に内面化した女性指導者の導きのもとで鍛錬を積む主人公の成功物語という点で共通している。さらに、『週刊少年ジャンプ』では一九七〇年から吉沢やすみによるギャグ漫画『ど根性ガエル』の連載が始まっていたが、このインパクトのあるタイトルは、一九六〇年代末から七〇年代初頭のポピュラー文化の流行の一つに「ど根性」モノがあったということを示している。

ここまで「ど根性」という言葉を使用してきたが、そもそも一般的に言われる「根性」と、本章が扱う「ど根性」という言葉には、どのような違いがあるのだろうか。「ど」という接頭語がつくだけで、ニュアンスがいかに変化するのか。この問いに答えるため、「ど根性」と呼ばれがちな物語に共通する構成要素を説明してみたい。

「ど根性」の物語は、たんに主人公の前にさまざまな障壁を置くだけではない。そのような物語は他にいくらでも存在する。「ど根性」の物語にとって重要なのは、主人公たちが、不条理とも言える常識を超えた壮絶な努力（たんなる「根性」とは明らかに異なる過剰な努力）によって、それらの障壁を乗り越えることだ。不条理と思えた努力は成長と勝利によって再帰的に合理化される。つまり、「ど根性」とは「勝つまで努力をやめない」という精神性を極度に凝縮したものであり、その担い手は「勝つまで成長し続ける少年少女や青年」である。予定された「勝利」に向かって、作者も読者も登場人物も、ある意味では単調な階段を上っていくところに、「ど根性」の物語の安定性がある。

梶原一騎がポピュラー文化の歴史に特異な位置を占めることができたのは、彼が生む物語の過剰さを受け入れる読者・視聴者層の通時的な連なりがあったからだろう。梶原一騎的な「ど根性」は、突然生まれたものではなく、それ以前からの日本社会に蓄積されていた特定の精神性のうえに開花したと理解できる。そして、おそらく、メディア文化の領域における「ど根性」の蓄積に多大な貢献をなしたのが、高度経済成長期の大阪のイメージだったのではないか——というのが本章の仮説である。

本章は、その蓄積に寄与したと考えられる花登筐に焦点をしぼり、彼が描いた大阪・船場を検討する。まず、山崎豊子・菊田一夫と花登筐を比較することで、「ど根性」物語の変質について考察する。次に、花登が手掛けた小説とテレビドラマを確認し、花登がいかにして〈船場〉を作り直したのかを考察する。

2　山崎豊子と菊田一夫

本章が主題とする「ど根性」については、すでに評論家の木津川計による論評がある。木津川は、高度経済成長期の大阪のメディア文化における「ど根性」という精神性に注目し、「山崎豊子の登場によって使われ始めた〝ど根性〟を、花登はテレビに舞台に〝根性ドラマ〟として定着させた」と述べた（木津川 1986：105）。

山崎豊子と花登を連続的に捉える木津川の指摘に大筋では異存はないが、より正確に言えば、連続性のなかにも見過ごせない「ど根性」の変容があったと考えられる。以下、山崎豊子と菊田一夫を参照しつつ、その変容を見極める作業を進めていこう。まずは山崎豊子が描いた「ど根性」について、デビュー作『暖簾』（山崎 1957）とキャリア初期の短編「船場狂い」（山崎 1958）を確認する。

『暖簾』は親子二代の物語だ。明治二九年に淡路島から大阪にやってきた一五歳の少年・吾平が、老舗の昆布屋の主人に拾われて丁稚奉公に入るところから物語は始まる。小説は、吾平が丁稚から着実に出世し、暖簾分けを経て独立する過程を描く。暖簾とは、商家の軒先にかけられた布で、紺色の木綿に屋号を染め抜いたものを指す。それは商家の象徴であり、「一定の店舗の多年の営業活動から生ずる無形の経済的利益。また、その店の伝統や信用」（『日本国語大辞典』）を意味した。

独立した吾平は、主人から与えられた「何事堪忍」という言葉をよりどころに頑張るものの、戦災にみまわれる。しかし、戦争が終わり、ラバウルから復員してきた次男の孝平が、新たな方法で暖簾を守り育てていく。孝平は大学まで出た「インテリ」で、大阪商人の精神性を武器に東京進出を果たし、商売を軌道に乗せるのである。戦後の東京経済の伸張はすさまじく、大阪は溝をあけられるだろうが、それでも何とか食らいついて大阪を復興させよう――こうした孝平の決意を綴って小説は終わる。

小説のなかで山崎豊子は、大阪・船場商人の精神を二通りに書き分けている。それが顕著に表れているのが、孝平と大学時代の同級生が議論する次の場面である。同級生は孝平に言う。最近のお前は金儲けのことばかり考えている。金儲けは一介の昆布屋が考えることであり、大学を出たインテリの考えではない。それでは丁稚上がりと同じではないか、と。この同級生に対して、孝平は次のように答える。

> そうや、大学を出てても丁稚になりきれるところが、大阪商人の面白（おもろ）さやないか、経済や商科を出ても、暖簾の前へ立ったり、厚司（あつし）着たり、前垂れかけたら、大学出やというより先に商人のど根性が先へどかんと来る。大阪の街いうものは、何かそんなものを造りあげてしまう奇怪な力持ってるなあ。（略）
>
> 今わいの周囲の相手は、殆ど丁稚や番頭から叩きあげた奴らが多い、こいつらは金のためなら

死んでも眼をつむれへん、転んでも馬糞握って起ち上るぐらいえげつない根性で商売しとおる、舌の根も乾かんうちに、白を黒という騙し討ちをかける奴もおる、しかし、わいはどんな辛うても卑劣な騙し討ちの儲け方はようせん、合理的な計画と緻密な判断の上にたって、あとの頑張りだけは原始的な丁稚精神でやる、これが強いていうたら大学出の丁稚精神や。（山崎 1957）

一方では金のためなら何でもするという「えげつない根性」を「卑劣」という言葉で否定的に描き、他方で「頑張り」という「丁稚精神」を肯定的に描き分けていることがわかる。そのうえで、山崎は孝平を、戦後的合理性（大学出）と船場の伝統的精神性（丁稚）を併せ持つ新時代の人物として描いたのだった。山崎豊子の初期作品における「ど根性」とは、「暖簾を守る」という伝統主義と、「丁稚精神」という立身出世主義を至上命題として刻苦する人間の精神性を、「大阪特有のもの」として表現する際の合言葉のようなものだった。また山崎は、「ど根性」にある「えげつない」前近代性や姑息さを指摘しつつ、エリートの主人公とは異なる精神性として外部化していた。

次に、短編「船場狂い」から、特定の価値への過剰な執着を確認する。この作品は『暖簾』で否定的に言及された「えげつない」前近代性に焦点を当てた作品である。「船場狂い」の主人公・久女（くめ）は、船場と向かい合う環境に生まれ育ち、幼少期から船場のしきたりや風俗に関心を示し、船場の商家に嫁ぐことだけを自分の至上命題とした女性である。自身が果たせなかったその目標を、久女は娘を通して実現する。娘を船場の「ぼんぼん」の若旦那と結婚させることに成功し、支度金を張り込んで「お金で船場を買う」たと豪語するのである。その後、戦災を経て旧来の船場は崩壊していくのだが、それでも久女は、船場の「御寮人（ごりょん）さん」と呼ばれることに執着し続ける。周囲から「船場狂い」と陰口を叩かれているのを、本人は知らない。戦災後の船場は次のように描写される。

やがて昔の人々が、ぼつぼつ、舞い戻る時が来ても、船場はもう、昔の船場ではなかった。第一、この一画を船場などと呼ぶこともなかった。この一画は××株式会社出張所、△△合同商行などという、看板を掲げたブロック建築の事務所で埋まった。使用人たちの木綿の厚司に前垂れは、ジャンパーがとって変わった。『旦那はん』や『御寮人さん』などという船場風の呼び名も、いつの間にか、死語になってしまった。船場は、名ばかりで、もぬけの殻だった。（山崎 1958：1965：35-36）

「時代遅れ」の女性の数奇な一生を辛辣に、しかし柔らかく包む短編であるが、注目すべきは「船場狂い」と陰で呼ばれた久女の船場への執着である。山崎は、自らの目標のためにすべてを損得勘定で捉える人間の「えげつなさ」を船場の「外」の人間と結びつけて描いたのだった。船場の内と外とを峻別する思考は、船場に育ち、船場の生活文化を愛した山崎らしいとは言えるが、そこにはあからさまな排他性を指摘することもできる（もっとも『女の勲章』では船場の因襲を嫌い西洋の美に憧れる女性を登場させている。山崎の船場への思いは愛憎なかばというところだろうか）。

最後に、補足的に菊田一夫の戯曲『がめつい奴』を確認しよう。『暖簾』とほぼ同時代に発表された、菊田の代表作の一つである。そもそも、菊田は山崎豊子の『暖簾』を脚色し、芸術座開場（第一回）公演として一九五七年に演出・上演していた（四月二五日～六月二日）[1]。そのため『暖簾』を読み込んだ経験が、『がめつい奴』にも流れ込んでいると考えられる。その後、菊田は、一九五八年に大阪の釜ヶ崎を舞台とした現代劇『がめつい奴』の上演を成功させる。『がめつい奴』についての詳細は第3章に譲るが、船場の伝統に立脚した商人の精神性を描いた『暖簾』とは異なり、戦後の釜ヶ崎の下層社会の群像を描いた作品である。登場人物たちも、高利貸でひたすら蓄財しようとする簡易宿泊所の女主人「お鹿」や、「あたり屋商売」で小銭を稼ぐ「絹」、「お鹿」の義弟でその財産を狙う「彦八」、それ以外にも、屑鉄拾いや美人局など、皆一様に自己利益を最優先するアクの強い人間として造形されている。

菊田一夫が『がめつい奴』で強調したのは、過去（伝統）とも未来（出世）とも切り離された、即時的・即物的欲望に駆られた人々の姿であり、欲望を満足させることを自己目的化（例えば蓄財）させて他者の存在を顧みない「俗物」たちの姿である。伝統を背負った商人ではない釜ヶ崎の彼ら・彼女らに対して、菊田は「ど根性」という言葉を使わない。山崎が「えげつない」と表現したような過剰な精神性だけを強調して「がめつい」と呼ぶのである。菊田は舞台を釜ヶ崎に設定することで、「えげつなさ」という過剰性と釜ヶ崎との結びつきを結果的に強化したのだった。

以上の整理から抽出できるのは、山崎と菊田の両者が、自分を含む共同体（ここでは伝統としての暖簾を守る）のための利他的「努力」と自己目的のためだけの利己的「努力」とを描き分けていたということである。つまり、一九五〇年代末の山崎のテクストは、前者の「努力」を船場に、山崎と菊田のテクストは後者の「努力」を船場の外に、配置する機能を果たしたのである。

両者に対して、船場を舞台にしてこれら二系統の「努力」を縦横無尽に展開することで、大衆的規模での人気を獲得し、船場のイメージを変形・拡散させる人物がいた。それが花登筐である。(2)

3　演劇好きの青年から人気作家へ

花登筐の本名は花登善之助、旧姓は川崎である。一九二八年、滋賀県大津市の商家に五人きょうだいの末っ子として生まれた。母親は松竹の株主になるほど芝居好きで、毎月、善之助を連れて京都の南座まで芝居を観に行っていたという。この頃の花登が特に好んだのは、劇団・新国劇が上演する「月形半平太」や「国定忠治」などの大衆的な剣劇だった。滋賀県立大津商業学校を経て、一九四六年に同志社経済専門学校に進むが、新国劇好みは戦後も変わらなかった。花登は「王将」や「文楽」などの北条秀司の作品に入れあげた。同志社卒業後も京都にとどまって演劇活動に打ち込んでいたが、そこで上演していたのも北条秀司の脚本を再解釈したものだったという[3]。

花登はこの演劇活動で借金を作ってしまう。そこで、今後は二度と演劇活動に関わらないと約束して、その借金を母親に肩代わりしてもらうと、一九五一年に株式会社船場田附商店に就職する。この商店は実業家で近江商人の田附政次郎が創設した糸問屋で、株式会社を名乗ってはいたものの、まだまだ丁稚制度が残っていたという。「その店へ入るのは就職のためではなく、あくまで商人として独立するのが目的だとされた。故に、新入社員には、商売を教えてやっているのだ、という昔からの考え方が持続していた」と花登は回想している（花登 1983：20）。就職後も、花登の演劇への情熱は冷めなかった。肺病を患い会社を辞めると姉の家に身を寄せ、回復後また別の会社に勤め始めたのだが、一九五三年に大喀血をしてしまい、療養を余儀なくされる。その療養中に、民放ラジオ局の懸賞コントを書いて応募し始めたことから、劇作家の道へと進むのだった。

病を治し、脚本家として出発した花登は、大阪梅田のOSミュージックホールで上演される演目の執筆を担当することになる。当時のOSミュージックホールは、大人向けのヌードショーやコントを上演する劇場だった。花登は、大村崑や芦屋雁之助・小雁らの若手を積極的に起用し、軽妙な笑いで認められると、今度はテレビに打って出た。「モダン寄席」(NHK大阪放送局、一九五六年六月二一日)や「恋とトンプク」(OTV、一九五六年一一月一六日)を皮切りに、黎明期の在阪テレビ局での仕事を開始するのである。

花登が脚本を担当したテレビ番組で最初のヒット作は、大阪テレビ(OTV)にて放送された「やりくりアパート」(一九五八~六〇年)である。この作品は「なにわ荘」というアパートを舞台にしたコメディで、日曜午後六時半からの三〇分枠。一九五九年七月には、五〇・六%の最高視聴率を記録したとされる[4]。

花登の順調な活躍ぶりの要因は、もちろん第一には彼の作品の個性によるものだが、それだけが理由ではない。一九五〇年代後半は在阪テレビ局が相次いで誕生していた時期であり、そのタイミングと一致したことも、花登には追い風だったのである。例えば、一九五八年に読売テレビ(YTV)と関西テレビ(KTV)が、一九五九年には新日本放送が毎日放送(MBS)と社名変更してテレビ放映を開始していた。若い脚本家・構成作家・演出家たちが求められる時代であり、そのなかから藤本義一や椎名龍治らが台頭するが、なかでも花登は手掛けた仕事の量において突出していたと言える。こうして、関西のテレビ界で地歩を固めた花登は、船場を舞台にしたコメディを世に問うこととなる。「番頭はんと丁稚どん」(MBS、一九五九~六一年)である。

舞台装置としての船場

船場を舞台にした花登作品は数多いが、「番頭はんと丁稚どん」はその嚆矢にあたる。また、一九三〇年代のエンタツ・アチャコから大阪の笑いが全国を席巻した例はあるが、全国区になった大阪喜劇の「テレビ番組における決定版」とも言われる（創業十周年記念社史編集委員会 1961：144-145）。関東でも放送され、高視聴率を記録したこの作品の舞台は、船場の薬問屋だった。脚本家・演出家として船場の商人たちを登場人物にした軽妙な喜劇を約三年、一四六回分担当した経験は、おそらくその後の花登の作劇を規定したものと思われる。

そもそも船場の商家は、舞台としては絶好の条件を備えていた。まず、厳格な階層的身分秩序があるという点。[5] 船場の商家では、番頭・手代・丁稚という男性たちの階層構造の頂点に店の主人（とその家族）が君臨していた。ただし、「番頭はんと丁稚どん」が放映されていた時代には、週休一日制が採用され、住み込み労働も減っており、すでに前近代的な慣習は弱まっていたと言われる（牧村 1961：2）。それでも人々の意識のなかには船場と前近代的な疑似的な身分制とを結びつける等号が残存していた。それゆえ、船場の商家という舞台設定によって階層構造に沿った登場人物の役割を明確化し、作劇の基盤を安定させることができた。階層構造は身分差による笑い、あるいは努力・嫉妬・いじめなどの集団内部の行為や関係性のパターンも生みやすいし、取引先や新たな奉公人、他の問屋の奉公人など登場人物の入れ替わりによる劇の転調も容易である。さらに、「番頭はんと丁稚どん」のオープニングでは、大村崑・芦屋小雁・茶川一郎の丁稚のトリオが「丁稚だって、丁稚だって」という歌い出しで『好きだった』（鶴田浩二のヒット曲）の替え歌を合唱するが、「弱者」である丁稚たちの卑下や悲哀が「丁稚だって」という言葉に表されており、これも視聴者の共感を得やすかったと言えるだろう。もちろん、大村崑の俳優としての独創性も付け加えておかねばならない。永六輔がかつて指摘したように、「『親バカ子バカ』でアホを演じた藤山寛美とくらべると、崑のアホはニヒルでナンセンス。寛美のアホはロマンチストでヒューマンと言う感じがする」のであり、視聴者は「ニヒルでナンセンス」なほうに新時代の笑いを感受したのかもしれない（永 1965：191）。

舞台装置に話を戻そう。船場は大衆喜劇の舞台として優れていたのであり、そのことに花登ははやくから気がついていた。「文学者」として認知されていた山崎豊子は、舞台装置としての船場に先鞭をつけていたが、六〇年代以降はその舞台を病院や大企業など、より大きな権力の場に移した。それとは対照的に、花登は船場を舞台とした物語を書き続けることになる。

「番頭はんと丁稚どん」が終わったあとも、花登は船場という舞台を手放さなかった。「船場どんたく」（YTV、一九六二年八月二四日）、「はんぱ姉妹」（朝日放送（ABC）、一九六三年一〇月～一二月、一九六四年から『船場姉妹』にタイトル変更のうえ三月まで放映）、老舗の呉服問屋を舞台にした「いとはんと丁稚どん」（ABC、一九六五年一一月～六七年六月）などの作品である。ここに挙げたもの以外にも、花登は作品を量産していた。当時の新聞記事からは彼の活躍が驚きとともに受け止められていたことがうかがえる。一九六四年七月五日付の『朝日新聞』は「東京の劇界に〝花登旋風〟」という見出しで、花登を次のように紹介していた。

舞台が月に平均五本、テレビのレギュラー番組がNHKの「漫才太平記」、毎日の「瓦版忠臣蔵」、関西の「ゲラゲラ劇場」、読売の「あらあら旅館」、天外と交互に朝日の「十億円のあほぼん」、その他に単発もの、映画の台本も書いている。テレビはすでに千三百本を生み出したというから、たいへんな多作ぶりだ(6)。

このような量産体制を支えたのが強固な舞台設定だというのはすでに確認した通りである。その後の花登は、一話完結の喜劇から離陸して、船場を舞台とした長い物語を書き始め、〈船場〉を編み直すことになる。では、花登が編み直した〈船場〉とは、具体的にはどのようなものだったのか。そしてそれは、従来の船場イメージといかなる違いがあったのだろうか。転機となったのは連載小説という仕事だった。

えげつない物語

テレビでの活躍によって「神風作家」という異名をとった脚本家としての花登に、小説を書くよう勧めたのは、今東光だった。今東光については、第一章の坂論文に詳しいが、ここでは二人の関係について一点だけ補足しておく。花登がＯＳミュージックホールの座付き作家だったのは先述の通りだが、花登はＯＳミュージックホールで今東光の『春泥尼抄』と『河内風土記』をヌード・ショーに仕立てて演出していた（今 1960：107）。正確な時期は不明だが、一九六〇年までには、二人の交流が始まっていたと考えてよいだろう。

今東光の勧めによって、花登は小説『銭牝』の連載を開始する。掲載誌は徳間書店の週刊誌『アサヒ芸能』だった（一九六四年一二月二七日号〜六五年八月一日号。六五年に徳間書店より単行本が刊行）。脚本家として経験豊富だった花登の、小説家としての出発である。なお、今東光は同時期に『アサヒ芸能』に『河内カルメン』を連載していた（一九六四年七月一九日号〜六五年四月二五日）。おそらく、今

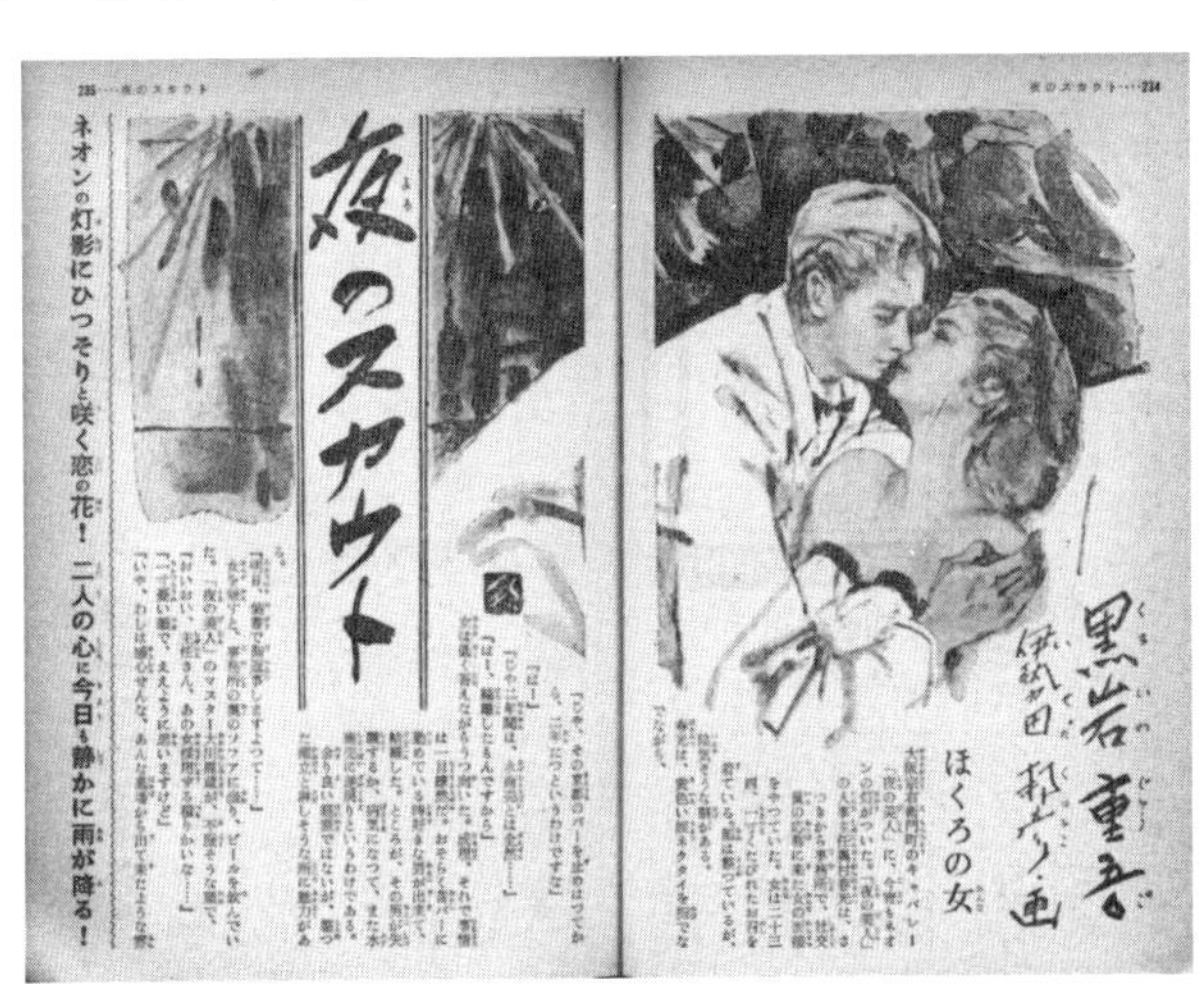

図6-1　挿絵の艶っぽい雰囲気

出典：「夜のスカウト」『小説倶楽部』1959年7月号。読切小説

が花登に同誌を紹介したのだろう。

『銭牝』はタイトル通り、銭金に執着し翻弄される一人の女性の物語である。大阪の庄内で高利貸の娘として生まれた主人公が、ホステスとして成功を掴むまでが物語の骨子という『銭牝』は、モデル小説だった。モデルとなったのは、大阪・北新地のホステスで、クラブ経営者として成功した池口麗子である。舞台とモデルの選定に『アサヒ芸能』という媒体の特質が表れているし、成り上がりの物語というのちの花登が得意とした物語類型も、すでに『銭牝』で採用されていることがわかる。

もっとも、大阪の夜の街を舞台にした作品は、すでに黒岩重吾が先鞭をつけていたということを忘れるわけにはいかない。黒岩もまた多作だったが、一九五〇年代末から六〇年代にかけて、大阪の夜の街のホステスやスカウトマンを重要な登場人物に配した作品をいくつも発表していた（図6-1）。サスペンスや推理小説の形式を借りて大阪の人々の銭金をめぐる欲望とその傍さを描くのを得意とした黒岩に対して、花登が描いたのは主人公の出世譚であり、ある意味では単線的な物語だった。その単線的な構成に多種多様な逆境を用意することで、登場人物のあいだの立場の差が逆転するというカタルシスを先延ばしにし続けるという技法に長けていたのが花登だったと言えようか。この「先延ばし」の技法が連載小説に向いていたのは言うまでもない。

花登は続いて、日本ジャーナル出版の週刊誌『週刊実話』で『すてテこ大将』の連載を開始する。『すててこ大将』こそ、花登の作劇の特徴が如実に表れた作品であり、これ以降に花登が発表した「商いもの」とでも呼ぶべき一連の作品の原型をなす。

花登の「商いもの」の物語構造を要約するならば、主人公が修養に修養を重ねて最後には成功を収めるという、特に珍しくもない構造である。こうした物語は、花登以前から存在した。ここでは獅子文六を比較対象に持ち出してみよう。相場師を主人公に据えた獅子の『大番』（『週刊朝日』一九五六年二月二六日号～五八年四月二七日号連載）は、評論家の北上次郎によって「ど根性サクセス・ストーリーの傑作」と称賛された作品である。花登が獅子文六の『大番』を読んでいたのかどうかはわからないが、すでに成功していた『大番』と同様の成り上がりの物語を自らの小説の土台として選んだのは、やはり花登の作家としてのセンスの表れだろう。

もちろん、花登の功績は、『大番』の舞台を金融街である東京の日本橋兜町から船場に移し替えたところにあるのではない。花登がそこに付け加えた「えげつなさ」にこそ注目すべきである。それは山崎豊子・菊田一夫の作品にすでに存在していた要素をさらに強調したものだった。

そう主張する理由を述べるために、ここからは長編『すててこ大将』（徳間書店、一九六六年）の梗概を確認する(7)（図6－2）。

「ステテコ」への注目

『すててこ大将』の舞台は船場で代々続く呉服問屋・成田屋、主人公は「てかけの子」と呼ばれる秀太郎（秀松）である。「てかけ」とは当主の妾を指す。船場の商家では、当主が芸妓を妾にすることは珍しくなかった。それゆえ「てかけの子」は当主の家族や奉公人たちに軽蔑されがちであり、父親の商家で働くことは珍しかった。しかも、当主の秀吉には本妻とのあいだに安造という男の子がおり、彼が成田屋の跡取りとなるのだから、普通であれば秀太郎は成田屋と何の関係もない人生を送るはずだった。しかし、成田屋の当主・秀吉は、癌で息を引き取る直前に、秀太郎を成田屋で引き取って財産も分けるという言葉を遺す。こうして、秀太郎は丁稚として成田屋で働くことになり、秀松という名を与えられる。しかし、家族や番頭・丁稚たちは「てかけの子に財産を奪われた」と感じ、秀松に辛く当たるのだった。『すててこ大将』は、秀松が逆境に次ぐ逆境を根性と機転で乗り越え、次第に周囲から認められ、成功するという立志伝である。タイトルは、秀松がステテコの商品開発を思いついて成田屋の窮地

図6－2　『すててこ大将』（徳間書店，1966年）

表紙の絵は小島功によるもの。小島は成人向け雑誌などで女性イラストを多数手がけたことでも知られる。

を救い、さらには大成功を収めることに由来する。

本章では紙幅の都合から物語の内容を詳述することはできないので、秀松の精神性を示すエピソードのみ紹介しよう。成田屋は本妻の子・安造の女性問題が原因でヤクザ者たちに狙われ、二〇〇円という大金を強請られる。ヤクザ者に金を払ってしまうと、債権者への支払いが滞るばかりか、店の信用までも地に落ちかねない。それでも、安造は金を払わざるを得なかった。ヤクザ者に金を渡すと、その金を握って立ち去る男たちと入れ替わるように、債権者が取り立てにやって来る――。

成田屋存亡の危機を感じた秀松は、ヤクザ者たちを追いかけて、「そのお金返しとくれやす」とすがりつく。衆人環視のなか、ヤクザ者に殴られても蹴られても、何度でもすがりつくのである。引きずられて着物は破れ、全身血だらけになった秀松は、それでもヤクザ者から離れようとしなかった。人だかりができて、巡査が来るかもしれないとヤクザ者たちも焦りだす。ついに、「返したるわい」と金を投げるのだが、それでも秀松は手を離さない。金が二〇〇円あるかを確認するまでは離さないと言うのである。確かめ終えた秀松は成田屋に戻り、債権者たちに血の付いた金を差し出すのだった。債権者たちは、今回はこれで構わないが、当主の女道楽でヤクザ者に金を強請られるようでは、信用は地に落ちたと言い放つ。それに対して秀松は次のように訴える。

のれんだけは、降ろしとうおへん。わてにそんなこと言える資格はおへんけど……てかけの子でも父親を思う気持は一緒だす。わては、お父はんがきずかはったこの成田屋ののれんを降ろしとうはおまへん。お父はんの成田屋ののれんを子供が守り切れんかった、それでは、わては何のために生まれて来たのか分かりまへん。お願いだす、もう一回、もう一回やらせて見てくれはら

しまへんやろか……。（花登 1966：139）

暖簾を守るための「ど根性」――そう整理してしまうと、山崎豊子の小説世界とほとんど変わるところはないかもしれない。しかし、花登が山崎と異なるのは、確認したように「えげつなさ」を小説世界に持ち込んだ点だった。ボロボロになっても金を数える秀松の姿は、美しいというよりも、壮絶な自己犠牲である。あえて言うならば、それは山崎豊子には書けなかった「品のなさ」でもあるのだが、初志貫徹のための強靭な意志を表現するには効果的だった。

そもそも、小説のタイトルにもなっている「すててこ」に、花登が強調する精神性が表れていた。「すててこ」は、あくまで下着・部屋着であって、呉服問屋にとっては格式を下げかねない商品だ。しかし主人公は、起死回生の一手をステテコに賭け、成功するのである。

4　メディアと船場の変容

山崎や菊田にはできなかった船場イメージの展開・拡散が、なぜ花登には可能だったのだろうか。そこには単に花登の才能というだけでは足りない要因があったと考えられる。ここからはその要因を、メディアの違いと船場の変容という二つの観点から説明する。

第一のメディアの違いとは、花登が活躍したのがテレビ、ないしは「二流」から「三流」とされるゴシップ週刊誌であったという単純な事実を指している。山崎豊子の場合は、『暖簾』こそ書き下ろしだが、『花のれん』は『中央公論』（一九五八年一月号～六月号）に連載され、『ぼんち』は『週刊新潮』（一九五九年一月五日号～一二月一四日号）に連載された。その後も、いわゆる大手メディアでしか仕事をしていない。掲載誌が占める社会的位置が、花登とは明らかに異なるのである。何度も主人公を苦境に立たせるという花登の作劇には、当然ながらじゅうぶんな紙幅や長尺が必要だった。つまり、花登の船場ものは、男性向け大衆週刊誌に掲載される長編小説でなければならず、映画ではなく毎週放送される連続テレビドラマでなければならなかったのである。

また、次節で確認するように『船場』という小説は、テレビドラマを前提とした作品だった。家庭でテレビドラマを録画することができなかった六〇年代末では、一話でも見逃してしまうと話をたどることができず、視聴者が減るおそれがあった。そうした視聴者離れを食い止めようと、花登は「その週に放送する物語を、その週の週刊誌にのせること」を思いついたという（花登 1968：9）。そのため、花登は『船場』を「テレビ小説」と呼んでいる。文学賞とは無縁だった花登の作品に付きまとう通俗性の原因もまた、彼の才能だけでなく、彼の作品が盛られた器としてのメディアにあったと理解することも可能であろう。

第二の観点は、船場の変容である。一九五〇年代はしばしば「大阪経済の地盤沈下」が言われていた。すでに本書の第一章の坂論文が詳述しているが、東京中心の経済政策、産業構造の転換、アジア市場の縮小などの要因が重なって一九五〇年代には経済界における大阪の存在感が薄れ始めていた。それでも、船場は依然として大阪経済の中心だった。一九五九年の『読売新聞』の報道によれば、当時の船場には大阪市内の五一％にあたる約五二〇〇店もの多種多様な問屋が集中していたという。しかしながら、その記事の内容は、船場の落日を強調しつつ、都市機能の分散や道幅拡張などの再開発の可能性を展望するものであった（図6-3）。なお船場に多数存在した問屋のうち、繊維問屋は、船場の再開発によって一九七〇年に建てられた船場センタービルに移動する。船場センタービルは、阪神高速13号東大阪線の高架下の空間を利用した東西約一キロにおよぶ巨大な横長ビルとして、現在も多数の問屋が店を構えている。

大阪経済の地盤沈下が顕著になっていた一九五〇年代後半という時期に、山崎豊子は自身の経験を踏まえて「伝統的船場」を描くことができたが、花登にとってそれはすでに過去のものになりつつあった。その傾向は一九六〇年代に加速する。花登は、『船場』のドラマ放送を控えた一九六七年に「もう現在船場はどこにもないわけです」と述べるに至った（花登 1967：74）。花登は次のように続ける。

> いま現在なぜ「土性ッ骨」がなくなってきたかと申しますと、それは船場というものがもう昔の船場じゃなくなった。ちょうどあの長堀川が埋め立てになりまして、それと同時にもう船場の島の内も何もなくなってきた。大阪じゅうが何か大阪あきんどになって、外敵であろうが内敵であろうが、もう区別をしなくなった。（略）その船場自体がなぜなくなってきたかといいますと、もちろん戦争もあります。だけどはっきり言いまして、でっちという姿が消えたからだと思うのです。（略）私が糸問屋へ入ったとき一緒に入ったのが、金を計算して間違ってチャリンと落とした。

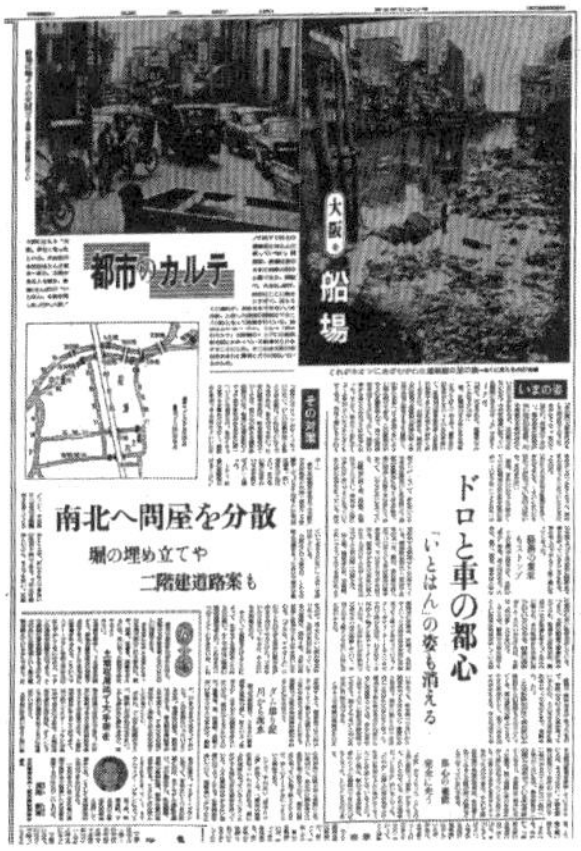
都市のカルテ
大阪の船場
南北へ問屋を分散
堀の埋め立てや
二階建道路案も
ドロと車の都心
「いとはん」の姿も消える

図6-3　都市のカルテ　大阪・船場

出典：『読売新聞』1959年6月4日3面

そうしたらそこの主人がえり首をつかまえて、その落ちた金のところへ口を持っていきまして「これが銭の味や、銭の味を覚えたら二度と粗末に落とすようなことはするな。」そう言ったのをはっきり耳に覚えています。（花登 1967：75）

花登は船場の変貌の原因を丁稚の有無に求めているが、暖簾や女系家族や番頭ではなく丁稚に着目するところに、花登の個性がある。また、いまみればハラスメント以外のなにものでもない「銭の味」の挿話からは、ハラスメント集団への過剰適応を丁稚の「ど根性」としてパッケージすることによって許容可能なものに変化させようとする花登の戦略を見て取ることもできる。

花登が『すてて こ大将』の主人公に選んだ人物は「てかけの子」であり、彼は暖簾の外側からの来訪者にして、逆境をはねのけて丁稚から成り上がる苦労人だった。山崎豊子は、家業と結びついた利益至上主義をその内側から書くことができたが、花登の場合はあくまで暖簾は設定に過ぎなかった。花登が描いた主人公の出世譚は、高度経済成長期に周縁部から都市部に移って来た若い労働者たちの願望を、ある程度まで忠実になぞっていたと考えることもできるだろう。

さきに触れたが、『すててこ大将』は関西テレビにて「土性ッ骨」というタイトルで連続ドラマ化されている（一九六六年九月～一二月）。関西テレビは、原作からの脚色を梅林貴久生に依頼するのだが、これに花登は怒りを覚えた。なぜ自分に書かせないのか、という怒りである。さらに放送されたドラマをみた花登は「これは船場ではない……」と失望を深くする（花登 1983：107）。その理由として花登が挙げているのは、丁稚のしぐさである。花登によると、ドラマ内で、船場の問屋に奉公に来ている丁稚が、あぐらをかいて飯を食っている場面があったという。それは花登にしてみれば、あり得ないことだった。そこで花登は自らの手で「ほんとうの船場」をドラマ化すべく、因縁の関西テレビに企画を持ち込む。こうして、テレビドラマとすることを前提にして、小説『船場』が書かれたのだった。

5 「銭をねぶるんじゃ」

では、小説『船場』（サンケイ新聞社出版局、一九六八年）はどういう内容だったのだろうか。この作品もテレビドラマ化され、一九六七年四月二日から翌年三月までの約一年間、毎週日曜日の夜に放映された。『船場』は、伊予出身の藍染職人である清兵衛、子の清吉、孫の清太郎という三代の人生を、明治元年から戦後に至る船場の歴史と絡めて描いた物語である（図6－4）。

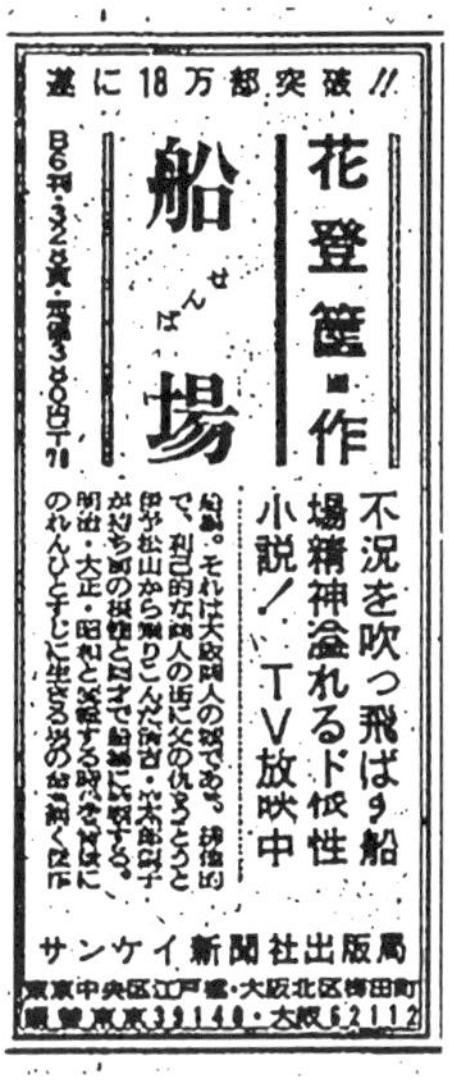
遂に18万部突破!!
花登筐・作
船場
せんば
不況を吹っ飛ばす船場精神溢れるド根性小説！TV放映中
サンケイ新聞社出版局
東京中央区江戸橋・大阪北区梅田町

図6－4 『船場』の広告

出典：『読売新聞』1968年3月14日1面

まず、原作小説の梗概を確認する。三代におよぶ長い物語のうち、清兵衛が主人公のパートが全体の約一〇分の一、清吉が主人公のパートが全体の約一〇分の四、清太郎が主人公のパートが全体の半分と最も長いが、議論の都合で主に清吉編の梗概を記す。

伊予から上阪した清吉の父・清兵衛は土佐堀で絣の店「伊予久」を始める。土佐堀は船場からは「川向う」と蔑まれている地域だった。清兵衛は、船場の商人たちの策謀によって商いに失敗し、船場を恨んだまま死んでいく。その仇を討つと心に決めた清吉の目標は、船場の連中に土下座させることだった。清吉は父親の仇である老舗の糸問屋「糸由」に乗り込むが、丁稚に「乞食」と虚仮にされ、丁稚たちと喧嘩を始める。自分の店の丁稚の喧嘩を知った主人の由之助は、「ほなこれで薬でも買い」と一銭銅貨を清吉に手渡す。しかし、清吉は「敵の銭はほしいない！」とその銅貨を道へ投げつけてしまう。敵と名指しされた由之助は、清吉が清兵衛の息子だと知るや、清吉の顔を銅貨が落ちている泥の上に押さえつけて「坊主！　ええか！　船場に仇討とうと思たらな、銭を捨てるようなことしたら仇は打てんぞ！　よう銭の味をおぼえるんじゃ」「さあ、ねぶれ！　銭をねぶるんじゃ」と言い放つ。

この一件から一〇年の月日が流れた。その間、清吉は絣から友禅に店の商品を切り替えるべく、染めの修練を積む。ようやく神戸や堺の商人たちが友禅を買ってくれるようになり、船場の商人たちからも注目されるようになった。仇敵である「糸由」の由之助もまた、清吉の友禅に目をつけるようになっていた。清吉が染める友禅を「糸由」で売ることができれば、さらに儲けが増える。そう考えた由之助は、ついに路上で清吉に土下座をして友禅を卸してくれるよう頼み込む。結局、清吉は歩合ではなく月に四〇〇円という契約で、独占的に「糸由」に友禅を卸すことを決める。

しかし、清吉たち「伊予久」にとって誤算（由之助にとっては計画通り）だったのは、「糸由」が売り出したランプ友禅なる商品が、大流行したことだった。大量の注文が来るものの、歩合制ではないため、働けば働くほど儲けは減ってしまう。しかも、「伊予久」製の友禅ではなく「糸由特製」として売りに出されている。結局は、そのような契約を交わした自分が悪いのだった。清吉は由之助に土下座をさせたけれども、実質は自分が敗れたのだと思い知る。

この苦境を乗り切るために清吉が考えたのは、店での直接販売だった。「糸由」との契約は、あくまで卸し先は「糸由」が独占するというものであり、欲しいという客に直接売ることは可能だったからだ。清吉は恋人の絹路とともに奇抜な広報戦略を練り、販路開拓を成功させる。

そこで再び由之助が清吉と絹路のまえに登場する。なんと由之介は清吉に、糸由の婿養子になれと言いに来たのだ。由之助は、自分は丹波の出身で、船場で丁稚からたたき上げられて「糸由」の婿養子になったのであり、船場ではいつも馬鹿にされ、いつか見返してやろうという思いで頑張ってきた、と清吉に語る。ここで読者は、由之助が自らを清吉と重ね合わせていることを知るのだ。清吉は自分には絹路がいると断るが、絹路は清吉が「糸由」の婿になることに賛成する。これは当然、本意ではない。しかも、このときすでに絹路は清吉の子を身ごもっていた。しかし絹路は、「あんさん、男の大きいのぞみを、女ひとりのことで消さはるんだすか!」と言って席を立つ。由之助は、正式に糸由の婿になったあとで絹路を妾にすればいいと清吉を説得する。そこまでして自分に執着する由之助の姿を見て、清吉の心は揺れる。数日後、清吉は婿入りを決断する。由之助は隠居し、若き清吉が「糸由」の主人となる。清吉は父親の敵であった船場の大店「糸由」をとうとう手中に収めたのである。

ところが、物語はまだ終わらない。当主となった清吉には苛酷な試練が待っていたのである。番頭や手代たちは抜擢された清吉を恨み、示し合わせた奉公人たちがいっせいに辞職を申し出る。また、ニセモノの友禅が「糸由」の製品として売られてしまい、評判と売上が落ちるものの、商売敵の権謀に負けず、機転を利かせて新たな製品を開発して成功する。

こうして清吉は努力と知恵によって、大正九年の大恐慌による損失からもすばやく立ち上がり、ようやく当主として周囲から認められるようになった。しかし――いや、やはりと言うべきか――これでも物語は終わらない。妾の絹路の処遇をめぐって番頭と諍いをおこし、怪我を負わせてしまうという事件によって、今度は清吉自身が船場を離れざるをえなくなるのだった。

「糸由」を離れる清吉に対して、隠居の由之助は清吉の子・清太郎を「糸由」に置いていくように言う。「伊予狸のお前が、ええ商人になって船場を荒してやるて約束したな。その破った約束、この子で果たさせてもらうのや。この子が、ええ商人になるようにな」「お前に出来んかったこと、この子にしてもらう。」こうして、由之助による清太郎の教育が始まる。そこからが清太郎編である。物語はこれでまだ半分なのだが、このあたりで梗概を追うのは中断しておこう。

金銭への執着

花登の『船場』は山崎豊子の初期作品とよく似ている。類似点を幾つか列挙してみよう。『暖簾』との類似性は、大阪の外で生まれた男が船場の老舗で丁稚となり主人に才覚を認められて出世するという物語の骨格、さらには明治・大正・昭和の船場を親子の物語として描くという構想（『船場』は祖父・父・子の三代の物語だが）、そして商人たちの試練と成功などである。山崎が『ぼんち』と『女系家族』で描いた女系家族の伝統が生む軋轢もまた、花登の『船場』では物語の駆動因となる。女系家族とは、商家の主人に息子がおらず、娘だけがいる場合、奉公人のなかから優秀な男を選んで婿養子にとって跡継ぎにするという伝統を指す。もともと奉公人だった男と、その商家の娘が結婚するのだから、男女間の権力関係は一筋縄ではいかない。あるいは、山崎が『暖簾』や『ぼんち』などで描いた太平洋戦争の戦災による船場の壊滅的状況とそこからの再生も、そのまま『船場』で反復されていた。

つまり、物語の要素だけに注目するならば、花登のオリジナルな要素は相対的には希薄だと言わざるをえない。にもかかわらず、花登が流行作家の座を保ち続けた理由は、ゼニ金への執着を過剰に描くことで、大いなるステレオタイプを作り上げた点にあった。連続ドラマに進出後の花登が描いた船場商人の「ど根性」が、山崎豊子のそれと異なっていた点もそこにあるのである。

その後の花登作品から例を取るならば、たとえば『細うで繁盛記』には、金銭に関わる民衆思想とでも呼ぶべきものが随所に顔を出す。「飽きないで売ることが商いだ」という言葉や、「売という字の旧字は、士と買から成る。買ってもらうために一一回訪問するのが、売ることだ」という言葉などである。花登が描いた「成り上がり」は、それがどれだけ恋愛の成功や周囲からの信頼に彩られていようとも、どれだけ人情話の感動があろうとも、いつも銭金の価値と等価なのである。

もっとも、これだけでは花登を過小評価することになりかねない。花登は、確かに船場商人の「ど根性」なるものを過剰に強調したわけだが、その営みは高度経済成長期において別の結果を生んだ。花登は、商人という身分と結びついた一種の「階級文化」としての〈船場〉を、「地域文化」として提示したと言える。船場商人という特殊な「身分」がほぼ解体した時代に、船場は花登によって過剰な「ど根性」の〈船場〉として作り直された。そうすることで、花登は船場を自身の作品と視聴者の心のなかにとどめ置こうとしたのだった。それはそれで、花登による船場への「愛情」の発露だったのかもしれない。

注

（１）『暖簾』の舞台化の経緯については、小幡（2008：201-204）を参考に記述した。

（２）数少ない花登筐研究のなかの一つとして、川崎（2009）を挙げることができる。発掘したシナリオに緻密な分析を施した先駆的な文化史研究である。
（3）花登の来歴は、花登筐記念会編（1985）の略年譜と、花登（1983）の記述に基づいている。
（4）読売新聞大阪本社文化部編（1999：174）。またこのころの花登の仕事ぶりを伝える回想としては、澤田（2017）の第四章がある。
（5）「番頭はんと丁稚どん」の影響力の強さを示すエピソードがある。全日本商店街連合会は、一九六一年二月二〇日に、マスコミ関係者に対して中小商工業者のあり方を「真実をゆがめて不当に演出したり」するような表現の是正を求めた要望書を提出したが、そのなかで一例として挙げられているのが『番頭はんと丁稚どん』だった。徒弟制度がいまも残存しているかのような印象を与え、店員採用への応募者が減ることを危惧しての要望だった。全日本商店街連合会の主張の可否は措くとして、要望書のなかでやり玉に挙げられるほど、広く知られた作品だったのである（阪田 1961：77-78）。
（6）「東京の劇界に〝花登旋風〟」『朝日新聞』一九六四年七月五日、一三面。
（7）『すててこ大将』は、一九六六年九月から一二月まで、関西テレビでドラマ「土性っ骨」として放映された。小説『すてこ大将』が二刷のタイミングで「土性っ骨」と改題されたのは、テレビドラマに合わせて売り伸ばすためだろう。

文献

永六輔、一九六五、『わらいえて――芸能一〇〇年史』朝日新聞社。

川﨑博史、二〇〇九、「一九六〇年代の花登筐のしごと」富永茂樹編『転回点を求めて――一九六〇年代の研究』世界思想社。

木津川計、一九八六、『含羞都市へ』神戸新聞出版センター。

小幡欣治、二〇〇八、『評伝　菊田一夫』岩波書店。

今東光、一九六〇、『はだか説法』角川書店。

阪田英一、一九六一、『わがプライバシー』非売品。

澤田隆治、二〇一七、『私説大阪テレビコメディ史――花登筐と芦屋雁之助』筑摩書房。

創業十周年記念社史編集委員会、一九六一、『毎日放送十年史』。

花登筐、一九六六、『すてて こ大将』徳間書店。

花登筐、一九六七、「大阪の土性骨とその背景」『Chamber』第一九三号。

花登筐、一九六八、「大衆文学時評への反論――『船場』は視聴者が対象」『読売新聞』四月二三日夕刊九面。

花登筐、一九八三、『私の裏切り裏切られ史』朝日新聞社。

花登筐記念会編、一九八五、『花登筐――永遠のダイアローグ』花登筐記念会。

牧村史陽、一九六一、『大阪ガイド』東京法令出版。

宮本又次、一九六〇、『船場』ミネルヴァ書房。

山崎豊子、一九五七、『暖簾』東京創元社。

山崎豊子、［一九五八］一九六五、「船場狂い」『しぶちん』新潮社。

読売新聞大阪本社文化部編、一九九九、『上方放送お笑い史』読売新聞社。

第Ⅲ部　創造された大阪——文化の諸相を捉える

第7章　戦後ラジオの「大阪」と「笑い」
――長沖一のコメディドラマを中心に

佐藤貴之

1　大阪と関西弁と漫才

大阪といえば？　そう質問すれば、必ず誰かが「お笑い」「漫才」「新喜劇」などの単語を挙げるだろう。「笑いを商品にして大阪ほど貪欲な都市はあるまい」（木津川 1981：42）といわれるように、「商都大阪」と並んで「笑都大阪」のイメージは現在も強固なものとして存在する。「笑い」はほとんど「大阪」の代名詞のようになっている、といっても過言ではない。

しかし、大阪＝笑いの等号はどのように成立し、いかなる過程を経て巷間に広まったのだろうか。これは「なぜ大阪は笑いの本場なのか」「どうして大阪人はおもろいのか」といった本質主義的な問いではない。「大阪的なもの」と「笑い」の文化は、どのような言説の中で歴史的に結びつけられてきたのか、という問いである。

大阪に関する典型的なジョークを一つ挙げてみよう（今村編 1953：276）。

漫才の本場

大阪見物より帰つてきた男、
「おどろいたね、さすが大阪は漫才の本場だけあるよ」
「どうして」
「だつて土地の人達まで、みんな漫才の使う言葉をまねてるもん」

右は一九五〇年代に発行された『落語選集』[1]の中に挿まれたコントである。ジョークの前提として、すでにこの時期、大阪―大阪弁（関西弁）―漫才というイメージの連結があることがわかる。現在でも「関西弁は、関西弁であるというだけでこっけいに、それこそ漫才のようにひびく」（井上 2016：104）といった言は枚挙にいとまがない。本来、土地と言葉と演芸ジャンルの間に論理的な因果関係はないはずだが、それらは渾然一体となって「大阪」という表象上のローカリティを形成してきた。

大阪人は冗談好き、といった類いの評価は近世まで遡ることができるが[2]、大阪―大阪弁（関西弁）―漫才というイメージの結びつきは、一九三〇年代後半から徐々に明瞭になっていったようである。現在一般に知られる「漫才」の型は、昭和初年代に横山エンタツ・花菱アチャコのコンビと、漫才作者の秋田實が発展させたとされる。古典芸能の「万歳」を発祥として、歌舞音曲から仮装芝居まで種々の舞台芸を含む「万才」が主流だった当時、彼らはサラリーマン風の背広姿で登壇し会話のみで舞台を成立させる、いわゆる「しゃべくり漫才」で人気を博した[3]。

戦前に吉本興業が発行していた雑誌『ヨシモト』の記事「マンザイ『第三期』」は、しゃべくり漫才が都市インテリ層を含めて全国的に歓迎されている様子を伝え、「大阪的なものの尤なるもので、是が今や大衆娯楽の重要な位置を占めつ、ある」と記している（大久保 1935：22）。この時点ですでに、漫才はその他の伝統演芸に並んで「大阪的なもの」の中心と目されていた。

こうした漫才の全国化には、新興メディアだったラジオが大きく関わっている。エンタツ・アチャコの名を全国に知らしめ、しゃべくり漫才の地位を確立したのは、一九三四年にラジオ放送された伝説的なネタ「早慶戦」だったと言われる。関西弁の役割語化を論じた金水敏は次のように概括する。

〈標準語〉普及の推進力となったラジオは、一方で大阪弁、関西弁を全国に発信する装置ともなったが、そこから聞こえてくる関西弁とはすなわちエンタツ・アチャコを代表とする漫才であった。エンタツ・アチャコは映画にも進出して成功したが、この過程で、マスメディアにおける「関西弁＝お笑い」という図式が固定化されていったと考えられる。一九三〇年代のことである。（金水 2003：92-93）

以降、しゃべくり漫才の普及と関西弁の全国化は絡み合いながら進行し、さらに戦後のラジオの爆発的普及によって、演芸の舞台から声だけが遊離する現象が加速していった。

先に引用した「漫才の本場」のようなコントが成立するのも、そうした時代背景による。実際の大阪見物より先に、関西弁を「漫才の使う言葉」として聴く状態が一般化していないと、このコントの面白さはわからないからだ。メディアに溢れる笑芸の表象として関西弁を受容し、遡ってそこに「大阪的なもの」を認知する逆転である。他方でこのコントのオチは、誇張された大阪イメージを信じこんだ「慌て者」を笑う点にあり、ステレオタイプに対する皮肉をも含んでいる。読者や聴衆は「大阪的なもの」の典型的表象を味わいつつも、行き過ぎた認識には笑いのお仕置きを加えるというわけである。ただし、この「大阪見物より帰ってきた男」を笑う側も、「大阪」のステレオタイプからまったく自由なわけではないだろう。

上方文化や芸能に関して多くの著作を持つ木津川計は、大阪文化を「宝塚型文化」「河内型文化」「船場型文化」の三類型に区分している（木津川 1981, 2006）。うち「河内型文化」は「漫才、上方落語、浪曲、講談、松竹新喜劇、吉本新喜劇など大衆芸能全般」が代表する、「土着的庶民性」と評される。

由来、大阪の風土性といわれる庶民性、気やすさ、経済的合理主義、街の大半を埋める中小零細企業、けっして華麗ではない、泥臭く、飾りたてない、裸のたたずまい。そんなことごとくの性格をはらんだ文化を総称して「河内型文化」と私は呼んでいるのだ。（略）河内型文化は、都市の大衆文化であるとともに底辺にあえぐ人たちの心情をすくいとり、代弁する。きらびやかな世界に無縁であったり、因襲にとらわれない人たちも都市には多い。そんな人たちの慰めに、庶民的な文化はなければならないし、失ってはならないのだ。（木津川 1981：78-86）

一方で木津川は、河内型文化が注目された結果、それだけが大阪文化のすべてかのように誤解されてしまったと嘆いている。その元凶と名指しされるのは、戦後に「河内もの」で人気を博した作家の今東光である。確かに彼は一九五〇年代後半に、漫才の起源を河内文化と結びつけて説明していた。

> 現在、大阪漫才と言われているものは京都系と河内系とが主流をなしている。漫才師もまた然りだ。そうして大部分は河内系統が王座を占めている。それは庶民の言葉としては河内弁が代表的だからだろう。（略）
> 彼等の舌にのせられて流れる滑らかな言葉に、河内訛りの片鱗を見出す時ほど愉悦を感ずることはないのだ。大阪漫才の基盤は河内だということが、これほどはっきりすることはない。（略）河内系大阪人が庶民の大部分である限り、この事実はあくまでも事実なのである。大阪弁が愛される限り、漫才はその命脈を保つであろう。（今 1958：206–215）

〈河内〉を称揚する彼は、我田引水に「河内言葉」＝「大阪弁」＝「漫才の基盤」と論理を滑らせていく。大阪のイメージを歪めたと言われる所以は、おそらくこうした部分にあるのだろう[4]。とはいえ、今東光を批判する木津川も「庶民」由来の漫才を河内型文化の中核と捉え、その他の地域文化と峻別する点で彼の図式をなぞっている。その意味では、「大阪的なもの」のステレオタイプを批判する大阪論でさえ、先行する言説を参照枠として「大阪的なもの」を再生産する、という循環を起こしている面がある。

文化の発祥や語源に遡ることは、綿密な実証作業を経なければ、典型的な〝大阪語り〟に取り込まれる可能性が高い。ただ、そうした作業は筆者の力量を超えるばかりか、本書の意図とも異なる。本章ではむしろ、それらの起源とは無関係に、言説としての「大阪的なもの」が広まっていった過程に目を向けたい。

次節からは、戦後のラジオ文化における〈笑い〉に注目し、それらが「大阪的なもの」と癒着しながら受容された経緯をたどっていく。またその際に一つの焦点とするのは、大阪出身で戦後に放送作家として活躍した作家・長沖一（まこと）である。彼が書いたコメディドラマに注目することで、高度経済成長に向かう時代に要請された〈笑い〉の一面を照らす。この作業を通じて、かつて船場、河内、島之内といった地理区分で峻別されてきた文化類型が実体的な輪郭を失い、同時に「大阪のお笑い」という漠然とした集合が立ち上がっていく端緒も見いだされるだろう。

2　ラジオ全盛期における笑い

一九五〇年代、ラジオは黄金時代を迎える。一九四四年に戦前の最高記録七四七万件を数えたＮＨＫラジオの受信契約件数は、敗戦直後は五〇〇万台まで落ち込んだが、一九四八年には戦前の水準に戻った。さらに、ＮＨＫがメーカーや販売業者などの協力を得て普及運動を進めた結果、一九五二年八月に一〇〇〇万件の大台を突破した。その後も受信契約数は年間八〇～九〇万件前後のペースで増え続け、一九五八年一一月には一四八一万三一〇二件、世帯普及率は八二・五％と、ピークに達した（日本放送協会 2001）。

敗戦直後には、ジャズやダンスの解禁に合わせた音楽番組、聴取者参加型の「のど自慢素人音楽会」、アメリカのクイズ番組を模した「話の泉」「二十の扉」、英会話番組のほか、菊田一夫や北條誠らの脚本による連続放送劇などが人気を博した。当時はラジオ放送もＧＨＱ／ＳＣＡＰ内のＣＩＥ

（民間情報教育局）指導下にあり、その傾向が色濃く現れている。

そんな占領下の〈笑い〉を象徴する番組が、NHK東京（AK）制作の「日曜娯楽版」（一九四七年一〇月一二日〜）である。丸山眞男の兄で、当時NHK音楽部副部長だった丸山鐵雄が世相を諷刺する音楽番組を企画し、[5] デビューしたての三木鶏郎のグループを出演者に起用して高い聴取率を誇った。三木らのコーナー「冗談音楽」は楽曲に乗せたコント形式で、戦中の軍部や戦後の政府、時事的な疑獄から庶民生活の退廃までを幅広く、笑いとともに痛烈に諷刺した。皮肉や揶揄を超えて直截な政治批判に及ぶこともあったが、CIE検閲官であるフランク馬場の柔軟な対応もあって番組の強気な姿勢は維持された（井上 1992：泉 2019）。当時の反響は大きく、「毀誉褒貶いろいろの声があるようだが、今日の放送番組の中で〝娯楽版〟は最もNHKらしくない番組であり、逆に言えばNHKはあの番組を持つことによってわずかにジャーナリズム本来の批判性を留めている」（「NHKへ希望する――街頭録音誌上版」『放送』九（七）：二八-二九頁）等と言われた。

しかし一九五〇年代に入り、占領解除と日本の独立回復から「逆コース」の流れが明確になると、「日曜娯楽版」は一九五二年に諷刺性を抑えた「ユーモア劇場」として再編成され、それも翌々年には打ち切られた。外部の圧力と、局内の自主規制があったことは周知の事実だった。[6]

興味深いのは、敗戦直後の混乱期を彩った「草の根の諷刺」が役目を終える一方で、それと入れ替わるようにこの時期、関西発のラジオ漫才やバラエティ番組が台頭してくる点である。

一九四九年九月一四日、NHK大阪（BK）制作の公開録音番組「上方演芸会」がスタートする。[7] 戦前制作構成として漫才作者の秋田實が中心的に関わり、戦後の漫才界の復興にも大きく寄与した。戦前戦中の二大演芸会社だった吉本興業と新興演芸は戦争末期になると漫才から手を引いており、敗戦後も演芸場の焼失、食糧難、新円封鎖等々の理由から既存の団体や組織は解散状態が続き、行き場をなくした芸人たちの興業先としてラジオの演芸番組が機能したのである（秋田 1984；富岡 1986）。

「上方演芸会」はBK肝いりの企画で、「大阪的な特色」を前面に押し出す方針だった。出演者を差配する秋田にも「東京の芸能人や、大阪出身であっても東京で働いている芸能人は使わないこと」といった細かな注文が局側からあったという（藤田 1989：107-108）。東京の芸能界へ対抗する意味で、あえて伝統的な「上方」を冠した新番組は結果的に好評を得て、当初の第二放送から翌年四月に第一放送へ移設され、全国聴取率調査で常に上位を占める定番番組となる。その影響で、落語が主流だった演芸放送で漫才の本数は急増し、東京の存在感が強かった戦後の演芸界で上方芸人が勢いを盛り返したほどだった（井上 1985）。

ＡＫの「放送演芸会」「ラジオ寄席」も並んで人気を見せ、一九五〇年代には演芸番組が乱立して放送の主流となる。(8) 一九五〇年四月には電波三法が成立し、民間放送局も参入した。大阪の新日本放送（ＮＪＢ、のち毎日放送ＭＢＳ）は一九五一年の開局と同時に、東五九童・松葉蝶子コンビを専属とした番組「お笑い横丁」を開始する。朝日放送（ＡＢＣ）も、戎橋松竹で人気を呼んでいた中田ダイマル・ラケットを専属として「お笑い街頭録音」を一九五四年に開始し、また同年開始の「漫才学校」は、「上方演芸会」等で名を売った芸人たちが教員や生徒に扮して漫才的なやりとりをするという形で新たな笑いの様式を開拓した。喜劇的趣向を凝らしたバラエティ番組が次々登場し、お笑いのメディア文化が華開く。

注目したいのは、芸人を聞き役として一般参加の夫婦に語らせる、という趣向の嚆矢となった「夫婦善哉」（朝日放送、一九五五年〜）である。実際の夫婦であるミヤコ蝶々・南都雄二の漫才コンビが聞き役となって、巧みに笑いを誘うやりとりで出演者の生活の四方山話を引き出した[9]（のち離婚するも番組出演は終了まで続投）。

鶴見俊輔は、既成秩序が崩れた戦後の一現象として、この番組が「漫才という芸の方法をかりた独特の身上相談の様式」を生んだとする（鶴見 1979）。「つくりばなしにまぜて、おそらくはナマの、蝶々雄二の人生上の夫婦喧嘩の断片を投げこんでみせる」その方法は、「大阪の仁輪加（俄）から育った万歳の伝統によるもの」で、漫才の歴史に新風をもたらしたと鶴見は高く評価する。一九五〇年代は現在に比して男女の漫才コンビが目立ち、関西弁による夫婦間の丁々発止の掛け合いが、当時の「大阪的笑い」のイメージを牽引した面も大きかっただろう。なかでも「漫才スタア」蝶々・雄二の人気は圧倒的だった（「漫才スタア評判記」『婦人生活』一二（四）：二〇八―二一二頁）。二人による、番組と同名の漫才ネタ「夫婦善哉」[10]を見てみよう。

蝶々　しかし、今でこそ、こんなに笑って話をしとるけども、私たち、夫婦になるまで苦労したね。
雄二　ほんとうやね。（略）
蝶々　うちらのお母さんなんか、ものすごかったよ。
雄二　何で、あんなにぼくのこと、いかん言うたん？（略）
蝶々　あんなアホみたいな男は、いかんと言うたんや。
雄二　アホみたいなッて、何や？
蝶々　知らんがな、親が言うてんのやないか。
雄二　それやったら、ぼくのために、何とか言うてくれな、いかんでしょう。

蝶々　そら、あんたのために、言うたわ。
雄二　弁解してくれましたか？
蝶々　「そりゃ、あの男は顔見たらアホみたいな顔ですけど、付き合ってみてやってほしい」と。
雄二　ほんとうや、付き合うてやってほしいわ。
蝶々　ほんとうや、もうひとつアホやわ。

会話の流れを主導してまくしたてる妻、ボロカスに言われ倒して返答も「アホ」な夫。そんな夫婦の内幕を公にさらす明け透けさ。この調子はラジオでも発揮され、「大阪人はなんと漫才的であることよ」という反応さえあったというが（三田 1993：178）、男性権威を笑いによって、少なくとも見た目上は相対化する夫婦像は「戦後大衆の需要」に確かに応えた（鶴見 1979）。もちろんそれは高座や番組上の虚構だったが、現実の夫―妻の私的領域を公開するかのような形式で、全国の家庭に自然に夫婦の声を浸透させた。

戦前戦中の漫才に注目した米山リサは、モダニズムの異種混淆性を潜在させていた漫才が、銃後において「『お茶の間化』され、ブルジョア化、脱エロ・グロ化され、やがては国民娯楽の厚生へと絡め取られていった」経緯を素描している（米山 2002）。戦中すでに脱政治化された娯楽として繁栄を経験した漫才は、戦後も変わらず夫婦や家庭を主な題材として、ジェンダー規範を温存しつつ「親」世代との微妙な差――二〇代の蝶々・雄二は戦後型夫婦の象徴でもあった――をも提示して、「庶民」の欲求に適応していった。

戦後の漫才にも政治・社会の公的領域に触れる笑いは含まれていたが、苛烈な諷刺を発信した「日曜娯楽版」等とは方向を異にした。敗戦直後の混迷期を脱けた時期に寄席や電波上で人気を博したのは、床屋政談的な冗談や過剰すぎない夫婦の掛け合いであり、それらは「逆コース」の中で公の放送が要請する〈笑い〉のあり方とも合致したと言える。

一九五〇年代以降、こうした番組には多くの上方芸人が起用され、「大阪的な特色」を殊更にアピールした。戦前とは質・量ともに一線を画したラジオ放送が全国の世帯で昼夜問わず流れる中で、大阪弁・関西弁と漫才を等号で結ぶような耳が聴取者に育まれていったことは想像に難くない。「漫才は大阪だ」から「大阪は漫才だ」への移行——主述を入れ替えただけで起こる論理の誤謬——は、戦後のラジオを通して遂行された。

同時に、標準語で語られる報道や教育番組のしかつめらしい声に対して、関西弁で語られる漫才こそ「庶民」の声を代弁するものだ、という対比構図も浸透していったと考えられる。当時、「漫才は概して東京弁より関西弁の方が適しているがそれは漫才の本質である卑俗感に関西弁がよくマッチしているからである」（大井 1949）といった評価が散見される。「大阪は漫才の本場」だという認識から一歩進んで、関西弁は「卑俗」であるがゆえに漫才に合うというわけである。しかしその関西弁に対する印象は、おそらく「卑俗」と感じさせる漫才放送を聴き続けた結果なのだ。先後関係に明らかな転倒が起きている。漫才界の元締め秋田實も、「漫才のしやべり合つてゐる言葉」を大阪ならではの「駄菓子的な庶民大衆の色合いのある名物」として、各所で積極的に売り込んでいく（秋田 1958）。

こうした時流において、漫才と併行する形で「大阪人」や「関西弁」の印象をさらにラジオ聴取者に刻んだのが、上方芸人を主役としたコメディドラマだった。

3　長沖一とラジオコメディ

演芸番組の好調を背景にバラエティやコメディが次々と企画される中で、芸人のキャラクターにスポットを当てたラジオ番組が登場する。例えば一九五〇年九月には横山エンタツを中心に据え、関西喜劇番組の先駆けと呼ばれる「気まぐれショウボート」がスタートした。芸人や女優、音楽家らが乗り込んだショウボートが世界の都市や港町を巡るという設定で、「歌あり笑いあり」の趣向だった（読売新聞大阪本社文化部編 1999：ＢＫ開局80周年記念誌編集委員会 2005）。このとき秋田實とともに番組制作・構成を担当したのが、長沖一である。

長沖は大阪にゆかりの深い文学者であり、ラジオ・テレビの台本作家としても知られている。先行研究（永岡 2019a，2019b）をもとに略歴を示せば、彼は一九〇四年に大阪市南区北炭屋町（現・中央区西心斎橋）に生まれた。生家は西横堀川に面した島之内の路地にあり、船場を横目に育つ（長沖 1978）。旧制大阪高等学校の同級生に林廣次（のちの秋田實）、一つ上に藤澤桓夫がおり、三者は生涯友人として交わった。旧制三高から東京帝大へ進学して新人会に参加、武田麟太郎の推薦で「辻馬車」編集同人にも加わり、プロレタリア文学運動に関わった。新進作家として嘱望されたが、満州事変以後の時勢や生活上の都合により、政治活動ならびに執筆から遠ざかる。

一九三七年頃に帰阪した長沖は、秋田の紹介で吉本興業文芸部に迎えられ、雑誌『ヨシモト』編集や、漫才道場の講師などを務めた[11]。戦時中に吉本と朝日新聞社が協賛して大々的に結成された戦地演芸慰問団「わらわし隊」（荒鷲隊のもじり）の名付け親も長沖とされ、実際に第二回派遣団中支班に同行して芸人らと大陸を慰問に訪れた。太平洋戦争開戦後は召集されて敗戦まで兵役につき、この時期の作品はほとんどない。

戦後は、一九四七年に吉本興業を退社して作家活動を本格的に再開。出版景況に応える旺盛な執筆意欲で、兵役経験にもとづく純文芸から、大衆的な恋愛小説やユーモア小説まで幅広く発表し、特に戦後は大阪を主題とする作品も積極的に描いた。例えば一九四七年刊の『大阪の女』の表題作は、作者を思わせる「私」の懐古的語りで始まる（長沖 1947）。

みんな焼けてしまつた。道頓堀の五座も、寄席の出囃子の聞えた千日前法善寺の路地も。（略）すつかり焼野原だ。

私はいたづらに古めかしい思い出に耽るわけではない、やがて、新しい大阪が生れるのを楽しみにしてゐる。が、しかし、そのあたりは私の生れた土地なのだ。

廃墟と化した島之内やミナミを背景に、大阪の「下町風の夫婦の愛情」が微温的に描かれた作品である。他の短編でも、役者・漫才師・落語家・レビュー俳優・座付き作者等々として大阪の男女が登場し、上方演芸界の苦境を背景として哀感を漂わせる。

戦災からの復興を願いながら、焼失した大阪へのノスタルジーを書きつける――そうした長沖に一つの転機が訪れるのは、ラジオの仕事が本格化して以降である。小説業の傍ら、一九四七年から単発のラジオコメディ台本や文芸作品のラジオ用脚本・脚色等を手がけていたところへ、先の「気まぐれショウボート」を契機として本格的に放送業界に関わるようになる。以後の彼は「焼野原」の大阪ではなく、快活でたくましい「新しい大阪」像を放送上に描き出していく。

戦後の放送史が語られる際に必ず挙げられる番組が、長沖が台本を手がけて花菱アチャコと浪花千栄子が主演した、「アチャコ青春手帖」から「お父さんはお人好し」に至る一連のラジオコメディである。

「気まぐれショウボート」が一九五一年に終了し、BKではエンタツ主演の「チョビひげ漫遊記」、アチャコ主演の「アチャコ青春手帖」が企画される。そこで秋田が前者の台本を担当し、長沖が後者を担当することとなった。奇しくも両番組は一九五二年一月から、同じ第二放送で開始して競う形となったが、早々に人気を得て第一放送へ移設されたのは「青春手帖」の方である。

五〇代のアチャコが青年に扮し、さまざまな職や身分を演じる数話完結型のコメディドラマで、相方となる母親役に、元松竹新喜劇の女優・浪花千栄子が抜擢された。彼女はこの番組で「強い調子の、お芝居はうまいし、大阪弁はお手のもののベテラン」（長沖 1956）と再評価され、以後アチャコとの共演が続く。

「メインストリートに裏街道　狭い横町や路地うらまで（略）商売という商売　なんでもかでも手当り次第にやつてみるつもりだす　ほんまに何をするやわからん。むちやくちやですわ。とにかくアチャコ流にやるつもりだす[12]」という語りで始まった番組は、同年末から翌年三月実施のNHK聴取率調査で首位をとり、四度も映画化された。エンタツとの漫才以来のアチャコのギャグ「むちゃくちゃでござりますがな」はこの番組によって流行語になったが、確かにこの「青春手帖」はドラマ性よりも、漫才的な「むちゃ」を趣向とした。第一回放送から、配役のギャップを自己言及的なネタにしている。

アチヤコ　だって　ぼく　友だちに羞しいがな　女の友だちが　アチヤコちゃん　ヒゲ生えてるわ　言うて笑いますがな
母　笑う子は笑わしておきなさい。日本人はね　マッカーサー元帥に言わせると　みんな精神年レイ　十二才なんですよ　あんたは十三ですから　日本人の平均年レイよりは一つ上ですからね（略）ママをごらんなさい　ママなんかここ十年間　三十ですよ
アチヤコ　十年間　三十？　わあ　ママは辛抱強いなあ
母　何言ってるんです
アチヤコ　でも　ママ　またシワが一本増えましたよ
母　これ　ママにシワのことを言ってはいけません　ママはこのシワには　ほんとに苦労しているのですからね
アチヤコ　ああ　このシワばかりはママならぬ（略）でも　ママは　いつまで三十でいるつもり？
母　まだ　ここ四五年はね
アチヤコ　そんなん　むちゃくちゃですがな

ショートコント風の対話で進め、地口や定番ギャグで落とす文法は、秋田の漫才台本のパターンに倣ったものだろう。漫才における「むちゃ」は、逸脱や侵犯というより「お約束」を踏まえた遊戯である。「マッカーサー」への言及も、占領解除を目前にした当時にあっては諷刺というより安定した冗談と化している。この作品でアチヤコは「おもに子供たちのあいだですさまじい人気」を得た

（「人物スポット――義理と善意の芸人　花菱アチャコ」『読売新聞』一九五三年四月一九日夕刊）。

「青春手帖」は好評のうち一九五四年四月五日に終了し、翌週の一二日からはアチャコ・浪花の続投による後番組「アチャコほろにが物語　波を枕に」が始まる。これはフランスの作家アルフォンス・ドーデの『川船物語』を下敷きに、舞台を大阪に翻案した趣向の番組で、長沖は大阪築港に赴いて「艀船の船頭」に直接取材するほど力を入れた（長沖・中山 1962）。

ドーデ『川船物語』は、パリの日雇労働者や職工らが住む、「溝は流れず、あちらこちらに泥がたまつて、石だたみの割れ目からは、かびや汚水の臭いが立ちのぼる」貧困地区を主舞台に、水上生活の家族と棄児のふれ合いが描かれる小説である（Daudet 1886=1953）。長沖作「ほろにが物語」に関しては台本や録音が現状確認できず詳細を把握しがたいが、同工異曲の翻案であったとすれば、都市大阪の周縁に暮らす港湾労働者の生活を描いて、喜劇の中に題名通りのペーソスを漂わせる狙いもあっただろう。大阪築港は明治以来の都市水運の要として、戦後は「朝鮮特需」を背景に重工業・運輸業で大きな役割を担った地帯である。「狭い横町や路地うらまで」を謳った「青春手帖」が当初含んでいた要素に、かつてプロレタリア文学者だった長沖は、あらためて焦点を当てようとした。

しかし「ほろにが物語」の聴取率は振るわず[13]、約半年で終了となった。長沖は「当時の闇市や浮浪児や、そんな暗い世相」を背景にして、自分の作家性を出し、川船の船頭という「特殊な生活」を題材としたことが不振の原因だったと回顧する（長沖・中山 1962；長沖 1974）。確かに「青春手帖」の主な聴取者だった年少層とも噛み合わなかっただろう。

加えて、聴取者が求めた「大阪的な笑い」との齟齬も不振の一因だったのではないか。当時のラジオコメディは早いテンポのしゃべくり漫才をベースとしており、落語と違って情景描写を不得手とした。文字媒体のように再読もできず、舞台やテレビの喜劇のように視覚的説明もできない。そのうえ、ラジオ放送は常に集中して聴かれるわけでもない。そぞろな聴取者が文脈を見失っても楽しめる趣向となれば、話の大筋よりも、短い対話の応酬や発声の可笑しみに重心は傾く。笑いの表徴として、標準語との偏差でわかりやすい大阪弁・関西弁が注目されたのは必然であり、土地の現実に迫って「ほろにが」いユーモアを滲ませる物語性は望まれていなかった。それは、高度経済成長に向かう「大阪ブーム」の喧噪の一方で、工業取水による臨海部の地盤沈下が看過され、拡大する埋立地での労務に従事する労働者層の実態が不可視になっていたこととパラレルに思われる。

一九五〇年代末、大宅壮一は眼前の「大阪ブーム」を見据え、それを牽引する人々を「阪僑」と呼んだ（大宅 1958）。「阪僑」とは出身地や血筋とはもはや無関係に、資本主義に適応していく「大阪的」な生活信条を実践する人間を指す。自身も大阪出身である大宅は、いまや大阪の特産物として「商品化された〝笑い〟」が大量生産され、「寄席、映画からさらにラジオ、テレビを通じ、これを全国に売りひろめて、大いにもうけている」現状を皮肉混じりに指摘し、諸メディアに君臨する「阪僑」として「藤沢、秋田、長沖のトリオ」の名を挙げている。むろん戦前以来の大衆芸術論を通ってきた大宅であれば、その三者とて商業的笑いの支配者というよりも、「庶民」という漠然たる何かに突き動かされる演者にすぎないことは見抜いていただろう。

ラジオ黄金期に求められた大阪の「庶民性」は、土地の歴史や人々の生活実態に即したディティールではなく、平板化されたローカリティと癒着した笑い声だった。その意味では、文学領域において今東光の〈河内〉、山崎豊子の〈船場〉が大阪のイメージとして現れる以前に――あるいはその条件として――大阪表象の地ならし、地方色の漂白がラジオによって進行していたとも言える。そしてその要請に正しく応えたのが、「ほろにが物語」の次に始まった番組「お父さんはお人好し」だった。

4　「お父さんはお人好し」という空白

長沖作「お父さんはお人好し」は一九五四年一二月一三日に週一回の放送で開始され、一九六五年三月二九日まで一〇年間以上、五〇〇回まで続いたBKの記念碑的番組である。近年では、浪花千栄子の半生をモデルにしたNHKの連続テレビ小説「おちょやん」（二〇二〇年度後期）でスポットが当たり、再び名を知られるようになった。

「お父さんはお人好し」の人気は開始当初から高く、翌年の五〜六月には全国聴取率調査で三位をとる（日本放送協会 1956）。さらに翌々年の一九五六年には長く上位を独占していた歌謡番組や演芸番組をおさえて、年間の全ラジオ番組を通じて最高聴取率となった（川野編 1957：日本放送協会放送文化研究所世論調査部 1957）。その後も人気は独走状態が続き、ラジオ加入者数がピークに達した一九五八年を含め、一九六〇年代に入るまでは聴取率の首位をほとんど譲らなかった。

その内容は題名通りのホームドラマで、アチャコと浪花は五〇代半ばの夫婦「藤本アチャ太郎」「ちえ」役として、一二人の子どもを抱えるという設定だった。これはアメリカの技師家庭をモデルとした映画『十二人なら安くなる』[14]に着想を得たものだが、アメリカ的効率主義の父親を中心に大家族の葛藤と絆を描いた映画から、長沖は設定のみ借用して戦後日本の放送漫才劇に移し替えた[15]。

五男七女の子どもたちは東海道線の京都—新橋間の駅名にちなんで、長女・京子（京都）、次女・乙子（大津）、長男・米太郎（米原）……七女・新子（新橋）といった具合で名付けられ、高速特急が東西の距離を物理的・心理的に縮めた時代にも目くばりしていた。上り線の起点である大阪駅に想定されたのは、両親のアチャ太郎とちえだろう。

ただし、この作品では、奇妙なほどに大阪の地理や地方色が漂白されている。「大阪駅」「道頓堀」などの単語が出ることすら稀であり、アチャ太郎一家の住まいは大阪市内か市外かも判然としない。雑音となる細部は排除され、大阪らしさの指標は大阪弁に集約されていた。

五〇〇回に渡った放送音源は現在ではそのほとんどを聴くことができない[16]が、当時の関連書籍と、残された台本の一部[17]からあらすじを示そう。物語は大阪で青果店を営む藤本一家、その次男・清二の結婚から始まる。店を継ぐか婿に入るかと悩む長男の恋愛模様や、東京在住の長女の離婚騒動が描かれ、次男夫婦は府営住宅アパートへの脱出をもくろみ、戦後派(アプレゲール)的な四女が会社の男たちを振り回し、再婚話が進む次女のもとに戦地で行方不明だった夫が帰還して——と、家族それぞれを焦点に世相を感じさせる騒動が起こっては無事落着する。基本的に物語内時間は放送年に同期して進み、登場人物も歳を重ねるが、おおむねドラマの展開はこうしたエピソードの繰り返しである。「日常茶飯性とめでたしめでたし的穏健性」(深山 1961)、「家庭の聴取者(ホーム・オーディエンス)を対象とするラジオの本質に徹している」(近藤 1960)といった当時の評言にも肯ける。「社会性」や「諷刺」の欠如は長沖も自覚していたが、「ほろにが物語」の蹉跌もあって、内容の健全性と聴衆の需要を優先した(長沖 1958：長沖・伊藤 1959)。

池内紀は、この「たわいのない家庭喜劇」が絶大な「時代の声」となった理由を「等身大の民主主義」にあったと回想する(池内 1987)。少し頑固で愛嬌あふれる父親は「民主主義」など難しい言葉には弱いが、物事の本質を見誤らない。母親は勝気ながらも上品に夫を叱咤激励し、子どもたちには大きな包容力で接する。戦後の思想的なイデオロギーとは無縁に暮らす人々の姿——「市民」「大衆」

「労働者」等とは別の形で分節化された「庶民」像——を描く点に、戦後ラジオコメディのイデオロギーがあった。

孫や配偶者を含めて一五人前後の大家族同居という設定も、産児制限から核家族化へ向かう戦後の現実に一見逆行するようでいて、実際は「家族の戦後体制」の中で幅広い年齢層に訴えかけたと考えられる[18]。藤本家は古き拡大家族世帯だが、一度に会話するのは数人程度というラジオの制約がかえって効果的に作用し、各場面では多様な組み合わせの家族が立ち現れることになる。彼らの日常喜劇は、地域・年齢・階層を超えて誰にでも符合しうる家族像を提示し、それは恣意的に意味を充填できる巨大な空白として、まさしく「庶民」の寓意となった。

そうした枠組みに加えて、俳優の声の演技や会話劇としての巧みな構成も評判を呼んだ。現在聴けるわずかな録音でも、鮮明で聞き取りやすい浪花の声と、もつれたように籠もるアチャコの声の対照は印象的で、芯の強い妻と間の抜けた夫の日常を幻視させる。これは世代こそ違うが、蝶々・雄二のような夫婦漫才の型とも相似していた。老若男女揃った家族たちが、高低さまざまな大阪弁で一斉に喋る場面の賑やかさも、「漫才学校」的な構成をうかがわせる。また、収録現場でのかけ合いはしばしば見事なアドリブで進行した、と関係者は口を揃えて証言する。台本を書く長沖からして、「作中の〝笑い〟は、シチュエーションやストオリーの展開の過程における主演俳優たちの〝声〟の演技力に負うところ」が多く、「主演者独自のアドリブ」を活かしやすい構成が秘訣である、と強調していた（長沖 1958）。漫才師と台本作家の関係をホームドラマに応用した形である。

先に引いた鶴見俊輔は虚実を混線させる夫婦漫才の特徴を指摘したが、「お父さんはお人好し」もその延長で受容された。アチャコ・浪花はしばしば実際の夫婦と勘違いされ、「ラジオの嘘と現実とが、ともすれば混同されがち」だったという（長沖 1958）。もともと世間話の体裁をとる漫才では、舞台上のキャラクターと演者のパーソナリティが同一視されやすい。あるいはそれを逆手にとって、高座と客席の閾がない――聴衆と同じ次元で話している――ように振るまう芸が漫才である。「お父さんはお人好し」の夫婦漫才めいた掛け合いは、「青春手帖」の誇張的な性格喜劇とも異なり、どこかの家庭の日常を切り取ったかのようで、ラジオの聴衆はそこに自らの家族を重ねたのである。

漫才の話法を踏まえた「お父さんはお人好し」の会話劇は、大阪弁のイメージをも決定づけ、全国に未曾有の勢いで浸透させた。開始数年で「こういう番組によって（略）大阪弁は、とにかく全国民に通ずるようになった」（野元 1956）、「その道では〝方言ブーム〟などの声があるそうだ」（芳賀 1958）といった評言があふれる。先に述べた通り、アチャコの大阪弁は「青春手帖」の頃から年少の聴取層に人気があり、「アチャコの口調を真似る子供の多いこと」（崎山 1955）が大阪ＰＴＡから訴えられたり、東京の小学生が「大阪へ転校して先生の授業中の言葉を聞くと子供の耳にそれがアチャコの声に聞えた」（永滝 1959）という笑い話すら囁かれたほどだった。もちろん大人の方でも「東京に限らず、いまや北は北海道から南は九州のはてまで、『大阪弁』が大はやりで、大変にモテている」（吉田 1961）、全国で「『ほんまに無茶苦茶でござります』は大威張りでまかり通る」（川上 1961）という有様だった。

こうしたブームの中で、大阪弁・関西弁の変形を指摘する声も挙がる。「ラジオの関係で、関西弁が自然に統一されつつある（略）。それが何とアチャコ流の関西弁の流行から来ているのである、まさにアチャコ旋風に依る関西弁の革命である」と面白がる議員（小川 1954）から、アチャコをはじめとした漫才口調を真似た「えせ大阪弁」の拡大を指摘する学者（野元 1956）まで、メディアの影響で

「本当の大阪弁」が失われつつあるという認識が広まっていく。五〇年代に入るまでの放送業界では、果たして全国の聴取者は大阪弁を聞き取れるのかと危惧されていたのだが[19]、そんな経緯は早くも五〇年代末には忘れ去られ、ラジオに馴染みすぎた大阪弁の氾濫こそ問題視されたのである。

作者の長沖も、「大阪弁を日本中にひろめつつあるラジオやテレビが、同時に大阪人から大阪弁を奪いつつある」逆説に気付いていた（長沖 1955）。日々ラジオを聴いて育つ子どもはもとより、いまや成年の大阪人でさえ、船場言葉と島之内言葉の区別どころか、大阪弁とその他の関西方言の区別すらできない。大阪弁が「標準語化」される——東京の標準語に代置されるのではなく、地域性を捨象した「標準」的な関西弁なるものに再構築される——のは不可避の流れだ、と諦念を込めて長沖は繰り返し語った。

地方色を抑制した「お父さんはお人好し」が、結果として「大阪ブーム」の契機となったのは奇妙なようで当然だった。それは聴衆が望む「大阪的なもの」がその抽象度のままでドラマになったからである。そうして漫才めいた言葉遣いによって「ラジオの嘘と現実」が溶け合った大阪表象は、いつしか人々に内面化されていく。大阪人ですらラジオ漫才をなぞった言葉を使う時代、本章冒頭で引用したコントも単なる笑い話ではなくなっていた。

5　起源への「ノスタルジア」——浪花千栄子の声

一九五〇年代は映画・ラジオ・テレビ等の普及が意識され、「大衆」や「群衆＝マス」概念自体が盛んに議論された時期でもある。戦前から戦後の「大衆」論を概観した藤木秀朗は次のように述べる

（藤木 2012：132）。

一九五〇年代の「大衆」概念は、いわば戦前・戦中の階級と消費の矛盾を、民主と消費の矛盾にアップデートする形で内包していた。（略）日本の言論界でより影響力のあった思想の科学研究会は「大衆」を扇動の対象よりも思想の主体として捉え、一方マス・コミュニケーション論はそれを資本主義とマス・メディアによって生み出される量的・均質的な消費の主体として捉えた。

鶴見俊輔が漫才に注目したのも、「マス・コミュニケイションの時代」において、「大衆芸術」の民主的あり方をローカルな伝統から学ぼうとする試みだった（鶴見 1954, 1961）。あるいは『思想の科学』に寄稿していた南博も、「マス・コミュニケーションの全国化」によって大衆文化の「地方色」が中和され、均一化されている事態を指摘していた（南 1955）。マスメディアを介した「大衆」の消費者化と「地方色」の漂白は、表裏一体の現象として問題視されていたのである。

実際、聴取者の側からも「マスコミのつくる関西弁」に対して、実態に即していない、ステレオタイプである、地方のイメージを歪める一因だ、メディアが仮構した消費対象にすぎない、という声は上がっていた[20]。現在ではこの種の批判はマスコミ嫌悪の定型的反応と化しているが、当時の鶴見や南といった知識人は、「地方色」の急速な均一化に危機意識を抱き、それに対抗するオルタナティブを大衆文化の中に模索していたと言える。

こうした一九五〇—六〇年代の「大衆」論の文脈で「お父さんはお人好し」は恰好の素材となり、社会心理学やマスコミ研究の分野で度々言及された[21]。とはいえ、電波に乗ったアチャコの声が実際に

「本当の大阪弁」や伝統的な「地方色」をどの程度歪めたのか、といったことはここでの問題ではない。そもそも近世大坂から言語や文化の変質は不断に起こっている。重要なのは、戦災による都市部の焼失や土地所有者の変動（名武 2007）を背景に、五〇年代にマスメディアの隆盛と「大阪ブーム」が重なり、喪失感と危機意識が構築されたという点である。

　そのとき、アチャコの大阪弁が問題の種とされる一方、対照的に浪花の大阪弁が非常に高く評価されていったことは興味深い。「浪花千栄子の本格的な大阪弁」は「今や関東に進出して非常な好評を呼び、彼女の人気は昇天の勢い」（岡崎 1957）と言われ、皮肉家として知られたフランス文学者の辰野隆が絶賛したことも[22]話題となって、浪花は「本当の大阪弁」の担い手と見なされるようになる。

　浪花自身、「お父さんはお人好し」の大阪弁に相当のこだわりを持って臨んでいた。彼女は幼少期に南河内から大阪市内へ奉公に出たのち演芸界入りしたが、「大阪弁程むずかしい言葉はございません」（浪花 1961）というのが持論だった。彼女の番組台本には、言葉遣いに関する書き込み・修訂が随所に見られる。[23]

ちえ　どない云いまんねんて、さっきも店で云いましたように
　　に、静子はきっと、幸ちゃんのした事に腹を立てて、
　　あることないこと、安井さんに告げ口をしてるにちがいおまへん
　　わいな■■■■■■■■、安井さんに事情を話して、静子をなだめて
　　■■■、話をまとめて頂くように、お願いしてくれはったら
　　■■、よろしございますがな

アチヤコ　お母ちゃん、あんたな、そない簡単に云いはるけどな
　わたしは口下手やよってに、そばに静子がいよってや
　な、まくし立てよったら、とても、云いたいことの半分
　はおろか、三分の一も云えんがな

ちえ　そこは、安井さんが、察してくれはりますわいな。お父
　さんが、わざ〳〵訪ねていきはっただけでも、~~安井さん~~
　~~は~~、お父さんがいうてはるように、物のわかったお方な**ですさかい**
　~~す~~、「はは一んなにかあるなと」、わかってくれはります
　わいな。そや~~よって~~（さかいに）な、~~お願いですよって~~、しんどおま**すやろけど**
　~~すやろけども~~、行って来とくれやす。

（第一八三回台本）

ちえ　そうか。おそいなあ。こない、おそなるはずないね~~がな~~（んけどな）
　あ。午前中にはすむいうて、出ていきは~~ってんがなあ~~（ゃったのになぁ）

（第一八七回台本）

長沖が想定する壮年女性の大阪弁と、浪花の想定の違い[24]がうかがえるが、これは「大阪弁」らしさを固定する小説文体と、現場のアドリブも含めた流動的な音声の差異でもあっただろう。この細かな変換作業によって、「口下手」な夫を上品な大阪弁でたしなめる妻、という役柄はいっそう現実感を増し、浪花は「ちえ」とほとんど同一視されながら、大阪女性の代表と見なされていった。

五〇年代末、大宅壮一は「絶頂に達した大阪ブーム」について、織田作之助原作の映画『夫婦善

6 「大阪」と「笑い」を凍結する

近代大阪は、東京の「標準」に対抗する立場を自ら任じてきた。一九五〇年代の関西発のラジオ漫才やコメディドラマが、内なる差異を平らに均して「大阪」「上方」という統一的な見た目を演出したのも、当初はそうした対抗意識に発したものだっただろう。演出側にとってそれがステレオタイプに過ぎないことは自明だったが、しかしいつしか漫才や喜劇でそれを演じるスターや、電波に乗った大阪弁こそが「大阪的なもの」と等価に見なされていった。この認識はやがて六〇―七〇年代のテレビの「お笑い」に再編成されて継承され、大阪＝お笑いの等号をいっそう強烈に印象づけていくことになる。

六〇年代後半、詩人の小野十三郎は「大阪の笑いをあまり信用していてはバカをみる」と警鐘を鳴らした（小野 1967）。高度経済成長の時代にあっては、大阪弁を巧みに操る漫才も「健康な風刺の刃を持った庶民の歌とはならない」と。

現にラジオやテレビを通じて大阪漫才は東北地方の百姓諸君にも楽しまれているではないか、アチャコの「お父さんはお人好し」は何年かにわたってＮＨＫの全国視聴率第一位をつづけたではないかと、わが友秋田実や長沖一にさとされても、くたばれ大阪漫才といいたいところだ。ついでに大阪弁そのものも。

彼は単に大阪弁や漫才をけなしたわけではない。この引用部のすぐあとに続けて小見出しで**「くたばれ「大阪」」**と言い換えていることからわかるように、カッコ付きの「大阪」が問題なのだ。

重要なのは「これまでそれが大阪的なものと承認されていたもろもろの伝統の作用を庶民の生活の立場にたって再検討」することであり、「情緒的なものによって、あたたかくおおわれている物と物との関係を断ちきって凍結させてしまう」作業である。すなわち、大阪＝大阪弁＝関西弁＝漫才＝お笑い＝……と連鎖しているイメージの等号を切り離し、いったんカッコに入れて「凍結」させ、その成立過程と作用を問い直す作業に他ならない。

さらに小野は自らも好む「『庶民的』ということば」の「超階級的な呪文のような働き」にも注意を喚起する。「大阪」や「庶民」という箱には、その時々の都合で手頃な対象が詰め込まれる。本章で「お父さんはお人好し」を通して見たように、そもそも笑芸の宛先とされた「庶民」自体、漫才や喜劇の中で典型的に演じられ、受け手もそこに自分を投影するという循環構造がある。秋田や長沖らの近傍で、小野はその転倒した現象を見定めようとしていた。

むろん「大阪」のステレオタイプを忌避する小野の言説も、一九六〇年代という一つの歴史性の中にある。しかし眼前に差し出された「大阪」や「庶民」という概念の呪術性、あるいは自分たちの目・耳・情緒の構築性を問い直すことから始めた彼の姿勢は、時代の渦中にありながら歴史性と向き合う一つの方途を示している。

「なぜ大阪はお笑いの本場なのか」「どうして大阪人はおもろいのか」といった問いに対して、他者を歓待する商人文化の伝統があるから、あるいは都市周辺から流入した明け透けな庶民の性質があるから、と歴史を遡って解説する大阪論は多い。誤解を怖れずに整理すれば、商人文化と庶民の性質による解説は、大阪の笑いの本質を〈船場〉と〈河内〉のいずれに求めるか、という歴史観にも読み替えられるだろう。ただし、これらの説が近世大坂の実態を幾分言い当てているとして、因果関係の論証はきわめて困難である。「船場」「河内」という地理区分や、あるいはそこに連関した文化類型が存在するとしても、それらを現在につながる起源と見なすのは、危機意識に呼び起こされた「ノスタルジア」に過ぎない。起源の喪失が意識されてはじめて、事後的に〈船場〉や〈河内〉という起源が発明された、と言ってもいい。

凡庸な「大阪」のステレオタイプがあるからこそ、「本当の大阪」を語る言説は活性化する。「本当の大阪」の笑いは船場／河内の伝統に根ざしているが、現在の「お笑い」はマスコミが大衆向けに加工したニセモノなのだ――といまでもどこかで耳にするように。しかもステレオタイプに対して提示された「本当の大阪」の中身が陳腐化すれば、それまでニセモノ扱いだったものが、いつしか「本当の大阪」に置き換わっていく。「本物の万歳をやれ」と罵倒されたエンタツ・アチャコがいつしか漫才の起源になったように、漫才ブームが定期的に起こって世代交代するごとに、あるいは政治的・社会的な変動ごとに、「大阪」や「笑い」の中身はすり替えられていく。にもかかわらず、「本当の大阪」や「大阪的なもの」という枠組み自体は温存されるのだ。その運動には、五〇年代に大阪文化を類型的に演出した今・秋田・長沖・大宅たちだけでなく、一定の距離をとっていた小野も、そして現代の論者さえも常に巻き込まれている。

「お父さんはお人好し」のアチャコのギャグはもちろん一過性の流行だったとはいえ、それによって関西弁＝笑いの印象は全国の聴衆に刻まれた。個別の芸人やギャグは常に飽きられ忘却されるが、しかしその陳腐化を苗床に次の演者とギャグが登場して、大阪＝笑いという連鎖を維持し続ける。演出された「大阪人はおもろい」を次の世代が内面化し、「おもろい大阪人」というアイデンティティを抱えた無意識の演者として主体化していく。そうして大阪＝笑いという歴史的装置の紐帯は、耐用年数が切れるまでこすられ続けるのだろう。むろんそれを殊更に批判してみても、現代においてさしたる意味はない。

しかし、例えば私たちが大阪の漫才に笑うとき、その等号の働きをほんの一瞬凍結させて、自らの笑いをカッコに入れてみることは無駄ではないだろう。そこから各人にとって、「大阪」と「笑い」に関する別様の解釈[27]が始まるはずである。本章は一九五〇年代のラジオ文化を通して、「大阪」と「笑い」の一つの接合部を覗き込んでみる試みであった。

注

（1）この『落語選集』全六巻は、一九二九～三〇年に騒人社書局から刊行された今村信雄編『名作落語全集』全一二巻を再編したものと思われる。ただし、引用した「漫才の本場」は長尺の落語ネタの合間にはさまれた一コママンガ付きコントの一つであり、戦前の『名作落語全集』には掲載されていない。

（2）冗談好き、けち、食通、派手好き、好色等々の「関西人、大阪人に関するステレオタイプは、江戸時代後期の江戸で形成された性質を核とし、近代になってさらに重層的にいくつかの性質が付け加えられてきた」とされる（金水 2003：98-99）。

（3）「万歳」から「漫才」への変遷に関しては諸説あるが、前田勇や織田正吉による整理を参照（前田 1975：織田 2008）。なお「漫才」という漢字表記は一九三〇年代に現れ、吉本興業のイベントなどで用いられて徐々に一般化したとされており、昭和前半は「万歳」「万才」「漫才」その他の表記があまり区別なく混在している。本章での「万歳」「万才」「漫才」の表記は、引用を除いて織田の区別によった。

（4）井上（2018）でも今東光に対して同様の指摘がされている。今東光の作品と大阪のイメージ形成をめぐる力学については、本書第1章を参照されたい。

（5）丸山の企画した番組は直前に「歌の新聞」（一九四六年一月二九日開始）があったが、「八紘一宇」を揶揄したコントがCIEの検閲に引っかかり、放送中止となっていた。素人学生だった三木鶏郎はこの「歌の新聞」でデビューしている。

（6）三木鶏郎の苛烈な姿勢はしばしば新聞沙汰になり、参議院電通委員会に喚問されたこともあった。打ち切りの直接の原因は、法務大臣犬養健の造船疑獄事件への諷刺に佐藤栄作が激怒したせいとも言われる（井上 1992）。真偽は定かではないが、当時の新聞報道でも政府からの圧力は自明視されている。

（7）一九五四年に「浪花演芸会」に改題。その後も「こんばんは大阪です」「上方寄席」などの変遷を経て一九七四年に「上方演芸会」に戻り、現在も同名の番組が放送されている。

（8）例えば日本放送協会（1956）の調査結果を見ると、平均聴取率では「演芸B」（慰安娯楽的要素の濃い演芸番組）の部門が最も高くなっている。次いで「演芸A」（芸術的価値の高い演芸番組）「報道」「音楽B」（軽音楽・歌謡曲番組）の順となっている。

（9）夫婦漫才は戦前から存在したが、蝶々・雄二は「女上位の漫才の草分け」とされる（秋田 1973）。番組初期の様子は『蝶々・雄二の夫婦善哉』（秋田 1957）などでうかがい知れる。この番組は一九六三年にテレビへ移行し、一九七五年まで続いた。なお、番組名の由来は織田作之助の同名小説だろう。制作者の秋田は戦前から織田との親交があった。開始翌年には織田原作の映画『夫婦善哉』（豊田四郎監督、森繁久彌・淡島千景主演）もヒットし、相乗効果で「大阪ブーム」の呼び水になったと考えられる。

（10）秋田實による一九五八年作の台本とされる。秋田の長女の藤田富美恵が編集した台本集より引用した（藤田 2008：103-118）。

（11）戦中における秋田や長沖の演芸活動のなかに、青年期に学んだ左翼思想を別の形で実践したとして抵抗の契機を見出す論考もある（鶴見 1984：室伏 2011）。

（12）「アチャコ青春手帖」第一回台本。関西大学図書館所蔵の「大阪関係文芸資料」の実物を閲覧した。引用に際し、台本の空白部分や改行位置を調整した。

（13）一九五四年六月時点の全国聴取率調査では「ほろにが物語」の聴取率は四七％で、NHK第一放送の番組中では一〇位（日本放送協会放送文化研究所 1955）。まったく不人気だったわけではないが、「青春手帖」の後番組としての期待には応えられなかったということだろう。

（14）原題 *"Cheaper by the Dozen"*（一九五〇年アメリカ公開、日本公開は翌年）。フランク・バンカー・ギルブレス・ジュニアらによる同名の自伝小説の映画化作品。映画を観る限りでは、「お父さんはお人好し」とストーリー面での共通性はあまりない。

（15）番組名は局側が提案したが、他に「一ダース万才」という候補もあった（長沖・中山 1962）。「ほろにが物語」の不振を受け、「青春手帖」と同じくラジオ漫才の勢いに乗ろうとする狙いも垣間見える。

（16）NHKにも音源は五本しか残存していないという。NHK各局内の番組公開ライブラリーで第一二三回放送の録音を聴くことができるほか、後年の特集番組などで流された数分程度の音源が確認できる。

（17）ラジオ台本を長沖自身がリライトしたと思われる小説版『お父さんはお人好し』（長沖 1956）や、同名映画（一九五六年公開）などから序盤のあらすじはうかがい知れる。また、関西大学図書館所蔵「大阪関係文芸資料」には、小説版の続きとなる長沖の自筆原稿（未刊行）や、放送中期と後期の数十回分のラジオ台本が残されている。

（18）落合恵美子は「一九六〇年代の家族というのは、核家族化はしていたけれども、大家族を夢見る核家族」であり、「その人たちがホームドラマの受け手だった」と指摘する（落合 2019：80-81）。落合は「サザエさん」「七人の孫」「ただいま十一人」などの六〇年代テレビ番組を例に挙げているが、その先駆けとして五〇年代ラジオ番組「お父さんはお人好し」を位置づけることができるだろう。

(19) 実際、関西発の番組を東京向けに別収録していた時期もあった。BK関係者の座談会（秋田ほか 1950）では、「本当の大阪弁」は演者側にも聴取側にも難しく、どこまで放送に取り入れるべきかと議論されている。一方、五〇年代初頭のこの座談会でもすでに、「イミテーション」の大阪弁がラジオで使用されつつある、と語られている。

(20) 田中ゆかりは、五〇年代にラジオ・テレビ放送の「『方言』の不正確さ、不自然さ、いいかげんさを糾弾する」聴取者の声が上がりはじめ、六〇年代には番組制作側の「『方言』取り入れ方模索の時代」につながったと論じている（田中 2011：184）。

(21) 例えば、大阪市内の小学生を対象にラジオ聴取率を調査し、「お父さんはお人好し」の人気と影響を示した統計（朝日放送株式会社考査部編 1956：40-41）から、資本主義と大衆芸術の関係を論じた論考（深山 1961）まで多様である。変わり種では「『お父さんはお人好し』を調査して地域の違いで聞き方が違うか」（近藤 1960）というアンケート調査もあった（ちなみに聞き方に差異は認められないという結論だった）。

(22) 厳密には辰野の発言は、浪花を「日本語の達人」と褒めたものだった（辰野ほか 1960：128）。しかし彼女の大阪弁の見事さが称賛された逸話として方々に広まった。

(23) ここで参照した関西大学図書館所蔵台本は、「ちえ」の台詞にのみ書き込みがあり、台本が入った封筒の宛名などから鑑みても、浪花が収録時に用いたものと推測される。引用部では、手書きの書き込みを訂正線・ルビ・強調太字によって示した。■は墨による潰しで判読不能の部分である。改行位置や空白部も台本をできるだけ再現した。

(24) 引用部を例に挙げれば、長沖が書いた「ちえ」の台詞「出ていきはってんがなあ」を、浪花は「出ていきやったのになあ」に修正している。同時代の大阪弁研究の第一人者だった前田勇は、「『やる』言葉」（動詞連用形＋やる）を大阪の「女子青少年」の言葉遣い、あるいは「女性語」で「物言いを丁寧にすると同時に、親愛の情をこめた言い方」とみなしている（前田 1949, 1977）。他には助詞「よって」を「さかいに」と浪花が修正しているが、前田によれば同じ大阪弁でも「よって」は「『さかい』と同義であるが、それより強い」という（前田 1949）。言語学的な妥当性は措いても、当時の一般的な感覚とさほど離れてはいないだろう。場面や文脈によるが、浪花は大阪弁の中でも「丁寧」さや「親愛の情」を感じさせやすい、女性ジェンダー化された表現を選んでいたと言える。

(25)　これは漫才の起源を〈河内〉に求めた今東光が、「南河内の産である浪花千栄子の科白に、少しばかりの河内訛りがあるのは如何ともすることが出来ないのだ」（今 1958）と主張したことと重なっている。長沖と今は歴史観も評価軸も異にしていたが、浪花の声に聞き取った響きは似通っていた。

(26)　とはいえ、頑なに大阪の固有性を脱色してきたこの番組が、終了間際に河内の色濃い地方色を押し出したことはやや不可解でもある。素朴に作家の年譜を見れば、長沖は一九六二年に南河内の羽曳野市に転居しており、その反映はあっただろう。他方、番組事情から考えれば、第四〇〇回以降は日本各地を夫婦で巡る展開もあり、マンネリズム解消の方向転換だった可能性もある。そして「大阪的なもの」との関連で捉えるならば、番組放送開始から一〇年を経たこの時期の、予想を超えて急速に変貌していく大阪イメージに対する反動だったのではないか。六〇年代に入って「がめつい」に代表される大阪イメージが登場した際、それはマスコミの売り出した造語で本来の大阪弁ではない、と長沖は珍しく強い口調で否定している（長沖・淡谷 1961）。在りし日の大阪に愛着を抱きつつ、メディア上の創作では地方色を漂白してしまった彼だからこそ、その空白地帯に得体の知れない新たな色を塗られるのは耐え難く、今更のように伝統的な〈河内〉を呼び出したのかもしれない。

(27)　磯前順一はハイデガーを踏まえて、過去に対する「了解」と「解釈」を区別している。「了解とは過去からの憑依であり、無意識の制約である。しかし、解釈とはそこに新たな他者との出会いを加え、新たな地平の融合を引きおこすことなのだ。過去にとらわれながらも、そこで過去の位置づけがずれていくのだ。

それは過去から解放された時間などではない。むしろ過去を位置づけなおした時間であり、明日へと開かれていく時間なのだ」（磯前 2007：277）。

文献

秋田實編、一九五七、『蝶々・雄二の夫婦善哉』清文堂書店。

秋田實、一九五八、「漫才の昨日、今日、明日」『Chamber』九四：三〇-三四頁。

秋田實、一九七三、「『夫婦善哉』の話法――しろうとの語り口」江藤文夫・鶴見俊輔・山本明編『講座・コミュニケーション4　大衆文化の創造』研究社出版、一七五-一八四頁。

秋田實、一九八四、『大阪笑話史』編集工房ノア。

秋田實・木村豊三郎・島浦精二・横尾克己・佐々木英之助・亀井圓了・大藏新藏・樋口孝吉・梅本重信・星子正壽・大竹正、一九五〇、「BK番組の企画と上方文化の特色」『放送文化』五（六）：二六-三一頁。

朝日放送株式会社考査部編、一九五六、『ラジオ要典』朝日放送株式会社。

池内紀、一九八七、『地球の上に朝がくる――懐かしの演芸館』河出書房新社。

泉麻人、二〇一九、『冗談音楽の怪人　三木鶏郎――ラジオとCMの戦後史』新潮社。

磯前順一、二〇〇七、『喪失とノスタルジア――近代日本の余白へ』みすず書房。

井上章一、二〇一六、『関西人の正体』朝日新聞出版。

井上章一、二〇一八、『大阪的――「おもろいおばはん」はこうしてつくられた』幻冬舎。

井上保、一九九二、『「日曜娯楽版」時代――ニッポン・ラジオ・デイズ』晶文社。

井上宏、一九八五、「放送と演芸」井上宏編『放送演芸史』世界思想社、一-三一頁。

今村信雄編、一九五三、『落語選集6　粗忽慌て者篇』楽々社。

大井尚俊、一九四九、「漫才と話の泉」『ラジオ・オーサカ』一二一：九頁。

大久保恒次、一九三五、「マンザイ『第三期』」『ヨシモト』一：一七－二二頁。

大宅壮一、一九五八、「〝阪僑〟罷り通る――ガイガー管片手に地方の人物鉱脈を探る（六）」『文藝春秋』三六（六）：二二六－二四三頁。

大宅壮一、一九五九、『日本新おんな系図』中央公論社。

岡崎幸寿、一九五七、「落語・漫才・歌謡＆ＥＴＣ…」『海運』三五四：五八－五九頁。

小川半次、一九五四、「アチヤコの下駄」『国会』七（一一）：三九－四一頁。

織田正吉、二〇〇八、「漫才の歴史」大阪府立上方演芸資料館編『上方演芸大全』創元社：一四－七二頁。

落合恵美子、二〇一九、『21世紀家族へ――家族の戦後体制の見かた・超えかた』［第四版］有斐閣。

小野十三郎、一九六七、『大阪――昨日・今日・明日』角川書店。

川上のぼる、一九六一、「頼りにしてまっせ」朝日放送編『ＡＢＣ』朝日放送：六一頁。

川野文編、一九五七、『テレビラジオ年鑑　１９５７年版』テレビラジオ新聞社。

河盛好蔵、一九六一、「上方言葉」朝日放送編『ＡＢＣ』朝日放送：六二－六三頁。

木津川計、一九八一、『文化の街へ――大阪・二つのアプローチ』大月書店。

木津川計、二〇〇六、『上方芸能と文化――都市と笑いと語りと愛』ＮＨＫ出版。

金水敏、二〇〇三、『ヴァーチャル日本語――役割語の謎』岩波書店。

今東光、一九五八、「漫才王国繁昌記」『文藝春秋』三六（六）：二〇四－二一五頁。

近藤輝夫、一九六〇、「『お父さんはお人好し』を調査して地域の違いで聞き方が違うか」『ＮＨＫ文研月報』五（四）：九－一三頁。

近藤春雄、一九六〇、『現代人の思考と行動　上巻』文雅堂書店。

崎山猷逸、一九五五、「関西ラジオ作家素描（一）」『放送文化』一〇（六）：一八－一九頁。

辰野隆・林髞・徳川夢声、一九六〇、『随筆寄席2』春歩堂。

田中ゆかり、二〇一一、『「方言コスプレ」の時代――ニセ関西弁から龍馬語まで』岩波書店。

鶴見俊輔、一九五四、『大衆芸術』河出書房。

鶴見俊輔、一九六一、「漫才について（上）――マス・コミュニケイションと限界芸術」『思想の科学』三六：一八-二三頁。

鶴見俊輔、一九七九、『太夫才蔵伝――漫才をつらぬくもの』平凡社。

鶴見俊輔、一九八四、『戦後日本の大衆文化史――1945～1980年』岩波書店。

Daudet, Alphonse, 1886, *"La Belle-nivernaise" histoire d'un vieux bateau et de son équipage*, C. Marpon et E. Flammarion (Paris)（櫻田佐訳、一九五三、『川船物語』角川書店。）

富岡多惠子、一九八六、『漫才作者　秋田實』筑摩書房。

永岡正巳、二〇一九a、「長沖一――その生涯と作品」『大阪春秋』一七六：一六-二一頁。

永岡正巳、二〇一九b、「長沖一略年譜・主要作品（改訂版）」『大阪春秋』一七六：七八-八六頁。

長沖一、一九四七、『大阪の女』白鯨書房。

長沖一、一九五二、「作者の立場から」『放送文化』七（六）：四三-四四頁。

長沖一、一九五五、「大阪弁礼賛」『日本経済新聞』一九五五年八月一日朝刊。

長沖一、一九五六、『お父さんはお人好し』東京文藝社。

長沖一、一九五八、「生活に即した〝笑い〟」『文学』二六：二九-三二頁。

長沖一、一九六一、「ああ、しんど」朝日放送編『ABC』朝日放送：八八頁。

長沖一、一九七四、「『アチャコ青春手帳（ママ）』以後――わたしの放送作品」『上方芸能』三四：五一-五三頁。

長沖一、一九七八、『上方笑芸見聞録』九藝出版。

長沖一・淡谷のり子、一九六一、「浪速っ娘はランデヴーがお好き」『新週刊』一（六）：三二-三五頁。

長沖一・伊藤信雄、一九五九、「連載対談60　マイクはなれて」『放送文化』一四（四）：四〇-四五頁。

長沖一・中山善衛、一九六二、「長沖一氏」天理教青年会本部編『僕のインタビュー――中山善衛対談集』天理教道友社、一七七-一九〇頁。

永滝五郎、一九五九、「スピーキング・イズ・マネー」『日本経済新報』一二：二四-二五頁。

名武なつ紀、二〇〇七、『都市の展開と土地所有――明治維新から高度成長期までの大阪都心』日本経済評論社。

浪花千栄子、一九六一、「大阪弁」朝日放送編『ABC』朝日放送、九二頁。

日本放送協会、一九五六、『NHK年鑑　一九五七』日本放送出版協会。

日本放送協会、二〇〇一、『20世紀放送史　上』日本放送出版協会。

日本放送協会放送文化研究所、一九五五、『昭和30年5月～6月　全国聴取率調査結果表』日本放送協会放送文化研究所。

日本放送協会放送文化研究所世論調査部、一九五七、『NHKの放送番組世論調査――昭和32年版』日本放送協会放送文化研究所。

野元菊雄、一九五六、「方言」国立国語研究所『国語年鑑　昭和31年版』秀英出版、一〇-一三頁。

芳賀綏、一九五八、「言語生活の種々相」西尾実・時枝誠記監修『国語教育のための国語講座第七巻　言語生活の理論と教育』朝倉書店、三一-八二頁。

BK開局80周年記念誌編集委員会、二〇〇五、『NHK大阪80年』NHK大阪放送局。

深山敏、一九六一、「電波の芸術」阿部知二・小田切秀雄・清水幾太郎・竹内好・富永惣一・日高六郎・南博編『講座現代芸術Ⅳ　マス・コミのなかの芸術』勁草書房、二一五-二三九頁。

藤木秀朗、二〇一二、「『大衆』としての映画観客」ミツヨ・ワダ・マルシアーノ編『「戦後」日本映画論――一九五〇年代を読む』青弓社、一二一-一四二頁。

藤田富美恵、一九八九、『父の背中』潮出版社。

藤田富美恵編、二〇〇八、『昭和の漫才台本第5巻　戦後篇』文研出版。

前田勇、一九四九、『大阪弁の研究』朝日新聞社。

前田勇、一九七五、『上方まんざい八百年史』杉本書店。

前田勇、一九七七、『大阪弁』朝日新聞社。

三田純市、一九九三、『昭和上方笑芸史』学藝書林。

南博、一九五五、「マス・コミュニケーションと娯楽」日高六郎編『マス・コミュニケーション講座第五巻　現代社会とマス・コミュニケーション』河出書房、一六八-一七七頁。

室伏市畔、二〇一一、「お笑い作家の誕生――長沖一と秋田実」『季報唯物論研究』一一七：六八-七六頁。

吉田三七雄、一九六一、「『大阪弁』の番組製作」朝日放送編『ＡＢＣ』朝日放送：一五七頁。

米山リサ、二〇〇二、「娯楽・ユーモア・近代――『モダン漫才』の笑いと暴力」小森陽一・酒井直樹・島薗進・成田龍一・千野香織・吉見俊哉編『岩波講座近代日本の文化史6　拡大するモダニティ』岩波書店、一四八-一八一頁。

読売新聞大阪本社文化部編、一九九九、『上方放送お笑い史』読売新聞社。

第8章　「失われたもの」としての大阪

――小松左京『日本アパッチ族』にみる「関西弁」と「人間性」

森下　達

1　「関西人」としての小松左京

高度経済成長期は、ＳＦという文学ジャンルが日本社会に定着した時期でもあった。一九五九年一二月に、早川書房より『Ｓ-Ｆマガジン』が創刊される。当初は海外作品の翻訳の掲載が中心だった同誌だが、「ＳＦコンテスト」[1]などを通じてさまざまな日本人作家がデビューし、六三年には日本ＳＦ作家クラブが発足している。七〇年には、この日本ＳＦ作家クラブも主催団体の一つに名を連ね、日本で国際ＳＦシンポジウムが開催されてもいる（長山 2012：135-137）。アーサー・Ｃ・クラークやブライアン・オールディスらアメリカの作家に加えて、冷戦下での東西対立の垣根を越えてソ連の作家も参加したこのシンポジウムは、六〇年代を通じて日本ＳＦが一定の力をつけたことを示す成果だといえるだろう。

本章では、日本SFを代表する作家である小松左京に焦点をあててみたい。ご存知の向きも多いだろうが、小松は関西と関わりが深い人物だった。一九三一年に大阪市に生まれ、尼崎と西宮で育った小松は、第一神戸中学校（現・兵庫県立神戸高等学校）から三高（現・京都大学）へと進み、学制変更を経た四九年には京都大学文学部に進学している。五四年に就職した経済誌『アトム』の編集部の所在地も大阪市の南区だった。関西との関わりは創作にも生かされており、関西弁を駆使する怪しげな宇宙人ゴエモンの行動を通じて日本社会を諷刺した『明日泥棒』（一九六五年）があるほか、古典芸能に材をとった「芸道もの」にも、「天神山縁糸苧環——「立ち切れ」の主題によるパラフレーズ」（一九七五年）をはじめ、関西を舞台とする作品が多い。

これに加えて小松を特徴づけるのが、戦後大阪を代表するイヴェントへの関与である。日本万国博覧会が大阪で開催される可能性があることが報じられた一九六四年、小松は社会学者の加藤秀俊らとともに「万国博を考える会」を結成する。並行して「未来学研究会」も立ち上げた彼らの活動は、行政側の目に留まり、小松は最終的にテーマ展示のサブ・プロデューサーに就任している。さらに、九〇年に鶴見緑地で開催された「国際花と緑の博覧会」では、小松は総合プロデューサーを務めている。彼は、行政とも深い関わりを持っていた稀有な作家なのである。

では、小松がこの種の活動に尽力した背景には、どのような必然があったのか。このことを、小松のSF小説に対する作品分析を通じて考えてみるのが本章の目的である。作中における「大阪」「関西」の表象が、その手がかりとなろう。小松が「大阪」「関西」に向けたまなざしを再考することで、問いに対する回答を提示していきたい。

2　『日本アパッチ族』の特異性——作家・社会との結びつきの深さ

以上の関心のもと、本章では小松の長篇一作目にあたる『日本アパッチ族』（一九六四年）を取り上げる。この作品は、パラレル・ワールドとしての一九五〇年代の日本を舞台としている。そこでは、失業者を社会から追放する「追放刑」が制定され、関西では大日本帝国陸軍大阪砲兵工廠の跡地が指定された追放地となっていた。ところが、そこに閉じこめられた屑鉄泥棒たちは、貧しさと飢えの中、あろうことか鉄を食らう新人類「アパッチ族」に進化したのだった。アパッチ族は日本政府と対立を深め、やがては人類との戦争に乗り出していく。

このように、社会に居場所のない者たちが既存の社会を転覆する同作の筋書きは、小松本人がいうように、「プロレタリア革命のパロディ」（小松 2006：63）としての側面を色濃く持っている。この特徴は、小松本人の経歴とも関係するものだ。小松は、京都大学在学中に左翼活動に携わっており、一九五二年に活動からドロップアウトするものの、五〇年代初頭には共産党に所属し、山村工作隊として活動した経験もあったからである（小松 1997：37）[2]。

また、「アパッチ族」というモチーフも、現実の歴史に根差したものだった。一九五〇年代半ば、平野川堤防の改修工事に伴い、封鎖されていた大阪砲兵工廠跡地への侵入が容易になり、そこに屑鉄泥棒が出没するようになった。そのため、五五年から五九年にかけて、彼ら屑鉄泥棒と、跡地を警備する守衛や警官との間で攻防戦が繰り広げられ、このことは新聞をはじめマスメディアでも報道された。五八年には『朝日新聞』大阪版の夕刊にルポルタージュ記事が連載されてもいる（水内・加藤・

和歌山で"学校八分"
闘争同調へ圧力?
勤評反対にからみ

防犯から中止申入れ
浜寺ナイター海水浴

アパッチ族

一本の古クギから
"開拓者"は二人の老婆

本物そっくりに
最古のレース複製

図8－1　アパッチ族に関するルポルタージュ記事
出典：『朝日新聞』大阪版 1958年8月1日夕刊5面

大城 2008：272-274）（図8－1）。

このように『日本アパッチ族』は、作家の実人生や現実社会の出来事と直截的に結びついているという、SF小説としてはやや珍しい特徴を有している。それゆえだろう、小松作品のなかでも同作は比較的注目度が高く、さまざまな先行研究がある(3)。

とはいえこれまでの研究は、同作の有する戦後社会批判の側面を強調するなど、同時期の社会状況や文学的・思想的な情勢に着目しての価値づけに注力し過ぎているきらいがある。次節で詳述するが、小松は、モチーフやテーマのシリアスさや生々しさを「相対化」する方法論としてSFを捉えていた。そして、『日本アパッチ族』も小松がSF的方法論を自家薬籠中のものとする中で書かれている。そうである以上、その社会批判性を評価するだけでは、作品論としては不十分だろう。

こうした問題意識のもと、本章ではまず、

3節と4節を通じて、『S-Fマガジン』のコンテストに投じられた小松最初のSF作品「地には平和を」や、それに影響を与えた海外SF作品を取り上げ、『日本アパッチ族』との比較を行う。そうすることで、『日本アパッチ族』においてSF的な方法論がどのように機能しているかを明らかにする。また、あらすじからもわかるように、『日本アパッチ族』のメインの舞台は大阪であり、作中でも関西弁が飛び交っている。SF的な「相対化」の中で、「大阪」や「関西」はどのような扱われ方をされたのか。これもまた先行研究では見られない視点であり、5節では作中で用いられる関西弁に着目し、この点を議論の俎上に載せていきたい。

本書のいくつかの章でも論じられるように、高度経済成長期には、SFないしファンタジー的な要素を欠いたリアリズムを基調とする小説作品においても、さまざまな形で「大阪」が描かれてきた。小松作品をそれらの試みと較べたとき、いかなる共通点や差異が見えてくるのか。最終的にはこうした観点からも議論を展開しつつ、本章冒頭で記した問いに迫っていければと思う。

3　SF的手法の導入による「相対化」――「地には平和を」の達成

議論をはじめるにあたり、小松がSF作家として世に出るに至る経緯を確認しておこう。

『S-Fマガジン』創刊号を手にとり、小松は衝撃を受けた。なかでも「目を引っぱたかれたような思いがした」（小松 2006：13）のが、巻頭に掲載されていた、アメリカのSF作家ロバート・シェクリイによる「危険の報酬」（一九五八年）だった（図8-2）。同作に影響されつつ、一九六〇年にコンテスト応募作として「四百字詰八十枚を三日で一気に書き上げた」（小松 2006：14）のが「地には平

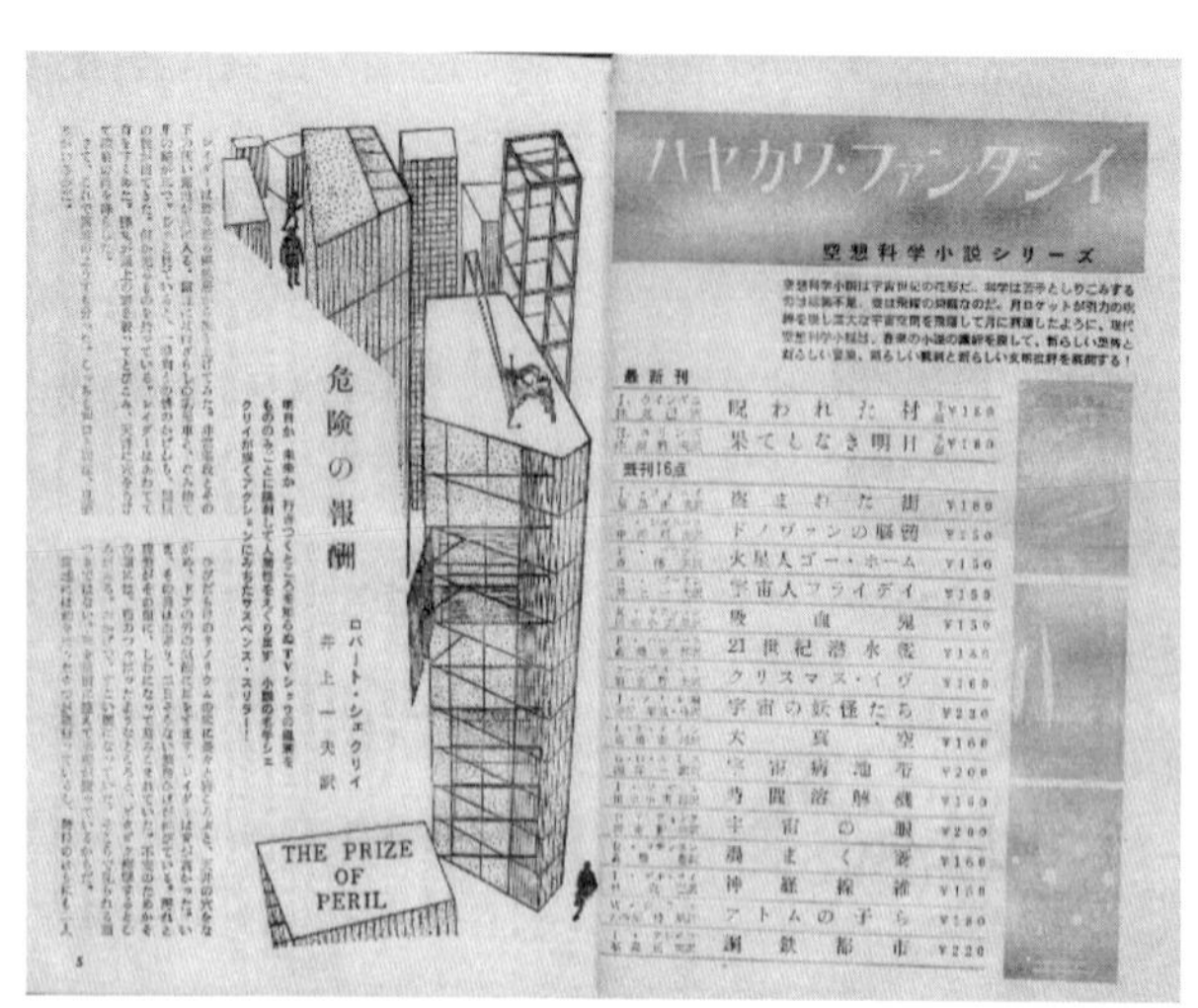

図8-2　「危険の報酬」が巻頭に掲載された『S-Fマガジン』1

出典：『S-Fマガジン』1（早川書房，1959年12月）2-3頁。

和を」である。この作品が努力賞を受賞したことで、『S-Fマガジン』編集部とのつながりができ、六二年一〇月には同誌に「易仙逃里記」を発表、これが彼の商業的なデビュー作となった。こうして、小松は本格的にSF作家としての道を歩んでいく。なお「地には平和を」は、六三年にSF同人誌『宇宙塵』に掲載されたのち、同作をタイトルに冠した短篇集が刊行され、六三年下半期の直木賞の候補となった。商業デビューしてすぐに、小松は要注目作家としての地位を手に入れたということができるだろう。

SFとの出会いが、小松に「地には平和を」を書かせた。では、小松にとって、SFというジャンルは何を可能とするものとしてあったのか。このことを解き明かすために、まず、小松に衝撃を与えた「危険の報酬」の内容を確認しておこう。

「危険の報酬」は、近未来を舞台に、テレビ局が製作するショウに焦点をあてた作品である。

局は、視聴者の一人を番組の主役に選び、彼／彼女が報酬を目当てにさまざまな危険に挑戦する様を番組化することで高視聴率を稼ぎだしていた。番組中の最高難度のショウが「危険の報酬」であり、そこでは殺し屋から一週間逃げ切ることが求められた。これに挑むジム・レイダーという人物を主人公に、彼の視点に寄り添って物語が展開する。

このような筋書きを有する「危険の報酬」は、のちにいう「疑似イヴェントＳＦ」の特徴を備えている。「疑似イヴェントＳＦ」とは日本ＳＦ独自のサブジャンルであり、「もし〜だったら」と、ｉｆの社会状況を設定して物語を展開するＳＦ作品のことを指す。そのｉｆの内容には必ずしも科学的な厳密さは求められず、それよりもむしろ、ｉｆ状況の中での混乱をドタバタ的に描き出すところに興味の中心が置かれる。

「疑似イヴェント」という用語は、もともとはアメリカの歴史学者ブーアスティンが提唱したものであり、人為的に仕組まれた、場合によってはでっち上げられた出来事のことを指す。彼の著作では、「疑似イヴェント」が現代社会に蔓延していることが指摘され、それと関連づけつつテレビの台頭が批判的に論じられた（Boorstin 1962=1964）。こうした著作の影響を受けながら、マスメディアを中心的なアクターの一つとして成立した「疑似イヴェント」を扱ったＳＦ小説群が、一九六〇年代に小松左京や筒井康隆らによって多く書かれたことで、日本では「疑似イヴェントＳＦ」というサブジャンルが成立したのだった[4]。テレビ局主催の殺人ショウをテーマとした「危険の報酬」はきわめて「疑似イヴェントＳＦ」的であり、そのおもしろさを日本に伝えた作品の一つだったと位置づけられよう。

以上を踏まえて「地には平和を」の分析に移ろう。同作は、小松自身の言葉を借りれば、「［引用者註：アジア・太平洋戦争において］日本があそこで降伏せず、本土決戦を続けていたら――という『ヒストリカル・イフ』と『パラレルワールド』を組み合わせた作品だ」（小松 2006：14）ということになる。本土決戦中の日本においてゲリラ戦を戦っている一人の兵士・康夫の視点で物語が進んでいき、それにつれて、作品の舞台となっているのがｉｆの世界であることも、読者に対して徐々に明らかにされていく。

ひとまずは、こうした物語構成がシェクリイに学んだものである、ということができそうだ。「危険の報酬」も、追われて逃げ惑う一市民の視点で物語が進んでいき、やがてそれがテレビ局主催の殺人ショウであることが浮かび上がってくる仕掛けになっているからだ。

もっとも、参考にされているのは物語構成だけではない。主人公を追いこんでいる、生死に関わる状況そのものが実は人為的なイヴェントであったというアイディアも、「地には平和を」と「危険の報酬」で共通している。主人公の行動をつぶさに追ってきた「地には平和を」だが、その終盤ではまったく異なる時空間を舞台とする記述が導入される。そこで明らかになるのが、作品の舞台であるパラレル・ワールドが、時空間犯罪者アドルフ・フォン・キタ博士によって生み出されたものだったという事実である。

このようにシェクリイを消化しつつ、「地には平和を」では、小松があり得たかもしれない「もうひとりの自分」の姿を主人公に託しているところに特色がある。自伝的著作『ＳＦ魂』（二〇〇六年）を紐解いてみよう。中学三年生のときに敗戦を迎えた小松は、「戦争中は自分は兵隊になって死ぬのだろうと思っていた」のであり、運よく生き延びはしたものの、そのことに後ろめたさを覚えてもいた。それゆえに、「ずっとあの戦争のことを書きたいと思っていた」にもかかわらず、「どう書けばいいのか糸口が見つからずにいた」。「沖縄戦では同い年の少年たちが銃を持たされて戦闘員として大勢死んでいる」のに、「戦争に行っていない自分に、戦争を語る資格があるのか……」とも、小松は感じていたのである（小松 2006：14-15）。

小松にとって、こうした重層的な思いは、「正攻法で文学にしようとすれば大変な量になる材料」（小松 1963：309-310 傍点は原文）であり、きわめて作品化しづらいものでもあった。この悩みを解決したのがSFとの出会いだったのである。「『ヒストリカル・イフ』と『パラレルワールド』を組み合わせ」ることで、本土決戦に挑むあり得たかもしれないもう一人の自分も、本土決戦を経験せぬまま戦争が終結した現実とそこに生きる人々の姿も、どちらも作品に盛りこむことができる。すなわち、自らが抱えている戦争に対する思いを、その複雑さを損ねないままエンターテインメントに仕立てることができるところに、SF的な方法論の強みがあった[5]。

そして、小松自身の記述では必ずしも鮮明ではないが、こうした方法論を、小松はさまざまな「正しさ」を相対化するためにも用いている。これについては以前も論じたことがあるが（森下 2021b：79-81）[6]、繰り返しここでも述べておこう。

「地には平和を」でキタ博士は、彼を捕えに来た時間管理庁特別捜査局局員に対し、戦後日本の歩みを批判して、理想的な歴史を選ぶことの正当性を訴える。この主張にはかなり熱がこめられており、小松自身も『SF魂』で、「だいたい、「この歴史は間違っている」とか「なぜ歴史がいくつもあってはいけないのだ」なんて登場人物に言わせせることができるのは、SFというジャンルしかありえないだろう？」（小松 2006：16）と、そのおもしろさを強調している。

しかし、「地には平和を」では、実際にはこの主張の真正さそれ自体にも冷や水が浴びせかけられている。捜査員の前で、二〇世紀人の立場から自身がつくった歴史の意義を強調するキタ博士だったが、彼は時間旅行のせいで「歴史意識の後退現象」を起こしていた。実際には彼は、第二次世界大戦から五〇〇〇年後の未来で生まれた人間だったのだ。

戦後日本に対する絶望感は小松の自伝的著作でも語られており（小松 2006：64，2008：390）、キタ博士のもっともらしい主張には彼自身も惹かれるものがあるはずである。にもかかわらず、「地には平和を」では、そのキタ博士自身がタイムトラベルのせいで狂っていたというオチがつく。

SF的な手法を用いれば、さまざまな立場を作品内に盛りこむことができるうえに、そうすることで、それぞれの立場にもとづいた論理や心情を絶対視せず、「相対化」することもできる。小松はここにSFの意義を見出したのだろう。SF的方法論と出会うことで、小松は、自らの人生経験にもとづくがゆえに生々し過ぎて取り扱いづらい題材を、作品に仕立て上げる術を手に入れた。

4　革命の「疑似イヴェント」化——「地には平和を」から『日本アパッチ族』へ

小松は、シェクリイ「危険の報酬」に学ぶ形で、主人公を追いこむ深刻な状況そのものが、ある種軽薄な、人為的なイヴェントであるという構成を自分のものとした。この構成は、登場人物のさまざまなスタンスを、彼自身も感情移入し得るであろうものも含めて「相対化」する姿勢を伴うものだった。

このような姿勢で「地には平和を」は執筆されたわけだが、小松の自伝等の記述を信じるならば、その直前にあたる一九五〇年代末から書きはじめられていたのが『日本アパッチ族』だった。すなわち本作は、小松がSF的方法論を消化するのと並行して執筆された作品であると見なすことができる。

図8－3　小松左京『日本アパッチ族』

本文中には大阪城周辺の地図が挿入され，関西が舞台であることが強調されている。

出典：小松（1964a）

自宅からラジオがなくなったため、その代わりの妻の楽しみになればというのが、直接的な執筆の動機である[7]。完成した作品は六四年三月に光文社カッパ・ノベルスより刊行され、彼にとってはじめての長篇作品となった（図8－3）。

こうした執筆動機とも関連するが、同作は、2節に記したあらすじの内容からすれば意外なほどに笑いが意図された作品になっている。アパッチ族の大酋長の名前が二毛（にげ）次郎であり、外国に報道される際に読み間違いが生じて「ジロウ・ニモウ」、すなわち、現実に存在したネイティヴ・アメリカンの戦士の名前である「ジェロニモ」とされるなど、笑いの中にはパロディーを狙ったものも多数存在する。そして、二毛がアパッチ族の存在を世間に認めさせ、しだいに日本を破滅させていくその過程すら、一種ドタバタめいた形で描き出されているのが作品の特徴になっている。加えていえば、そこではマスメディアがきわめて大きな役割を果たしてもいる。

例えば、次郎が「アパッチ声明」を発して自らの存在をアピールする場面がそうである。アパッチ族は、「インディアン印のチキンブロイラーで有名なアパッチ商会のお送りするコマーシャル・タイム」（小松 1964a：133）を収録中のスタジオに、わざわざネイティヴ・アメリカンの扮装をして現れる。彼らをタレントと思いこんだスタジオの人々が笑みを浮かべる中、アパッチ族はマイクを食べてみせ、自分たちが鉄を食糧とする新人類であることを知らしめる。こうして、アパッチ族は一気に人々の間で認知されることに成功するのだが、このことは作中で以下のように描写されている。

大衆は常にスーパーマンにあこがれをもっている。いや、それ以上に、スーパーマンのマンガにあこがれをもっている。アパッチの名がこれほど急激な人気を得たのは、ひとつには彼らが、あまりにも滑稽な――というよりは、常識破りの荒唐無稽な存在だったからだろう。アパッチ自身がひどくユーモラスな存在であるうえ、彼らがいたるところでまき起こす、珍妙な光景と事件は、人々を気ちがいみたいな笑いの渦にまきこんだ。鉄を食うこと自体がふつうの人間には、およそばかげたことに見えるらしく、アパッチは、しまいには街を歩くたびに、鉄を食ってみせてくれとせがむ、おとなたちや子どもたちにとりかこまれて立ち往生した。

人々は、浮かされたようになって、アパッチが何かおこさないかと毎日つけまわし、よるとさわると、アパッチの話でもちきりだった。（小松 1964a：159）

やがて、新聞もアパッチ族の報道に乗り出し、「最初は社会面に、やがて学芸欄に登場し、ついにスポーツ新聞が一面にアパッチの珍事を毎日はでにあつかいはじめてから、アパッチの人気はプロレスなみに上昇しだした」（小松 1964a：160）。こうした盛り上がりの果てに、「アパッチ声明」に利用された「インディアン印のチキンブロイラーで有名なアパッチ商会」が、この事件が宣伝効果をもたらしたことに着目し、アパッチ族をわざわざテレビコマーシャルに起用する事態すら生じた。こうしてアパッチ族は、いったんは「アホくさい人気者」「無害な冗談」（小松 1964a：170）として人間社会に定着するのだった。

以上のように、この作品ではアパッチ族が台頭する過程の「疑似イヴェント」性が自覚的に書かれ、その馬鹿馬鹿しさが強調されている。こうした、メディア・イヴェントとして戦争や破滅を描き出すという発想は、筒井康隆にも受け継がれ、日本ＳＦのサブジャンルとしての「疑似イヴェントＳＦ」を形成していく。

「疑似イヴェント」としての「アパッチ革命」を仕掛けるのは二毛次郎だが、「地には平和を」において「疑似イヴェント」としてのパラレル・ワールドをつくったキタ博士が主人公ではなかったように、『日本アパッチ族』の主人公も二毛ではない。主人公の位置を占めるのは、新聞社に勤めていたが上司侮辱罪で追放刑に処された、木田福一という人物である。追放地である大阪砲兵工廠跡地に送られてアパッチ族に合流し、木田も食鉄人種化していくものの、多くのアパッチ族の肌が食鉄によって赤錆がかった色になる中、彼は人間に近い見た目を保っていたため、大酋長の側近として人類との交渉役に重宝されることになった。もっとも彼は、大酋長らと異なり、最終的には失われていく人間の文化や生活に対して郷愁を寄せるようになる。

このことからもわかると思うが、この作品は、二毛の存在や革命を無条件に正しいものとして描くわけではない。二毛は、「日本中を廃墟にしてもかまへン！——徹底的にぶちこわせ！」、「あんたらの廃墟が、アパッチにとって、もっとも豊かな土地やいうことが、まだわからんのか？」（小松 1964a：245-246）と啖呵を切りさえする。アパッチ革命は、崇高な理想によって駆動される運動というよりも、あらゆる文物の破壊としての性質を強く持っている。

さらに特筆すべきは、同作で試みられた、物語を語るうえでのある仕掛けである。この物語は、小松自身による「まえがき」を除き、一貫して木田の一人称によって記述されている。そして、「エピローグ」で、その記述そのものが実際に革命後に木田がまとめた「私自身の体験記と覚え書き」であったことが明らかになる。木田は、この手記は「正史に対してなんら寄与するものではない。くわしく、かつ正確な歴史を知りたいかたは、『アパッチ開国誌』ならびに『大アパッチ戦記』を参照されたい」と断りを入れつつ、「ほろびさった別種族の文明であっても、（略）すぐれて知的な種族ののであれば、そこにかならず共通し、継承しうるものがふくまれているはずである」と考え、日本が滅びゆく様を記録したのだった（小松 1964a：260）。さらに木田は、アパッチ革命を経てアパッチ族が一定の勢力圏を獲得したことや、その過程で大酋長への批判や粛清があったことなども、手短に語ってみせる。

こうした事実が語られたのち、読者の目に留まるのが、木田の一人称とは異なる文体でつづられた一ページほどの文章である。「アパッチ史料編纂部後記」と題されたこの文章は、「これは、新紀五十年に、復古主義者、人間主義者として粛清された、伝記作者木田福一の手記である」と告げ、その木田の手記が、このたび専門家の間に限定して全面復刻されることになったと説明する。そのうえで、文章に散見される「人間的弱さ、人間的感情の罠」に注意を促す。曰く、こうした記述は「ひとえに制作者の性格によるものである。――現在のこっている、裁判所の解剖資料によれば、作者木田福一は、心臓部と大脳の一部が、まだ完全に鉄化していなかったと明確に指摘している。――彼は人間よりアパッチへの、過渡的人物であり、ついに完全にアパッチ化しなかったものの一人である。――この点、読者は、とくに彼の感情的主観的叙述のくだりに心して読まれたい」、と(小松 1964a：264)。

この文章を通じて、読者は、自分たちがこれまで読んできたものが、まさにその復刻であったことに直面させられる。多くの読者は、当然ながら、人間文明に対して木田が寄せる郷愁の思いに共感していただろうが、ここではアパッチ族の立場からその内容を「相対化」することが求められる。木田は、ミステリーでいうところの「信頼できない語り手」だったのかもしれないのであり、こうして読者の木田への感情移入は宙づりにされる(野坂 2009：43)。もっとも、だからといって、木田が処刑されたとあっさり語る史料編纂部の側に読者が感情移入することもない。この後記は、アパッチ革命後に強権的な体制が敷かれただろうことを想像させ、むしろアパッチ族の正当性に対する信頼を低下せしめるだろう。このように同作では、結末部を通じて、木田とアパッチ族の双方が「相対化」されている。

『日本アパッチ族』が刊行されたのと同じ一九六四年、小松は『思想の科学』誌に、「『終末観』の終末」と題されたエッセイを発表している。「戦中戦後体験の唯一のパターンといえば、うらぎられた二つ、ないし三つの『終末』の表象ということにつきる。一、聖戦。二、革命。三、核戦争」(小松 1964b：2)というのが、そこでの小松の主張だった。おそらくは小松にとって、革命を目指した左翼運動は、戦争がそうであったのと同様、彼自身に複雑な思いを抱かせる経験だったにちがいない。だからこそ、『日本アパッチ族』が書かれるにあたっては、「地には平和を」と同様の方法が用いられる必要があった。

革命を目指す側とそれに翻弄される側の双方を主要登場人物に据えつつ、結末部でそれまでとはちがう水準での「語り」を導入し、その双方の立場や心情を「相対化」する。このようにまとめるならば、作品の構造が「地には平和を」のそれを踏襲していることがわかるだろう。シェクリイに触発されて身につけたSF的方法論をより大規模に展開した作品として、『日本アパッチ族』はあった。

5　標準語に対立する関西弁――「本能」の象徴から「情」の象徴へ

前節では、『日本アパッチ族』が「地には平和を」の方法論を踏襲し、規模をより大きくして実践していることを確認した。もっとも同作は、単に「地には平和を」を洗練させたというだけではない。同作の方が「地には平和を」より先に書きはじめられたことも関係しているのだろうが、アパッチ族というモチーフをはじめ、同時期の社会的な出来事と直截的な関係を持っている部分は『日本アパッチ族』の方により多く確認できる。

ちょうどこの頃に小松が手掛けていた仕事も、『日本アパッチ族』と無関係ではない。一九五九年夏、ラジオ大阪編成局に勤める三高・京大の先輩に声をかけられた小松は、漫才コンビ夢路いとし・喜味こいしを起用したニュース漫才番組「新聞展望」の台本を書くことになった。「新聞から拾ったトピックスにサゲ（落ち）をつけてコントをつく」（小松 2008：58）るのが小松の役目だった。「新聞展望」は一〇月に放送が開始されたらしく、他方で現実のアパッチ族は五九年八月に解散しているから、実際にアパッチ族を題材にして漫才台本を仕上げたことはなかっただろうが[8]、関西弁を通じて時事的トピックスを笑いに変える手つき自体は、『日本アパッチ族』の語り口にも影響を与えているだろう。『日本アパッチ族』は、小松が漫才台本を手掛けていたのとまさに同時期に執筆されているのである。

これに付け加えていっておけば、小松は生粋の関西人ではあるが、実は親子代々の関西弁話者ではなかった。両親はそれぞれ千葉と東京の出身であり、さらに幼少期に国を挙げての標準語運動が進んでいたこともあって、家の中では標準語を使っていたのである。外では関西弁を喋っていたものの、それもやはり「主に父の工員さんや事務の女性たちの影響」を受けた「神戸の言葉」であった（小松2008：14）。

小松にとって、関西弁は唯一生得の言葉というわけではなかった。いうなれば彼には、関西弁を外から眺めている部分があったわけである。漫才めいた関西弁となればなおさらであり、ニュースをいかに笑いに変えるかという実践を通じて身につけた技術という側面が多分にあったといえよう。関西弁の笑いの効果に小松は自覚的だったのであり[9]、『日本アパッチ族』でも、標準語と関西弁とがかなり意図的に使いわけられている。

では、両者の使いわけはどのようなもので、いかなる効果をあげているのか。ここで着目したいのが、『日本アパッチ族』の冒頭に登場する山田捻（ひねる）である。彼は、木田がアパッチ族に遭遇する以前、追放地で最初に出会った人物であり、強靭な意志力でもってそこからの脱出をもくろんでいた。木田は、山田のことをこう紹介する。

男は山田捻と言った。――本名らしくはなかったが、名まえなどどうでもいいことだ。インテリで有名な大学を出ていた。なぜ追放されたかはほとんど説明しなかったが、政治犯らしいことは

> 確かだった。
> 　だが、彼はなんという男だったろう！　その該博な知識と精緻な頭脳と闘魂は私を畏怖させるのに十分だった。彼は現在の社会を変革させる戦いについて語った。そしてその戦いの絶望的なこと、しかも人間が人間であるためにはそれが真に絶望的なことを認めながら、なおかつその戦いを押し進めなければならないことを。彼はたった一人になってもそれをやる、と言った。最後の最後まで戦って死ぬだろう、と。（小松 1964a：32-33）

　山田は木田に、もしここから脱出できたら、京都の北白川にあるS書房を訪ねてくれ、とも伝えている。どうやら、彼の活動拠点は京都のようなのだ。この事実と、「インテリで有名な大学を出ていた」という記述からは、山田がかつて京都大学に在籍しており、その当時から左翼活動に従事していたのではないか、という想像が容易に浮かび上がってくる。

　いうまでもなく、このプロフィールは小松自身と重なるものだ。また、山田の名前も、「本名らしくはな」いと木田がいっている通り、「山田」という名字は平凡過ぎて本名かどうか疑わしいものであるし、「捻」などという名前もふつうはあり得ない。この下の名前が、もし実際のそれをもじったものであるとすれば、本名は「稔（みのる）」あたりだろうか。そして、小松左京の本名もやはり小松「実（みのる）」なのである。[10]

　「地には平和を」では、主人公の康夫自身が、あり得たかもしれない「もうひとりの小松」だった。だが、『日本アパッチ族』で、左翼活動にのめりこみ続けた「もうひとりの小松」としての性質を強く持っているのは木田よりも山田の方である。そんな山田の末路は、きわめて悲惨なものだ。追放地で獣同然に生きていくよりはと、イチかバチかのチャンスに賭けて脱出に挑んだ彼は、追放地と外の社会を分かつ門に首を挟まれ、その頭部だけが外に落下するという形で生命を落とすのである。このように小松は、観念的な左翼活動家の限界を提示し、かつて革命運動に携わっていた自分自身に対する「相対化」を冒頭に置くことで、『日本アパッチ族』の物語を語りはじめている。

とはいえ、興味深いのは、「もうひとりの小松」である山田が関西弁を一切喋らないことだ。京都を活動拠点としている以上、関西弁話者でも構わないはずなのに、彼は標準語を喋りつづける。その訴えは、木田の関西弁とは明確なコントラストをなしている。

「おまえ、脱出したくないんだな!」と山田は鋭く言った。「この土地で、獣同然に、人間以下でもかまわないから生きていきたいんだな。――そんならおれはごめんをこうむるぜ。おれには外の世界に山ほど仕事がある。それがなければ、とっくのむかしに自殺してるよ。――地面にしがみついて、虫けらみたいに、獣みたいに、世界と切り離されて生きていくんだったら、そんな苦労はしなくてもいい。あいつら〔引用者註：アパッチ族のことを示唆している〕のところへ行けばいいよ。そしたら簡単に生きのびられる。だが、それは人間であることをやめることだ。おれが脱出することは、――おれが戦うことは、おれが人間であろうとする試みだ」

「そんなりっぱなこと、どうでもええわい」と私は泣きながら言った。「犬つかまえに行こうよ」

「聞けよ」山田は言った。「おれの前にあるのは、全人類の前に立ちふさがっている監獄の塀だ。たとえ、死ぬことはわかっていても、どっちみち死ぬとしても、これに戦いを挑んで死ぬのでなくちゃ、人間として生きたとは言えないんだ」
「そらおまえだけの問題や」と、私はついに泣きわめいた。「人間として生きられないやつはわんさといよる」（小松 1964a：44 傍点は原文）

山田は、理性的に戦いに挑むことが「人間」的なことであると主張する。作品としては、そうした姿勢が標準語によって象徴されているといえるだろう。一方で、本能のままにただ生きていることを山田は「獣」と位置づけるわけだが、こちらを象徴するのが関西弁である。けっきょく山田は死に、木田はアパッチ族に合流するが、アパッチ族も大酋長の二毛をはじめ多くの者が関西弁を喋る。つまり、生存それ自体を重視する「獣」は、もはや人間ならざるアパッチ族そのものでもある。

「理性：人間：標準語」の一体性に、「本能：獣：関西弁」の一体性が対立する。『日本アパッチ族』にはこうした対比構造が組みこまれている。逆にいえば、この対比を鮮明にするために、山田はあえて標準語話者と設定されたのだろう。

物語の終盤、二毛の側近として活動する木田が、かつての友人である浦上という人物と論争する場面でも、こうした対立は繰り返される。[11] アパッチ族に加わろうとする浦上だったが、従妹に引き留められたことで、アパッチ族という存在への疑念を口にする。

「アパッチは……」と浦上は唇をかんでつぶやいた。「けっして、ある限界以上ふえないよ、けっして」

私はさからわずにだまっていた。——彼のいわんとするところは大体わかっていたからだ。

「人間的な喜びや悲しみや生活を失うことが、どんなにつらいことか、きみにはもうわからないんだ。そして、その価値を、あらためてさとった人は、断固として、アパッチ化することを拒否するようになるだろう。人間は豊かさといろんなたのしみにみちた、今の生活を、けっして、けっしてすてやしない」

浦上はたちどまった。その頬を、まだ涙がつたわっていた。

「おれの失ったものが、どんなに大きいか、きみにわかるか?――記者としての仕事、巷で飲む酒、友人、――恋人……。アパッチに一体なにがあるんだ? アパッチであることに、どんな喜びがあるんだ? 要するに汚らしい〝鉄食い〟じゃないか?」(小松 1964a:208-209 傍点は原文)

これに対して木田は、「いま、アパッチである連中は、たとえ人間であっても、そんなものは味わえなかったか、ほんのちょっとしか味わえない連中やで。――一生人間として生きのびても、死ぬまでに結局わずかしか人間的喜びを得られないということをさとった連中や――きみらは、中途半端に貧しいだけで徹底的に貧しゅうないから、そんな連中のことを考えへんかったやろ」と反論する。ここでもやはり、「人間的」な生を求める立場が標準語と結びつけられたうえで、そうしたスタンスが、生存そのものを重視するアパッチ族・木田の関西弁によって反撃されている。

浦上については、木田が「高校時代の秀才、美男ナンバー・ワン」(小松 1964a:113) と評する場面があり、少なくともその頃からの付き合いと想定される。であるならば、木田が関西弁を喋っている以上、浦上も関西弁話者であっておかしくないはずだ。にもかかわらず、浦上は標準語で喋っている。

標準語と関西弁の対立が、小松によってかなり意図的に仕組まれていることは間違いない。
もっとも木田にしても、そのセリフこそ関西弁であるが、ここまでの引用箇所でもわかる通り、地の文の一人称の語りでは標準語を用いている。そうした語りの中には、アパッチ族としての自分自身を肯定する内容も含まれている。木田はあるとき、亡き山田のことを思い出してこう述懐する。

――彼は人間であることに、その誇りと執着をかけていた。人間であろうと決意すること、――それが人間にとって肝心なことだ、と彼は言った。そして、彼は人間として死に、私は彼流に言えば、人間であることをやめることによって生きのびた。私はもう人間であるという自覚をもたなくなりだしていた。私は人間でなくて、アパッチなのだ。アパッチは人間ではなく、屑かもしれない。しかし、非人間にも生はあり、その世界は、人間とは別の意味を――あるいは無意味を、もっている。満足したとはいわないが、化物の生活もまんざら捨てたものではなかった。
(小松 1964a : 78)

アパッチ族は、すでに人間とは異なる存在になっている。先に書いた通り、木田の外見は人間に似通っていたため、彼は容易に人間社会に紛れこむことができた。彼が街の片隅で人間たちを観察する場面でも、この種の述懐は何度か顔を覗かせる。

天満からこれまたひさかたぶりに市電に乗り、人々に紛れて梅田のほうへ運ばれながら、私は自分がアパッチであることを毫も意識しなかった。乗りあわせている人間たち――かつて帰宅時の私を感動にさそった、疲れた、いかにも人間らしいやさしげな表情も、私の興味をひかなかった。人間は人間、アパッチはアパッチだ。彼らになにごとを期待できよう。（小松 1964a：159）

「あんた、ゆうべのテレビ見た?」と給仕の女の子がしゃべっていた。「とってもおもしろかったわよ。あたし、最初コマーシャルかと思ってた」「友だちに知らされて、中途から見たの」ともう一人が答えていた。「あれコマーシャルじゃなくて、本もののアパッチですってね――だけど本もののアパッチってなにさ?」

私は漫画を読むふりをして、クックッ笑った。――本もののアパッチは、ここにいるんだ。

（小松 1964a：140 傍点は原文）

アパッチ族に関して、本能的に生存そのものを求める「獣」としての側面ではなく、人間社会に紛れこんだ「怪物」としてのありようが強調されるとき、関西弁ではなく標準語が前面化する。こうして、物語が展開するにつれ、アパッチ族は標準語とも結びつけられていく。

そして物語の終盤、アパッチ族と日本政府の本格的な戦争が開始される。京都の古寺名刹は炎に包まれ、大阪・新世界の通天閣はアパッチ族に食われてしまう。木田は、自分たちアパッチ族が廃墟に変えたばかりの大阪市街を眺め、慨嘆する。

「日本は……日本はほんまに、ええ国やった……」私は涙にむせびながら、とぎれとぎれにいった。「大阪かて、ええ街やった――うすよごれて、やさしゅうて……ちまちましとって……

追放地はなんぼがらくたの焼け野原でも、その外に、そういう世界があると思うと、――その世界の音をきくと、心がなごんだものやのに――アパッチは、人間の隣りにおると思えば、アパッチであることもがまんできたのに……おれは――おれはもう、なんや、アパッチであることに耐えられんみたいな気になった……」（小松 1964a：258 傍点は原文）

ここでは、これまでとは反対に、関西弁がむしろ人間的であることと結びつけられている。これを、アパッチ族であることに違和感を持っていなかった時期の木田の述懐と照らし合わせるならば、アパッチ族の怪物性を標準語が象徴し、それに対して、人間的な情の部分を関西弁が象徴するという、山田や浦上に対するのとは別の構図が浮かび上がってくる。

むろん、木田の慨嘆に応えながらなおアパッチ革命を主導し続ける二毛も、関西弁を喋ってはいる。[12]したがって、「怪物性：標準語」に対する「人間的な情：関西弁」という構図は、完全なものではない。とはいえ、ラストにおいて「アパッチ史料編纂部後記」がやはり標準語で綴られていることも見逃してはならないだろう。

関西弁でもって人間文化の消失を嘆いた木田が、その後あっさりと処刑されたことを「後記」は告げている。怪物としてのアパッチ族は、徹底して人間性を排除して強固な体制を築いた。そうした歴史をうかがわせる「後記」が無味乾燥とした標準語で書かれたものである以上、物語を閉じるにあたって、怪物性と人間性の対立が標準語と関西弁の対立としての意味を帯びていることが、あらためて強調されていると考えてよい。

議論をまとめよう。『日本アパッチ族』では、当初は、充実した人生を理性的に求める態度と対比させる形で、生存本能に忠実なアパッチ族のありようが関西弁に紐づけられていた。しかし、アパッチ族の、人間そっくりの怪物としての側面が強調されるにつれ、彼らは標準語とも結びつけられていく。最終的には、アパッチ族が非人間的な体制を築きあげたことが示唆されるとともに、関西弁がそうした体制に排除された人間的な情の部分を象徴するようになる。このように『日本アパッチ族』では、関西弁が象徴するものがスライドしていく構成がとられている。

6 小松左京と高度経済成長

おもしろいのは、同作ではこうした構成ゆえ、「大阪」「関西」だけは「相対化」の対象から外されていることである。

木田の記述と最後に置かれた「アパッチ史料編纂部後記」とが、それぞれお互いを「相対化」し合っていることは4節で論じた通りである。木田の人間文明への思い入れは、確かに「弱さ」に由来する過剰なものだったかもしれない。しかし、「アパッチ史料編纂部後記」の語りはアパッチ族の強固な体制が築かれたことを示唆しているため、アパッチ族支配下の大阪が、もはやかつての大阪とは異なることも間違いない。木田の記述はたぶんに感情的なものであるにせよ、彼をそこまで感情的足らしめた原因であるところの大阪の街の喪失は、作中において疑う余地のない事実である。

同作では、大阪(付け加えれば京都も)の街がすでに失われてしまったことと、それらが郷愁の対象足り得ること自体は、「相対化」されることなく読者に提示されている。関西の諸都市は、関西弁と同様に、失われていった人間性を象徴するものとしての地位を占めている。このように同作は、「大阪」ないし「関西」を聖化する作品になっていると見なせる。

それでは、小松のこの試みは、同時期のリアリズム小説と比較するとどのように位置づけることができるのか。本書のテーマでもある〈船場〉と〈河内〉について、山崎豊子は前者を、今東光は後者を、それぞれ舞台にして小説を執筆し、話題を呼んだ。まずは山崎についてだが、彼女は、『白い巨塔』（一九六五～六九年）や『華麗なる一族』（一九七三年）などのピカレスク・ロマンの書き手として現在でも人気を博している。しかし、これらの作品に取り組む以前、一九五〇年代末から六〇年代初頭の時期には、『ぼんち』（一九五九年）や『女系家族』（一九六三年）といった、船場の伝統的な商家を舞台とする作品をいくつも手掛けていた。山崎自身、船場の老舗昆布問屋の生まれであり、デビュー作の『暖簾』（一九五七年）ではまさに生家をモデルとしている。このように代表作を発表順に並べたときに見えてくるのは、山崎の作品が大きな転機を迎えたのは、小松が作家活動を開始したのと近い時期だったということである。

山崎の船場ものについて、社会学者の大澤真幸は、「男」に花を持たせようとするストーリー展開をとりつつも、それが果たせない結末を迎えがちであることに着目している。一九六〇年前後の日本においては、前近代的な伝統はもはや「男」が執着すべき普遍的な大義足り得なくなっていたし、またそもそも、そうした前近代的な場が力を失いつつあった。このような事情が反映された結果、商家を舞台に「男」が活躍するといった類の作品は限界を迎え、山崎はピカレスク・ロマンの方向に舵を切ったというのが、大澤の見立てである（大澤 2017）。

本書第1章で詳述されるように、河内ものを多く執筆した今も、都市化＝近代化の中で自身が描く河内が遠からず滅びゆくだろうことを予感していた。いうなれば、一九五〇年代末から六〇年代初頭の時期、作家たちは自らの知る大阪が失われつつあることに直面させられていたわけである。

彼らが描く〈船場〉と〈河内〉は、前近代的なしきたりや気風がなお生きる場所としてイメージされていた。これに対し、小松の『日本アパッチ族』では、失われた大阪の街を描き出す際、通天閣や市電、「宵闇せまる御堂筋の銀杏や鈴懸の木にむらがり、やかましく鳴きたてていた浪花雀たち」（小松 1964a：258）など、むしろ戦前期の「大大阪」につながるモダニズム的な要素が大阪らしさとして強調されている。これには、小松自身の経験が関係しているのだろう。四歳になるまでを過ごした一九三〇年代の大阪市について、彼は「花電車やイルミネーションで飾った納涼電車が道を行き、プロペラ飛行機が宙返りしながら宣伝ビラをまいて飛び去った」光景を記憶しているという。その後、小学五年生になった小松は、「NHK大阪放送局（BK）の『子ども放送局』のメインキャスターという大役」を務めるようになり、大阪市との関わりが生まれた。「ネオ・ルネサンス建築が偉容を誇る、大阪市馬場町の大阪放送局に夙川から電車で通った。大阪に行くこと自体が子どもの私には楽しい冒険だった」と、小松は語っている（小松 2008：14-15）。

このように、こだわるポイントがモダニズムである点では、小松は山崎・今とは異なっている。とはいえ、「かつての大阪」を聖化する動きとしては共通するものを持ってもいるだろう。これも第1章で詳述されているが、一九五〇年代末には大阪経済の地盤沈下に全国的な注目が集まっていた。高度経済成長は、〈船場〉や〈河内〉の「前近代性」を駆逐するとともに、戦前期の「大大阪」をも過去のものにしたわけである。こうした流れの中、自らの知る（つもりの）「かつての大阪」を郷愁の対象として創作を行った点で、小松は山崎や今と近い位置にいる。

さらにいえば、人間的な情を体現するものとして大阪を価値づける際、〈船場〉や〈河内〉といった特定の土地との紐づけを行わない点で、小松はのちの時代の漠然とした大阪イメージを先取りしてすらいる。小松にとって、「大阪」はもともと特定の土地に結びついたものではなく、幼少期の記憶の中のイメージとしてあるものだったからこそ、このような描き方になったのだろう。さらに、こうした表象は、本章で検討した彼の経歴によっても支えられていた。小松は生粋の関西弁話者ではなかったし、加えて、漫才台本の執筆を通じて、笑いを誘発するために誇張された語りのテクニックとしての関西弁を身につけていた。だからこそ彼は、バーチャルなイメージとしての「大阪」そのものを聖化することができた。

『日本アパッチ族』は、高度経済成長と大衆社会化を背景にして執筆された。そうであればこそ、小松が文明論的なエッセイにて高度経済成長下の開発計画を取り上げて論じる際にも、そこにはアパッチ族の影が見え隠れする。『地図の思想――エリヤを行く』（一九六五年）において小松は、この時期の開発計画が「最終的に真の計画性をもち得ず、数個の力関係の合成線の方へむかって流されて行き、時には制禦の手をはなれて完全に非人間的な怪物となるような、あるもの」（小松 1965：16）と化していると警鐘を鳴らしていた。[13]「制禦の手をはなれ」た「非人間的な怪物」という表現は、いかにもアパッチ族を思わせる。

ただ、このように考えたとき、われわれの前には冒頭の問いがあらためて立ちあがってくるだろう。小松は日本万国博覧会に積極的に関わっていったが、大阪万博こそは、高度経済成長の果てに挙行されたメディア・イヴェントだったからだ。千里丘陵の姿を一変させた万博は、既存の大阪を破壊するものであり、この点でアパッチ族の行動と親和的なものと見なすことができる。『日本アパッチ族』で失われた大阪に郷愁の目を向けた小松は、それにもかかわらず、なぜ大阪万博に加担していったのか。

これに関しては、副田（2010）および酒井（2021）という二本の論文が参考になる。以下、これらに依拠しつつ考えていこう。

一九六〇年代後半、作家であると同時に「未来学」の担い手として活動していた小松は、日本列島がどのように変容しつつあるかに目を向けながら、さまざまなルポルタージュの執筆に力を入れていた。本節でもすでに触れたように、そこで小松は、高度経済成長下の開発計画の非人間性を批判した。しかし彼は、開発それ自体を否定することはしなかったのである。そこで示されたのは、「戦中戦後を通して展開される変化の「巨大な流れ」の行き着く先とその背後にある要因を見極めることによって、「未来」は「主体性恢復」の場として立ち現れることができるという想念」（副田 2010：41）であった。

付け加えるならば、こうしたスタンスは一九九〇年の大阪花博においても同様だった。舞台になった鶴見緑地では農園の取り壊しなどが行われたが、小松は、これを批判する声には基本的に無関心だったからである（酒井 2021：102-103）。

経済成長と結びついた開発が「制禦の手をはなれ」た「非人間的な怪物」と化すかもしれないという危惧を抱いていればこそ、小松は一貫して、開発そのものに反対するのではなく、むしろそれに積極的に関与することで状況を打破する道を選んだ。このように考えることができるだろう。[14] そして『日本アパッチ族』は、おそらく、彼にこうした立場を選択させた一つのきっかけとしての地位を占める作品だと見なせる。

『日本アパッチ族』の「エピローグ」の内容をふりかえろう。木田は、アパッチ族の人間性を欠いた破壊からは距離を置き、アパッチ文明を「さらにゆたかに、さらに普遍なものに」することを夢見た。といって、彼が「アパッチ革命」を否定するわけでもない。その成果を認め、アパッチ族が「あすの最高等人類になりうると信じ」るがゆえに、人間文明から継承し得るものを探ろうと、木田は手記を執筆したのだった（小松 1964a：263）。

破壊にも似た変化が進行している状況を前にして、それを受け止めつつ、その非人間性を低減してより高次の文化に到達する道を模索する。小松はまるで、自作の主人公である木田にならうようにして、巨大プロジェクトに関わっていった。作中で大阪を廃墟に追いやり、「失われたもの」として位置づけたからこそ、彼は現実において大阪が二毛的な破壊に陥ることを回避するべく、行動に出ざるを得なかった[15]。想像を逞しくすれば、作中で「相対化」されることがなかった「イメージとしての大阪」への郷愁に、小松自身が搦めとられていったとさえ分析できるかもしれない。

もしこの見方が正しいとすれば、『日本アパッチ族』は、作者自身もそこから逃れられないような形で「大阪」への郷愁を成立させた作品だ、と評価することができそうだ。同時期のリアリズム小説とも共振しつつ、「大阪」そのものというより広い地域を、より感傷的な形で扱ってみせたところに同作の達成があるということができるだろう。

注

（1）一九六一年度の初回、ならびに六二年度の第二回の募集では、「空想科学小説コンテスト」と題されていた。

（2）なお、小松が左翼活動にどれほどの熱意を向けていたかについては、文献によってブレが見られる。小松（2006：34）では，「もともと資本論なんて読んでいなかったし，何か強い政治的な主張があったわけでもない」，「一九五〇年一月，日本共産党はその議会主義をコミンフォルムから批判されて，その結果，国家単位の革命を主張する主流の『所感派』と，世界同時革命を追求する反主流の『国際派』に党内が分裂するが，それも何のこっちゃという感じだった」と述べられている。ところが一九九五年の記述では，後者の出来事について，「私や周辺の左翼青年に対する最大のショック」とし，「指導部の混乱もあって私たちはどう身を処したらいいのか，ほとんど見通しがたたなかった」と述懐されてもいる（小松 1995：313-314）。小松が革命に対してどこまで真剣だったかは検討の余地がある。ただし，小松（2006：64）でも，『日本アパッチ族』は「僕の実存主義作品と言えるかもしれない」と評されており，彼の経験や思いがこの作品に一定以上反映されていることは間違いない。

（3）『日本アパッチ族』に関する先行研究としては，巽（1998），橋本（2002：234-249），花田（2002），朴（2006），駒居（2013），乾（2016），村上（2021）がある。また，野坂（2009）と山﨑（2009）も，三島由紀夫作品を論じるにあたり『日本アパッチ族』との比較を行っている。

（4）「疑似イヴェントSF」の内実については，森下（2021a：87-91）でより詳しい検討を行っている。

（5）こうしたことは，小松のさまざまな自伝的著作で語られている。小松（2006）のほか，小松（1997：85-86），小松（2008：105-109）など。

（6）日本SFにおける「相対化」の重要性については，森下（2016：155-200）も参照。

（7）小松（1997：120）や小松（2008：414）の巻末年譜，牧（2011：117）では，一九五八年に書きはじめられたことになっている。一方，小松（2006：181）巻末の「小松左京年譜」では五九年のこととされている。どちらが正しいのかは不明。

（8）「新聞展望」の内容に関しては，今となってはその全貌などはわからないが，三回分にあたる台本が発見されており，小松ほか（2011：25-35）に収録されている。そこでは，国連の都市計画調査団の来阪や偽造硬貨問題などが扱われている。

（9）『日本アパッチ族』については、妻を楽しませるために書きはじめられたこともあり、「大阪弁の漫才口調」を用いた「笑える破滅もの」（小松 2006：63）が当初から意図されていたらしい。

（10）主人公の木田福一の名前は、京大文学部出身の高校教諭・作家であり、小松と親交が深かった「福田紀一」に由来する（小松 2008：126-127）。このことを踏まえ、批評家の花田俊典は、山田捻もまた京大出身でこの当時人文科学研究所の助手を務めており、作家でもあった「山田稔」のもじりだとしている（花田 2002：51）。もっとも、小松（2008）では山田稔についてはまったく触れられていない。また、もし花田の指摘が正しいとすれば、作中の木田が実在の人物をもじった名前を本名にしているのに対して、山田は実在の人物をもじった名前を偽名として名乗っていることになるが、これはいささかバランスが悪くはないだろうか。小松は、引用した通り本文中で、山田の名前について「本名らしくはな」いとわざわざ木田にいわせてもいる。山田捻が山田稔のパロディーであることが小松の念頭にあったとすれば、彼はこのセリフによって、作中の山田の本名が「山田稔」そのものであることを読者に示唆していることになる。しかしそれは、現実をもとに組み上げられた『日本アパッチ族』の作品世界の中に、パロディーではない実在の人物を導入する行為であり、いささか考え難いものだろう。以上の理由により、筆者は山田捻に関して花田とはちがう解釈を採った。

（11）これら二つの場面の共通性は、花田（2002：50-54）でも指摘されている。

（12）なお、二毛は「ほんまに、日本てええ国やったなア――わいかて好きやった……ちっこうて、かわいいて、やさしいて――ずっと昔、飛田〔引用者註：大阪を代表する花街〕で買うた初見世の女郎みたいやった……」と述べており、ここで、性的なういういしさを湛えた女性の身体が普遍的な郷愁の対象として提示されていることは無視できない。こうした男性中心主義的な眼差しは、小松のルポルタージュ作品にも頻繁に顔を覗かせる。この点に関しては副田（2010）を参照。

(13) これについては副田(2010:39-42)から示唆を受けた。
(14) ただしこれは、開発それ自体を不可避の状況と見なし、暗黙のうちに肯定することと同義でもある。日本SFにおける「相対化」のスタンスが、けっきょくのところ「体制」そのものに対する批判には向かわない傾向があったことについては、森下(2017)も参照。
(15) もちろん、それが結果として妥当な選択であったか否かは、また別の問題である。小松の真摯さは疑いないものの、万博や未来学に関する彼の活動が、結果として人々の主体性の恢復をもたらすことなく、体制の企図する開発を正当化する言説を提供するに終わったことは否定できない(副田 2010)。ただし、大阪万博に関しては、小松らの提案が行政側に骨抜きにされる事態が相次いだこともちろん無視はできない。このことについては、小松(1994:149-261)および長山(2011)を参照。

文献

乾英治郎、二〇一六、「小松左京『日本アパッチ族』論――〈進化〉の夢・〈革命〉の幻想」『立教大学日本文学』一一五:二一四-二二七頁。

大澤真幸、二〇一七、『山崎豊子と〈男〉たち』新潮社。

駒居幸、二〇一三、「日本の戦後復興は暴力をどのように位置づけたか――小松左京『日本アパッチ族』論」『文化交流研究』八、筑波大学文化交流研究会:一-一五頁。

小松左京、一九六三、「あとがき」『地には平和を』早川書房、三〇九-三一一頁。

小松左京、一九六四a、『日本アパッチ族』光文社。

小松左京、一九六四b、「『終末観』の終末」『思想の科学』二七(通巻六三)、思想の科学社:二-一五頁。

小松左京、一九六五、『地図の思想――エリヤを行く』講談社。

小松左京、一九九四、『巨大プロジェクト動く――私の[万博・花博顛末記]』廣済堂出版。

小松左京、一九九五、「解説　黙示録的な壮大さが展開されて行く——。」手塚治虫『来るべき世界』角川書店、三〇六-三一五頁。

小松左京、一九九七、『SFへの遺言』（対談者：石川喬司・大原まり子・笠井潔・高橋良平・巽孝之・森下一仁）、光文社。

小松左京、二〇〇六、『SF魂』新潮社。

小松左京、二〇〇八、『小松左京自伝——実存を求めて』日本経済新聞出版社。

小松左京ほか、二〇一一、『完全読本　さよなら小松左京』徳間書店。

酒井隆史、二〇二一、「アパッチ族はメガイベントの夢をみない——『破局の精神史』のための断章」『現代思想』四九-一一：九八-一〇六頁。

副田賢二、二〇一〇、「高度成長する『国土』とその『未来』像——小松左京における「未来」表象を中心に」『近代文学合同研究会論集』七、近代文学合同研究会：三四-五一頁。

巽孝之、一九九八、「鉄男が時を飛ぶ——日本アパッチ族の文化史」『日本変流文学』新潮社、三三一-六一頁。

長山靖生、二〇一一、「万博と日本SF——小松左京のみた〈未来〉と〈現実〉」小松左京ほか『完全読本　さよなら小松左京』徳間書店、一九〇-一九六頁。

長山靖生、二〇一二、『戦後SF事件史——日本的想像力の70年』河出書房新社。

野坂昭雄、二〇〇九、「六〇年代の三島由紀夫——『美しい星』から『豊饒の海』へ」『原爆文学研究』八、原爆文学研究会、花書院：四〇-四九頁。

朴裕河、二〇〇六、「共謀する表象——開高健・小松左京・梁石日の『アパッチ』小説をめぐって」『日本文学』五五（一一）：三五-四七頁。

橋本寛之、二〇〇二、『都市大阪——文学の風景』双文社出版。

花田俊典、二〇〇二、「リバティとフリーダム——ハンナ・アレントと小松左京『日本アパッチ族』ノート」

『敍説Ⅱ』四、敍説舎、花書院：四七-六三頁。

牧眞司、二〇一一、「小松左京年表〈文学・科学・社会〉」小松左京ほか『完全読本　さよなら小松左京』徳間書店、一一六-一二七頁。

水内俊雄・加藤政洋・大城直樹、二〇〇八、『モダン都市の系譜——地図から読み解く社会と空間』ナカニシヤ出版。

村上克尚、二〇二一、「戦後文学としての『日本アパッチ族』」『現代思想』四九-一一：八九-九七頁。

森下達、二〇一六、『怪獣から読む戦後ポピュラー・カルチャー——特撮映画・SFジャンル形成史』青弓社。

森下達、二〇一七、「一九五〇年代末~七〇年代初頭のSFショート・ショート作品における核エネルギー表象」『戦争社会学研究』一、戦争社会学研究会、勉誠出版：一五八-一七八頁。

森下達、二〇二一a、「『疑似イヴェントSF』としての永井豪の初期ギャグマンガ作品——『マンガ世代』のマンガ作品における外部の喪失」『マンガ研究』二七、日本マンガ学会：八二-一〇六頁。

森下達、二〇二一b、「理想の挫折、『廃墟』の台頭——赤本マンガ『大地底海』の作者はいかにしてSF作家となったか」『現代思想』四九-一一：七九-八八頁。

山﨑義光、二〇〇九、「純文学論争、SF映画・小説と三島由紀夫『美しい星』」『原爆文学研究』八：五〇-六八頁。

Boorstin, Daniel J. 1962, *The Image: A Guide to Pseudo-Events in America*, Vintage Books.（星野郁美・後藤和彦訳、一九六四、『〈幻影〉の時代——マスコミが製造する事実』東京創元社。）

おわりに

本書は高度経済成長期の大阪イメージの生成・変容を〈船場〉と〈河内〉に注目して分析してきた。本書の関心から二〇二〇年代の現在を見渡したとき、過去の文化を愛好する人やいまもそこに住む人びとを除けば、具体的な地名としての船場と河内は特別な意味を失いつつあるように思われる。仮に特別な意味を持つ場合にしても、追憶の対象か、マーケティングやエンターテインメントの対象としての意味にとどまっているのではないか。しかし、本書が述べてきたように、そもそも〈船場〉と〈河内〉は、高度経済成長期に「変化のなかで失われつつあるもの」として意識され、それゆえに強調され、ときにステレオタイプ化したのだった。

本書を閉じるにあたって、高度経済成長期の都市イメージの生成・変化を、万博と関西財界の視点から、あらためて整理してみよう。大阪万博に関連する公共事業は一九六七年に始まり、これによって道路や地下鉄が整備され、路面電車は姿を消して人の流れが変わり、高速道路は車の流れを変えた。また、大阪市が市街地改造事業のひとつとして建造した船場センタービルによって、船場の街の景観も変わった。「太閤以来の世直し」とも呼ばれたこれらの整備によって、かつて「地盤沈下」と表現された大阪経済は一時的に下げ止まったが、東京との差は広がっていった。こうしたなかで、船場と河内の実態は大きく変化したが、それゆえに従来のイメージを純化した〈船場〉と〈河内〉がメディア言説上で再生産され、固定化されたと理解することができる。

ど根性というエートスと結びついた〈船場〉の固定化には、高度経済成長期の関西企業も間接的に関わっていた。その代表的な例として、一九六四年一一月に関西経済同友会が発表した「新経営理念」がある。当時の報道から「新経営理念」の内容を確認しよう。一九六四年一一月一四日の『朝日新聞』によれば、「新経営理念」はその冒頭で「経営者は利潤の獲得に最大の努力を払うべきである」と謳っていた。企業にとって当然のことと思われるかもしれないが、戦後ながらく、経営者たちは企業の社会的責任を口にすることはあっても、ここまであからさまに利潤獲得を掲げた例は珍しい。当時の報道が「新経営理念」について「関西経済の土性骨を通した」と表現しているのはそのためである。

二〇二〇年代の現代においても、〈船場〉は関西経済のイメージの一部分を背負っている。それに対して、〈船場〉の「がめつさ」や「ど根性」を強調する風潮を是正しようとする議論は、えてして阪急文化に代表される阪神間モダニズムを強調しがちだ。〈船場〉にこだわる者も、それを批判的に改めようとする者も、背後にある〈河内〉を軽視あるいは無視している点で似通っているのではないだろうか。

そもそも〈河内〉もまた高度経済成長の産物だった。都市部の後背地として広範囲におよぶ河内は、本来は多様な風土を持つが、メディア言説上ではもっぱら「がらの悪さ」や土着性・前近代性と結びつくことになった。近代以降、河内は丁稚や乳母、人力車夫などの労働者を大阪の都市部に供給したのであり、船場にも多数の河内からの労働者がいたというのが実態だが、両者の結びつきは見落とされ、イメージ上の〈船場〉と〈河内〉は峻別されることになった。近代の河内には、歯ブラシ、セルロイド、金網、ボタンなどの産業があったのだが、これらは歴史愛好家や一部の研究者以外からはほとんど重視されず、大阪イメージのなかに取り込まれえることも稀である。結局、二〇二〇年代の現在にいたるまで、大阪の「がらの悪さ」という否定的なイメージは、もっぱら周縁部（マクロには河内、ミクロにはインナーシティとしての「ミナミ」）が回収しているように思われる。これは、都市イメージを考えるうえで、興味深い傾向だと言えるだろう。

現在の大阪の市街地で時間を過ごす際の印象として――外国人観光客の姿が目立つのはもはや見慣れた景観だが――外国人労働者の姿を目にする機会が多い。特にコンビニ、飲食店、各種の量販店など。接客だけでなく、バックヤードで働く人も多いはずだ。

本書でも強調したとおり、そもそも大阪の繁栄は他地域からの流入者の存在なしには起こり得なかった。都市とはそういうものである。繰り返しになるが、大阪の場合は、古くは近江商人、伏見商人がいたし、瀬戸内や和歌山といった近接地域からの流入者、東アジアからの流入者、そして河内の労働者など、多様な背景を持つ経営者・労働者がいた。これを考慮すれば、大阪の都市イメージを〈船場〉と〈河内〉に切り分けてきたという歴史は、実態に反して中心と周縁を固定化したいという願望の表れだったとも言えるだろう。

もちろん、高度経済成長期に固定化された大阪の都市イメージが、実態にそぐわないことなど、おそらく誰もが知っている。それでも、大阪の内外に住む人びとは、大阪らしさを探している。それはいったいなぜだろうか。開高健（一九三〇～八九）が一九五九年に書いた文章から、その手がかりを得ることができる。開高はまず、自分は大阪で生まれ育ったが「戦後の大阪に〝大阪〟を痛感させられたことがあまりない。そこで味わってきた生活や精神のニュアンスは戦後の日本の都会のそれであって、とくに独立的に〝大阪〟を指摘できるようなものはおぼえなかった」と述べた。開高は次のように続ける。

いまの大阪には大阪弁があるだけのことではないかと思わせられることが多い。大阪弁の生理にはいくばくかの過去がひそんでいる。そこで〝大阪人〟でなくなったひとたちはただ大阪弁を使うことでむりに自分を〝大阪人〟だと感じようとしているような様子を見せる。どうもそのように見えてならないことが多い。そこにチグハグな落差ができ、言葉や身ぶりのはしばしにすき間風が吹く。しかもそのことを当人が知っている。ちょっとみすぼらしい横顔を感ずる。（開高健、一九五九、「〝ウロ〟がくる」『東京新聞』九月一一日付夕刊。）

開高が示唆するのは、もはや「大阪らしさ」など存在しないことを知っているがゆえに、一種の自己同一化のために大阪弁を使う人びとの精神のありようである。開高の指摘を敷衍するならば、いわゆる「お笑い」の送り手と受け手に共通してみられるように、エンターテイメントとして大阪イメージを再生産したり、サービス精神から自ら大阪らしさを演じたりすることは、失われた「大阪」を求めるノスタルジーの手探りなのかもしれない。もはや誰も「大阪」をおぼえていないのだから、そうして作られた大阪イメージが本質と見紛われて、現在の色眼鏡でしか過去の大阪を振り返れなくなっているのだろうか。

もちろん、それはそれで構わない。大阪イメージは誰の専有物でもないのだから。しかし、そうした態度が、特定の大阪イメージのみを強調し、結果的に過去と現在の豊かな多様性を隠してしまうことのないように願わずにはいられない。過去のイメージを解きほぐした本書が、あらたな気づきの契機となれば幸いである。

最後に、本書の成立についても簡単に記しておきたい。本書は各章の執筆者たちと研究会およびフィールドワークでの議論を重ねて準備したものだ。研究会自体はサントリー文化財団の助成を受けたことから始まった。二〇二一年度の研究助成「学問の未来を拓く」の「戦後日本における『河内的なもの』と『船場的なもの』に関するメディア文化研究」という研究課題である。

編集段階では、ミネルヴァ書房の涌井格さんの手を煩わせた。ある意味では地味な企画に関心を持ってくださり、随所で有益なアドバイスを下さった涌井さんにお礼申し上げます。涌井さんを紹介してくださった大阪公立大学の酒井隆史先生は、河内のフィールドワークにもつき合ってくださった。酒井先生からの励ましのおかげで、なんとか刊行することができました。ありがとうございました。

執筆者を代表して　山本昭宏

人名索引

あ　行

か　行

さ　行

た　行

な　行

は　行

ま　行

や　行

ら　行

わ　行

事項索引

あ　行

か　行

さ　行

た　行

な　行

は　行

ま 行

や 行

ら 行

わ 行

開　信介（ひらき・しんすけ）第４章

1980年　京都府生まれ
2018年　京都大学大学院人間・環境学研究科博士後期課程修了，博士（人間・環境学）
現　在　三重大学人文学部リサーチアソシエイト（客員准教授）
主　著　『久生十蘭作品研究――〈霧〉と〈二重性〉』和泉書院，2023年。

サボー・ジュジャンナ（SZABÓ Zsuzsanna）第５章

1983年　ハンガリー・ブダペスト生まれ
2022年　京都大学大学院人間・環境学研究科共生文明学専攻博士後期課程研究指導認定退学
現　在　奈良女子大学，京都産業大学非常勤講師
主　著　「萬造寺齊の「牢屋」における〈近代的自我〉と〈狂気〉」『歴史文化社会論講座紀要』19，2022年。
「芥川龍之介の〈狂人語り小説〉――『二つの手紙』と『河童』を中心に」『歴史文化社会論講座紀要』12，2015年。

佐藤貴之（さとう・たかゆき）第７章

1985年　長崎県生まれ
2017年　同志社大学大学院文学研究科博士課程後期課程修了，博士（国文学）
現　在　追手門学院大学文学部准教授
主　著　「「喜劇」の作者になること――中村光夫「笑ひの喪失」と「風俗小説論」」『日本文学』69（12），2020年。
「「替歌」の可能性――井伏鱒二「谷間」論」『日本近代文学』94，2016年。

森下　達（もりした・ひろし）第８章

1986年　奈良県生まれ
2014年　京都大学大学院文学研究科博士後期課程修了，博士（文学）
現　在　創価大学文学部准教授
主　著　『怪獣から読む戦後ポピュラー・カルチャー――特撮映画・SFジャンル形成史』青弓社，2016年
『ストーリー・マンガとはなにか――手塚治虫と戦後マンガの「物語」』青土社，2021年。

《執筆者紹介》（執筆順，＊は編著者）

＊山本昭宏（やまもと・あきひろ）序章・第6章

1984年　奈良県生まれ
2012年　京都大学大学院文学研究科博士後期課程修了，博士（文学）
現　在　神戸市外国語大学外国語学部准教授
主　著　『大江健三郎とその時代——戦後に選ばれた小説家』人文書院，2019年。
『残されたものたちの戦後日本表現史』青土社，2023年。

坂　堅太（さか・けんた）第1章

1984年　大阪府生まれ
2013年　京都大学大学院文学研究科博士後期課程修了，博士（文学）
現　在　就実大学人文科学部准教授
主　著　『安部公房と「日本」——植民地／占領経験とナショナリズム』和泉書院，2016年
『帝国のはざまを生きる——交錯する国境，人の移動，アイデンティティ』（共著）みずき書林，2022年。

福田祐司（ふくだ・ゆうじ）第2章

1989年　生まれ
現　在　神戸市外国語大学大学院外国語学研究科国際交流専攻博士後期課程
主　著　「軽音楽による南方文化工作の構想と実態——東宝映画『音楽大進軍』（1943年）の制作過程を手がかりに」『戦争社会学研究』（6），2022年。
「『民主化』と『軽音楽』——戦後ポピュラー音楽への継承・断絶」『神戸外大論叢』（75）2，2022年。

小谷七生（こたに・ななみ）第3章

1980年　神戸市生まれ
2024年　神戸市外国語大学大学院外国語学研究科文化交流専攻博士課程修了，博士（文学）
現　在　神戸市外国語大学非常勤講師，英語翻訳者
主　著　「「バタヤ部落」と憧れの団地——羽仁進『彼女と彼』（1963）から考える貧困へのまなざし」『神戸外大論叢』75（2），2022年。
グウェンドリ・スミス著『考えすぎてしまうあなたへ——心配・落ち込み・モヤモヤ思考を手放すセラピー』（翻訳）CCCメディアハウス，2022年。

河内と船場
――メディア文化にみる大阪イメージ――

2025年3月15日　初版第1刷発行　〈検印省略〉

定価はカバーに
表示しています

編著者　山本昭宏
発行者　杉田啓三
印刷者　坂本喜杏

発行所　株式会社　ミネルヴァ書房
〒607-8494　京都市山科区日ノ岡堤谷町1
電話代表（075）581-5191番
振替口座　01020-0-8076番

冨山房インターナショナル・新生製本

ISBN 978-4-623-09784-5
Printed in Japan